이렇게
쉬운데
왜 부동산
절세를
하지 않았을까

이렇게 쉬운데 왜 부동산 절세를 하지 않았을까

오동욱 지음

이 쉬운
시리즈
04

부동산 세금을 처음 접하는 이들을 위한 세상에서 가장 쉬운 부동산 절세 교과서

한스미디어

복잡하고 어려워질수록
더욱 절실한 부동산 절세의 비법

그야말로 격세지감(隔世之感)이라고 말할 수밖에 없을 듯합니다.

2008년 글로벌 금융위기 이후 한동안 하락하던 집값으로 인해 '하우스푸어'라는 낯선 용어가 유행할 정도였는데, 박근혜 정부 후반기 소위 '빚내서 집을 사라'는 정책 등으로 회복하기 시작한 집값은 문재인 정부 시절 다양한 요인들로 인해 두 배 이상 오르게 되었습니다.

계속해서 오르는 집값을 잡고자 정부는 지속적으로 부동산 대책을 발표했습니다. 대출규제뿐만 아니라 다주택자를 투기수요로 보아 부동산 관련 취득세, 종합부동산세, 양도소득세 등을 대폭 개정한 것입니다. 문재인 정부에서 이루어진 대표적인 세법 개정을 살펴보면 다음과 같습니다.

다주택자와 단기매매

- 다주택자에 대한 취득세 중과세율 도입

- 다주택자의 조정대상지역 증여 시 취득세 중과세율 도입
- 다주택자에 대한 종합부동산세 중과세율 도입 및 인상
- 다주택자에 대한 양도소득세 중과세율 도입
- 일시적 2주택자의 중복 보유기간 축소 및 전입요건 추가
- 2년 이내 주택, 입주권 단기 보유 양도소득세율 인상
- 분양권 양도소득세율 인상
- 분양권도 양도소득세 주택수에 포함
- 분양권, 조합원입주권, 주거용 오피스텔 등도 취득세 주택수 포함

1세대 1주택자

- 조정대상지역 취득 시 비과세 2년 거주요건 추가
- 다주택자가 1주택자가 된 경우, 비과세 보유기간 재산정
- 장기보유특별공제 거주기간에 따른 공제율 개정

등록 주택임대사업자

- 단기임대와 아파트는 등록 불가
- 거주주택 비과세 평생 1회로 제한
- 임대료 증액 제한
- 종합부동산세 합산, 양도소득세 중과(조정대상지역 내 신규 취득)
- 장기보유특별공제 추가 및 특례, 양도소득세 100% 감면 종료

중요한 정책들만 꼽아보았는데도 이해하기가 만만치 않습니다. 특히 개정된 세법 조항들의 시행일이 각각 다르고 계약 시점이 대책 발표 전인지 후인지에 따른 예외 사항 등도 존재해 너무나도 복잡해졌습니다. 이로 인해 부

동산 세법에 익숙하지 않은 일반인들은 이해하기가 거의 불가능한 수준에 이르렀습니다.

윤석열 정부 출범 이후, 부동산 세제의 정상화를 국정과제로 발표하면서 정권 출범일인 2022년 5월 10일을 기준으로 아래의 세법 개정이 이루어졌습니다.

양도소득세

- 다주택자에 대한 양도소득세 중과세율 한시적 배제(2022.5.10 ~ 2023.5.9)
- 조정지역 내 일시적 2주택자의 중복 보유기간 확대(1년 → 2년) 및 전입요건 폐지
- 다주택자가 1주택자가 된 경우, 비과세 보유기간 재산정 폐지

취득세

- 조정지역 내 일시적 2주택자의 중복 보유기간 확대(1년 → 2년)

또한 종합부동산과 재산세의 부담완화를 위한 조치와 생애최초 취득에 대한 취득세 감면대상 확대 및 다주택자 취득세 중과 완화 등을 윤석열 정부에서 발표하였습니다. 추가로 종합부동산세와 재산세의 중장기적 통합과 증여세와 상속세의 인적공제 등의 확대도 추진할 것을 밝힌 바 있습니다.

새 정부 출범에 따라 부동산 세법도 계속적으로 개정될 것으로 보이므로 실거주 목적이든 투자 목적이든 개정된 내용과 향후 개정 방향에 대해서도 유의하여 살펴보아야 할 것입니다.

체계적인 구성과 알기 쉬운 해설로

누구나 쉽게 활용할 수 있는 부동산 절세 지침서

세법이 복잡해졌다고 하여 마냥 손 놓고 있을 수만은 없는 노릇입니다. 특히 부동산 투자를 꾸준히 해오던 다주택자가 아닌, 1주택자나 이사 등으로 일시적 2주택자가 된 경우에도 잘못하여 세금 폭탄을 맞게 된 사례를 종종 보게 됩니다.

국세청과 행안부에서도 주택 세금 관련 질의와 민원이 쏟아져 급기야 《주택과 세금》이라는 책을 발간하게 되었는데, 아이러니하게도 베스트셀러가 되기도 하였습니다. 하지만 많은 부동산 세법 관련된 책은 내용이나 기술이 법조항에 있는 문구를 그대로 인용하거나 상세한 설명이나 예시가 부족한 경우가 많아 여전히 일반인들이 읽고 이해하기 어려운 점이 많습니다. 그렇다고 매우 쉬운 것을 강조한 경우에는 체계성이 낮고 단편적 흥미 위주의 절세 방법 위주로 기술되어 전체적인 부동산 세법의 구조를 이해하기에는 부족한 점이 있습니다.

이 책은 《이렇게 쉬운데 왜 부동산 절세를 하지 않았을까》라는 제목과 같이 누구나 알기 쉽게 집필하였고, 가급적 사례와 예시 등을 다양하게 넣고자 노력하였습니다.

다루는 세법의 범위로는 주택의 취득, 보유, 임대, 양도의 전반적인 부분과 증여와 상속에 대한 내용도 많이 할애하였으며, 특히 입문자들의 기초적인 지식을 쌓기 위해 '이것만은 알고 갑시다'라는 별도의 장으로 기초적인 내용을 따로 설명하였습니다. 또한 각 세금별로 동일한 체계를 유지하여 기본 구조와 신고납부 방법 및 해당 세법의 전체적인 규정을 체계적으로 설명하고자 노력하였습니다.

물론 세법이라는 것 자체가 용어부터 생소하고 어려운 것이 많아 소설책을 읽듯이 쉽지는 않겠으나 가급적 부동산 세법을 처음 접한 경우에도 포기하지 않고 읽을 수 있도록 기술하였고, 이미 다른 부동산 절세 도서 등을 읽으신 분들의 경우에도 체계적으로 정리할 수 있는 기회가 될 것이라고 생각합니다.

번거롭더라도
자주 바뀌는 세법에 빠르게 대응해야

이 책은 《이렇게 쉬운 투자》 시리즈의 취지에 맞게 주택과 관련된 전반적인 세금을 다루는 입문서 성격이다 보니 필수적으로 알아야 할 내용 위주로 기술하였고, 각 세법의 지엽적인 세세한 부분까지는 다루지 않았습니다. 따라서 본인이 양도소득세나 상속세 및 증여세와 임대사업자 등에 대해 보다 깊이 있는 내용을 알고자 하는 경우에는 특정 주제만을 다룬 책들도 같이 읽어보시기를 권해드립니다.

또한 세법은 매년 개정이 이루어집니다. 간혹 개정 내용이 반영되지 않은 책을 사서 참고하다가 낭패를 보는 경우도 있는데 세법 책을 살 때는 최신 개정 내용이 반영되었는지를 반드시 확인해야 합니다.

문재인 정부 때는 연중에도 세법이 수시로 개정되었고, 윤석열 정부 역시 새 정부가 출범함에 따라 출범 초기에 많은 개정이 있었으며 향후에도 지속적으로 개정될 예정입니다. 이 책은 출간일 현재의 개정 내용을 반영하였고, 개정에 대한 논의가 되어 향후 개정이 예상되는 부분에 대해 별도로 설명하는 파트를 마련하였습니다. 출간 이후 연중에 개정되는 내용은 저자의

블로그 등을 통해서도 확인해볼 수 있습니다.

일반적으로 연말 정기국회에 내년 세법 개정이 이루어지고, 다음 해 2월에 시행령이 개정되어 세법의 정기적인 개정이 마무리되고 그해의 개정 최신판은 3, 4월에 나오게 됩니다. 물론 연중에도 수시로 법과 시행령이 개정되기도 합니다. 따라서 출간된 지 몇 년이 지난 책은 개정 전 내용의 확인 목적이 아니라면 과감히 정리하고 매년 새 책을 구매하는 것이 좋습니다.

책을 출간하는 과정에 많은 분의 도움이 있었습니다. 《이렇게 쉬운 투자》 시리즈로 출간을 제의해주시고 좋은 의견들을 주신 한스미디어 모민원 팀장님과 임직원분들께 감사드리고, 특히 집필 중에 든든한 지원을 해준 가족에게도 고마움을 전합니다.

지은이 오동욱

차 례

1장   왜 부동산 절세법을 알아야 할까?

2장   이것만은 알고 갑시다

3장   부동산 살 때 세금 아끼는 법

4장 부동산 팔 때 세금 아끼는 법

5장 부동산 갖고 있을 때 세금 아끼는 법

8장	증여와 상속할 때 세금 아끼는 법

9장 세금 문제가 생겼을 때 대처법

이 책의 구성

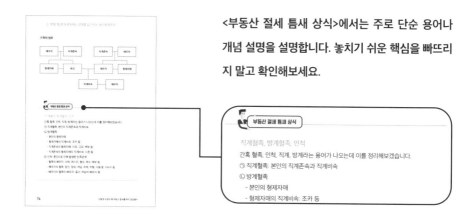

\<부동산 절세 틈새 상식\>에서는 주로 단순 용어나 개념 설명을 설명합니다. 놓치기 쉬운 핵심을 빠뜨리지 말고 확인해보세요.

다소 복잡하지만 저자가 꼭 알려주고 싶은 유용한 부동산 세금 이야기는 \<한 꼭지 더!\>에서 풀어놓고 있으니 꼼꼼하게 살펴보세요!

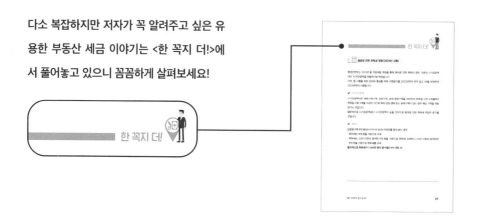

한 챕터를 모두 훑은 당신! 과연 얼마나 기억하고 있을까요? \<정리 문제\>에서 스스로 체크해보세요.

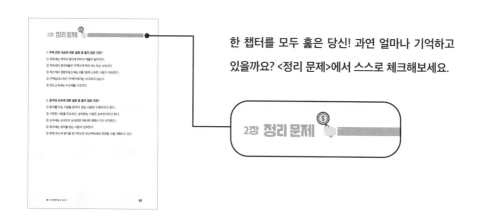

이렇게 쉬운데 왜 부동산 절세를 하지 않았을까

왜 부동산 절세법을 알아야 할까?

였다. '건준'의 부위원장으로 있었으나 인적 관계나 정책 면에서 여 씨와는 이견을 가졌고, 특히 '건준'의 모든 실권이 공산주의자들에게 장악되고 있음을 불만으로 여겨와 수차에 걸쳐 이를 개혁하려고 하였으나 거듭 실패, 때마침 9월 1일에 결성된 '조선국민당' 당수로 추대되자 '건준'과의 거리가 명확히 드러났다. 9월 24일에 '사회민주당', '민주공화당' 등 6개의 정당단체가 '국민당'이란 이름으로 통합되자 다시 당수로서 임정 지지를 결의시켰다.

안 씨의 대임정 태도는 11월 9일자 신문에 이렇게 게재되어 있다.

"쌍수를 들어 김구 선생 일행의 환국을 환영한다. 그러나 우리는 환영한다는 그것만으로는 부족하다. 우리는 김구 선생에게 기대하는 바 간절하다.

혹 세평에는 충칭 임시정부가 민족 파쇼적 경향을 갖지 않았나 하고 말하는 사람이 없지 않으나 나는 그렇지 않으리라고 믿는다. 김구 선생과 나와는 면식이 없으나 김구 선생과 함께 일하는 분으로 조소앙 씨 같은 분은 친분이 있다.

그들은 모두 견식이 풍부하고 다년간 해외에서 혁명생활의 경험이 많으신지라 새 시대에 어그러진 민족 파쇼적 경향은 가지고 있지 않다고 본다. 김구 선생은 나이가 많으시나 열렬한 민족주의자시다. 그러나 동지 제씨의 의견을 언제나 경청하여 만사를 결정하고 독단으로 가는 길을 피하는 분이라고 들었다. 그러므로 그분이 조선에 오시어도 결코 과오는 없으리라고 믿는다.

그리고 조선에 있는 여러 투사와 언론계에서는 건국 초두에 있어서 선생이 정상적 길을 가시도록 여론을 일으키고 진언도 할 필요가 있다고 믿는다. 미리부터 김구 선생의 귀국에 대하여 가정 밑에 근심하는 것은 기우라고 생각한다."

나는 이 기사를 읽으면서 마음이 편하지 아니했다. 그러나 결코 나대로의 어떤 결론을 내리기는 피하고 싶었다. '민족적 파쇼'니 '독단으로 가

는 길을 피하는 분'이니 하는 예방적 의도를 경고적인 의미에서 한 것은, 김구 선생 개인에 대해서가 아니라 임정에 대한 근거 없는 세평의 한 실마리로서, 하나의 작은 슬픔이 아닐 수 없었다. 이것은 여운형 씨의 신문 담화에서 보이는 '인민의 의사를 토대로 하여 새 시대의 새 조선을 그르침이 없도록……'이란 경고적 의미와도 상통하는 구절이었다.

임정이 환국하기 전의 국내의 임정에 대한 관심과 그 기운은 이것으로써 짐작할 수 있는 것 같았다. 적어도 나는 임정을, 중국 대륙에서의 임정과 김구 선생을 알고 있었기에, 이분들의 이 담화가 나에게는 귀중한 자료로서 간과할 수 없는 것으로 생각했다. 그러나 안재홍 씨의 대임정 태도는 그 후 일변되어 『서울신문』 11월 15일자에 보도된 내용은 다음과 같다.

"3천만 대중이 민족통일 강화와 정식 정부 확립을 갈망하는 이즈음, 임시정부 중진 제씨가 당당하게 광복 국가의 새 수도가 될 서울에 들어오게 된 것은 분명히 세기적인 감격이라 하겠다.

그런데 앞서 '대한민국임시정부' 국무위원회 주석 김구 씨의 명의로 「국내 동포에게 고함」이라는 전단이 있어 임시정부 당면정책이 14항목이나 쓰여 있는데, 그중 제6항목으로 '전국보선全國普選에 의한 정식 정권이 수립되기까지 국내의 과도정권을 세우기 위하여 국내외 각계각층, 각 혁명당파, 각 종교단체, 각 지방대표와 저명한 각 민주영수의 회의를 소집하도록 적극적 노력할 것'이라 하고, 제7항에 '국내 과도정권 수립 즉시로 본정부의 임무는 완료된 것으로 인정한다'라고 하였으니, 그분들의 의도가 환국한 이후에 국내 '과도정권'을 수립하기 위하여 매우 겸허한 태도를 갖는 것이 분명하니, 국내 각계에서도 허심탄회로써 그분들과 협동하면, 지금까지의 모든 시끄러운 것은 일소되고 의외로 신속하게 통일된 과도정권이 수립되어 3천만 대중이 갈망하고 있는 통일된 자주독립 국가가 머지않아 완성될 것이며, 38도선 문제나 또는 신탁관리 문제 같은 것도 의외로 빨리 해결되리라고 믿는다."

허헌 씨

'건국준비위원회'의 확대위원회가 9월 4일 열리고 이 자리에서 부위원장으로 선출된 사람이다. 사회주의 좌파 경향의 사상을 가진 변호사 출신이고, 날카로워 보이도록 강한 성격의 의지의 소유자라고 중평한다. 부위원장으로 당선되자 안재홍 씨는 사면하고 결국 여운형 씨와 좋은 콤비가 되어서 잘 어울리는 처지라 한다. 그러나 그 주변에는 마찬가지로 공산주의자들이 감싸고 있는 그 역시 그 속에 포위되어 있는 상태다.

9월 6일. 저녁 6시에 서울 경기여고 강당에서 '전국인민대표대회'가 열렸고 여기엔 약 600명 대표가 참집하였다. 이 자리에서 '인민대표회의'는 「임시 정부조직법」안을 통과시켰고 '인민공화국'을 선포하였다. 그 후 '건준'은 모든 사업을 이 '인민공화국'에 인계하였다. 이들이 일방적으로 조각하여 발표한 부서를 보면 주석 이승만, 부주석에 여운형, 국무총리에 허헌, 내무부장에 김구, 외무부장에 김규식 등등으로 되어 있다.

그러나 11월 7일에 이 박사는 정식으로 주석 수락의 거부 성명을 발표하였고 미군정 당국도 정당이나 사회단체로서는 인정할 수 있으나 정부로 표방하는 것은 인정할 수 없다고 해체를 시사했다.

여하간 이러한 '인민공화국'의 국무총리로서의 허헌과 오늘 회담을 갖게 될 것이다.

조반을 위해 식당에 앉았으나, 나는 나도 모르게 내 가슴에 스며든 작은 흥분을 되새기기에 바빴다. 조금도 조반을 들지 못하고 그대로 일어나고 말았다. 4당수들의 시국관을 올바르게 파악했는지는 모른다. 그러나 내가 수집, 작성한 자료를 정확히 정리하는 데는 하루 동안에 걸쳐 할 수 있는 한 최선을 다했다는 자위를 가지고 먼저 엄 부장을 찾아갔다.

엄 부장은 그때까지 조반 전이었다.

"장 동지가 직접 백범 선생에게 말씀해드리시오."

한 20분 동안 자료를 앞에 놓고 뒤지며 나의 말을 들은 다음 이 한마디

를 열기까지, 나는 두 시간이나 되는 듯한 시간의 흐름을 무겁게 의식했다. 마치 움직이지 않는 시간이라는 바위를 억지로 힘껏 떼밀고 가는 듯한 기분 속에 20여 분을 보내고서야 그 한마디를 들었다.

경교장 2층의 구조는 동서로 긴 복도가 한가운데 있고 그 복도 양옆에 방이 있었다. 남향한 방의 첫 번째 방이 백범 선생의 거실이었고 왼쪽 맨 끝 방이 응접실이었으며, 그 사이에는 일본식 다다미방이 둘이나 있었다.

아침 햇살을 받으며 백범 선생은 책을 읽고 계셨다. 굵은 안경테에 맑지 않은 햇살이 부딪쳐 흘러내리고 있었다.

자신 있게 수집한 자료였으나, 아까 엄 부장에게 말씀드릴 때와 꼭 마찬가지로 머뭇거려지는 것이 이상했다.

"이것이 제가 어제 정리한 자료입니다" 하고 내미는 나의 손이 내 속의 흥분 때문인지 약간 흔들리는 것을 감출 수 없었다.

그러나 백범 선생은 그것을 받아 이내 한옆으로 밀어놓고 이야기로 설명을 하라고 하였다. 그 근엄한 표정이 날 신임해준다는 의미에서 더욱 엄숙하게 날 제압하였다.

나는 내가 정리한 순서보다도 오늘 회담이 진행될 순서로, 안재홍 씨로부터 말머리를 돌렸다.

한 시간 이상이 되었을까, 시종일관 두꺼운 눈썹으로 눈을 덮고 약간 머리를 뒤로 치켜든 채로 두 손만을 마주 비비며 백범 선생은 움직이지도 않고 나의 말을 경청해주었다. 나의 말을 이해하시는 것인지 또는 횡설수설하기 때문에 잘 이해하시지 못하는 것인지 도무지 판단할 수가 없어서 나는 안타깝기까지 하였다.

안재홍 씨에 이어 송진우 씨, 여운형 씨 그리고 허헌 씨, 이렇게 거의 브리핑을 끝낼 무렵에 엄 부장이 들어오셨다.

이야기를 마치자 백범 선생은 겨우 고개를 한 두어 번 흔드시는 정도였다. 이렇게 브리핑은 끝났다. 마치 쉬저우의 일군 쓰카다 부대에서 1944년 7월 7일에 석산으로 뛰어올라 탈출에 일단 성공한 그런 기분이었다. 일은

이미 벌어지고 있었다. 느티나무 아래로 탈출 동지들이 제각기 집결해서 날이 새기 전에 방향을 잡아 왕징웨이 군대의 관할구역까지 벗어나야만 성공할 수 있었던 그날의 그 긴장이 오늘도 그대로 반복되는 것이었다.

'성공이냐?' 가쁜 호흡으로 야음의 산속에서 희부연한 외등이 주렁주렁 달린 복마전의 군영을 내려다보고 자신에게 묻듯이, 나는 층계를 내려오면서 보이지 않는 시국 형편을 생각하며 자문자답을 하였다.

그러나 대답은 없었다. 나라를 바로잡을 그 기틀을 확립하기 위해 벌일 일에 보이지 않는 철조망과 흐르지 않는 강은 너무나도 어지럽게 얽혀 있다.

임정의 각료는 개인 자격으로 들어왔건 아니건 간에 자연인으로 지금 조국 땅 한복판 서울에 있고, 이 박사는 공산주의 세력을 경계하고, 그래서 좌익 세력은 임정에 집중하여 묘한 정치 역학관계를 설정해보려고 공작을 벌이고 있는 판국이다.

10시 30분. 안재홍 씨가 도착하였다는 전갈이 올라왔다. 비서 한 명과 또 다른 수행원 두 명과 함께 차로 들어섰다. 나는 안재홍 씨만을 2층의 응접실로 안내하였다.

안재홍 씨, 엄숙한 표정을, 여덟 八자 같은 콧수염이 더욱 엄숙하게 하는 것 같았다.

응접실 왼쪽 소파에 몸을 기댄 안재홍 씨는 백범 선생을 모시고 나올 때까지 그대로 긴장을 풀지 않고 있었다. 한 번도 웃지도 않고, 그러나 머리를 좌우로 가늘게 흔들면서 말문을 열었다. 그것은 말할 적마다 버릇 같기도 했다.

안재홍 씨의 말은 매우 분석적이었다. 안재홍 씨와 백범 선생과 거의 삼각형의 위치에다 작은 책상을 놓고 앉아 내가 기록한 것은 대강 이런 것이었다.

"지금 민족진영과 계급진영과의 대결 속에 말할 수 없는 혼돈이 계속되고 있습니다. 그 속에 '건국준비위원회'를 기반으로 하여 '인민공화국'이

결성이 되어가지고 이 혼란을 정리는커녕 격화시키고 있으니, 이러한 격심한 대결 상태를 방관할 것이 아니라 임시정부가 과도정부로서 일을 맡아주었으면 좋겠습니다. 임시정부가 입국 전에 과정이 수립되면 그 법통을 넘기겠다고 한 통신이 있었는데, 과정을 새로 수립할 것이 아니라 현재의 이 혼란을 하루속히 안정시키는 의미에서 직접 임정이 집정을 해주셔야 합니다."

여기서 안재홍 씨가 말한 통신이란 '상하이 9월 14일발 해방통신'을 말한다. 참고로 그 통신문 전문을 인용해보면 다음과 같다.

"충칭 래전來電에 의하면, 거반 충칭에 설치된 '한국임시정부'의 선전부장 엄항섭 씨는 4일 중앙통신사 기자에 대하여 다음과 같이 말하였다.

'한국임시정부'는 수송의 편리를 얻는 대로 속히 본국으로 돌아가고 싶다. 트루먼 미 대통령이 되도록 일본 관사를 한국으로부터 철수시킨다고 언명한 것은 대단히 기쁜 일이다. 우리는 일본인 관리가 한 사람이라도 남아 있는 것은 보기 싫다. 현재 중국 본토만 하여도 25만의 한국인이 일본군 치하에 있다.

'한국임시정부' 주석 김구 씨는 총선거에 의한 민주주의 정부가 수립될 때까지 전 정당을 망라한 과도적 정부에게 정권을 이양할 의사가 있다는 뜻을 공약하고 있다."

짙은 갈색 가죽 소파에 몸을 담고 있던 백범 선생은 지극히 명료하게 안재홍 씨의 말에 대답을 주셨다.

"……각 각료들의 입국을 기다려서, 또 모든 정당, 사회단체와 협의해서 결정하도록 하겠소……. 그러나 총단결의 기운을 조성해달라고 하는 한 가지 부탁을 드리고 싶소."

높아진 해의 투광이 창살의 그늘을 백범 선생의 얼굴 한가운데로 던졌다. 희부연 날씨의 찬바람이 창문을 조금씩 흔들어 백범 선생의 말씀을 끊으려 하였으나, 백범 선생의 침전한 육성은 흔들리지 아니했다. 그동안의 시간이 어느새 한 시간이나 빠져나갔다. 차 한 잔, 담배 한 대도 들거나 피

지 않고 그 긴 시간이 어떻게 두 하류가 합쳐서 흐르듯 빠져나갔는지 모를 일이었다.

11시 40분이나 되었을까, 송진우 씨가 당도하였다. 같이 온 분 중 한 분이 송진우 씨의 가방과 외투를 받아들고 아래층에 머물고, 송진우 씨는 비대한 체구로 층계를 성큼성큼 올랐다. 같이 온 분 중에는 김준연金俊淵 씨도 끼어 있었다.

회색 양복에 무게를 느끼는 걸음걸이로 복도를 지나 응접실에 들어섰다. 역시 같은 자리에 안내하고 나서 백범 선생을 모시고 나오자, 송진우 씨는 약간 흥분을 띤 홍조의 기색으로 백범 선생을 맞았다. 들은 얘기대로 박력 있는 인상이었다. 침착하게 가라앉은 듯한 표정이 일변하고 열변조의 말문이 열리자 머리카락이 조금씩 흔들리면서, 대조적으로 담담한 표정의 백범 선생에게 준비한 듯한 다섯 가지 건의를 연속으로 제안하는 것이었다.

① 이번 2차 대전은 민주주의 대 파쇼의 대결이었으니만치, 승리로 이끈 연합국의 기치 아래로 우리도 나아가야 할 것이므로, 국가가 통일되어 민주국가를 완성하는 데 최선을 다해야 할 것입니다.

② 가급적 속히 최선을 다하여 몇 개 조의 친선 사절단을 조직하여 선생님의 친서를 가지고 각 연합국을 방문토록 하여, 우리 국내외에 사상적 통일이 되어 자주독립을 할 만큼 실력이 양성되었음을 선전하여 연합국으로 하여금 우리의 독립을 승인하도록 독립 촉성을 기해야 할 것입니다.

③ 재정문제에 있어서는, 국내외의 유지들의 회사를 받는 것도 가능할 것으로 생각합니다.

④ 집무 계통의 사무조직을 하루속히 완비시키는 것을 최선책으로 판단합니다.

⑤ 하루바삐 광복군을 모체로 국군을 편성시키는 것이 필요한 줄로 생각합

니다.

"이와 같은 다섯 가지 건의를 채택하신다면 어느 정도 치안도 유지되고 생산활동도 상당히 활발해지리라고 전망합니다."

이것이 김·송 회담에서 내가 기록했던 골자이다. 벌겋게 화기가 도는 안면에 열이 오르는 듯이 자기주장에 힘을 주어 말할 때마다 박력이 일던 모습이 아직도 내 눈에 선하다.

그의 구국 일념의 정열은 부러울 정도였다. 듣고 있는 나의 심중까지 그것은 전도되는 듯했다. '인민공화국 타도'를 외쳤던 기개가 살아 있음을 목격했다. 적이 마음이 든든해지는 것 같았다.

백범 선생은 아무런 응답을 하지 않고 역시 시종 두 손을 마주 비비며 침묵으로 이 제언을 전부 받아들이는 것 같았다. 그러나 침묵만으로 대하는 심회를 내 어찌 짐작하리오. 송진우 씨가 일어날 때 나는 무엇인가 무척 허전함을 느낀 것이 사실이었다.

이렇게 오전의 예정은 계획대로 진행되었다. 입술을 깨물며 혼자 경교장 식당 한끝에서 나는 거대한 대하의 흐름을 묵묵히 내려다보듯이 발부리를 지켜보며 나 혼자의 생각에 몰입되어 있었다. 바다로 가는 흐름이 온갖 구비를 돌고 되돌고 하여 장강으로 유유하게 흐르는 하나의 물줄기를 생각하고 있었다. 이러한 대하에의 집념은 이상하게도 그날 날 사로잡았고 나는 이 생각에 한없이 이끌려가는 것이었다. 그때 엄 부장이 백범 선생과 의견을 나누고 난 뒤 내게로 다가오셨다.

"수고했소. 오후에도 마저 봐줘야 하겠소. 한 3시 반쯤 시작하는 것이 좋을 거야."

"네, 알았습니다."

나는 엄 부장과 나란히 점심식사를 같이하면서 오늘 회담에 대해서는 한마디도 입을 열지 아니했다. 날이 차지면 백성들의 월동 대책과 식량 대

책이 문제가 되리라는 이야기로 나는 애써 회담의 분위기를 탈피하고자 했다. 왜인지 모르겠다.

식사 뒤에 나는 식당 옆의 당구실로 들어가 창가에 의자를 끌어당겨 혼자 앉아 이유 없는 시름에 잠겼다. 눈앞엔 역시 그 환상과 같은 대하가 줄기차게 흐르고 있었다. 이유 없는 시름이란 공연한 표현이다. 그날 쓰카다 부대에서 탈출하여 강을 건너 쫓기면서 수수밭을 헤매던 이후 얼마나 많은 강을 건넜는가. 그러나 이제야 건너야 할 강은 모두 물 있는 강만은 아닌 것 같다. 물결은 환상에서 보고 현실에선 메마른 강의 온갖 추잡함이 다 드러나 있는, 바닥이 마른 강을 맨발로 걸어서 건너는 괴로운 시름이었다.

물을 타고 배로 건너는 강은, 헤엄으로 건너는 강은 이미 낭만의 강이 되었는지도 모른다. 그렇다면 이유 있는 시름이다. 비행기로 항해의 창파를 날 때 청경靑鏡처럼 너울대던 저쪽의 조국엔 이미 모든 것이 메말라 있었던 것을!

밤마다 밤마다 산을 타고 황톳길을 걸어 대륙을 횡단하던 흙먼지 길 6천 리의 그 시름이 이제 나의 앞에 6만 리나 뻗어 있는 것이라고 생각했다.

오후 3시. 여운형 씨가 도착하였다. 과연 풍채가 좋고 내가 가장 많이 이야길 듣던 그대로 활달한 성격의 분이었다. 내가 솔직히 말하여 한번 꼭 만나보고 싶었던, 속으로 그리워하던 여운형 씨가 활발한 걸음으로 덥석 덥석 올라오셨다.

백범 선생을 대하는 태도도 조금도 위축되거나 위압당하는 기색이 없었다. 퍽 친숙한 표정으로 어렵지 않게 분위기를 이끌어갔다.

나는 그 잘생긴 모습을 멍하니 바라보면서 엉뚱한 생각을 갖게 되었다. 아니, 전연 무의식 속에 이상한 생각이 머리에 떠올랐다. '저분의 코가 조금만 더 컸다면……'

그러나 여운형 씨의 이야기는 별로 기록할 요점이 없었다. 어디까지나 정치적인 내용이 아니고 사담 비슷한 얘기로 얼버무렸다. 그 대신 퍽 정답게 술술 대화를 이어나갔다. 전연 어떤 깊이를 느낄 수 없다는 것이 오전

중의 두 분과 아주 대조적이었다. 그러나 그의 의도는 백범 선생에게 하는 일종의 변명임을 알 수 있었다. 그가 얼마나 현실적인 정치인인가 하는 것을 놓칠 수 없었다.

"얼마나 수고가 많으셨습니까" 하는 인사 정도로, 태양의 위치가 바뀌어 그의 얼굴에 명암을 받으면서 어렵지 않게 백범 선생을 대하였다.

깊숙이 가죽 소파에 몸을 묻고 "선생님이 들어오시기 전에, 선생님이 들어오신 후 일하실 수 있는 토대를 만들어드린다고 애써보았습니다" 하는 말을 섞어내었다.

"그러나 뜻대로 되지 아니했습니다. 이제 선생님이 들어오셨으니 제가 할 일은 없어진 줄로 압니다."

백범 선생은 처음, 이날 처음으로 웃음을 가볍게 풍기면서 눈을 한 번 지그시 떴다 감으셨다. 그러고는 일체 정치적인 대응을 하지 않으셨다.

여운형 씨는 계속 여러 사람의 안부를 물었고, 또 자기가 상하이를 떠나던 시절의 이야기를 늘어놓았다. 이렇게 한 40여 분 만에 그는 일어섰고 나는 응접실 문밖까지 따라 나와 그를 배웅했다.

"……저, 선생, 참 선생님 말씀을 많이 들었습니다. 전 장준하입니다. 학병으로 나갔다가 충칭으로 가서……."

"오오! 알아요. 신문에서도 보았고 또 얘기도 듣고……. 참 수고합니다. 우리 집이 계동인데, 그 계동 뒷골목에서 찾으면 쉽게 찾을 수 있으니 한번 꼭 놀러오구려."

백범 선생은 이미 자기의 거실로 들어가셨고 응접실엔 공허만이 괴어 있었다.

4시에 마침내 허헌 '인민공화국' 국무총리가 나타났다. 짙은 회색 양복에 중간 키를 가진 이 신사는 단정한 몸차림의 인상으로 빈틈없는 분이라고 생각되었다.

그러나 그가 데리고 온 수행원이 바로 유명한 이강국李康國이었다. 물론 뒤에 안 일이다. 서로 인사를 나누고 알았다. 극히 사무적인 언행으로

그는 조리 있게 '인민공화국'의 조직을 설명하기 시작했다. 친일파와 민족 반역자를 제외한 전국적인 조직이라는 것이 대부분의 내용이었다.

① 애초엔 임시정부의 환국을 기다렸으나, 너무나 늦어져서 방관할 수 없는 처지라고 판단, '인민공화국'을 조직하였습니다.

② 이 조직은 비교적 잘되어 있고 전국적인 대표를 참여시켜, 인민위원 55명을 선출하였습니다.

③ 이제 김구 선생께서 들어오셨으니 잘 지도하여주시기 바라며 저는 백지로 돌아가 받들겠습니다.

이에 대해서 백범 선생은, "아직은 국내 사정에 어둡고 임정 각원들도 대부분이 입국치 않았으니 앞으로 잘 생각해봅시다"라는 정도로 대응하여 주셨다.

이런 이야기도 역시 한 시간이나 걸렸다. 여하간 이렇게 4당수 회담이 끝났다.

오랜 시간을 책상에 앉아 기록하던 팔에 맥이 빠지면서 긴장이 풀렸다.

"수고했소, 장 목사."

단 이 한마디의 음성이 내게 남은 유일한 것이었다. 그것은 마치 심산 속에 메아리처럼 자꾸 가슴 안에서 반향을 울렸다.

백범 선생은 그의 거실로 들어가고, 나는 그 자리에 그냥 머물러 사양斜陽의 빛이 들어오는 창유리에 마음의 낙서를 하고 있었다.

'무엇인가 너무 공허하다……'

그러나 백범 선생께서 하신, 한결같은 결론인 전 각료들의 입국을 기다려 상의하여 행동하시겠다는 말씀에 여운을 남겨두기로 하였다.

그날 밤 나는 일부러 잠자리에 일찍 누워버렸다. 네 사람의 각각 다른 음향이 뒤섞여 귓바퀴를 돌아 차라리 일찍 잠을 청한 것이었으나 잠도 들지 못했다.

단순히 회담 내용을 사실대로 기록만 하였으면 그뿐이련만, 나는 확실히 그 이상을 가지고 나 자신을 괴롭히고 있었다. 냉정히 자신을 저만치 놓아두고 바라보면 정말 나는 필요 이상의 문제점에까지 자발적으로 참여하고 있는 것이 뚜렷하였다.

"후음."

좀처럼 쉬지 않는 깊은 숨을 내쉬었으며 대륙에서 만난 회오리바람을 생각했다. 이 시간 나의 온갖 상념을 앗아갈 바람이라도 일겠는가?

그러나 곧 이런 나의 생각을 부정해버리지 못하는 것이 나 스스로임을 깨닫는다.

그러고는 아전인수 격의 해석으로 다소나마 마음이 편하도록 결론을 뽑아내야만 심중을 달랠 수가 있는 것을 어쩌랴? 결국 이것도 나의 성격 탓이라고 돌렸다.

"그래, 아직 난 젊다. 젊음의 탓이야."

나는 회심의 미소로 나 자신을 달랬다.

"그렇다, 아직 내가 젊다는 것을 확신하고 싶다."

11월 28일 아침, 역시 식당에서 나는 엄 부장으로부터 의암 손병희孫秉熙 선생의 묘소엘 갈 예정임을 알았다. 청명한 하늘이 아침부터 높았다. 초겨울 날씨가 가을처럼 드높고 물고기 비늘 같은 구름이 하늘을 누비며 펼쳐진 하늘을 쳐다보는 일은 새삼스럽게 상쾌한 것이었다.

어제의 4당수 회담 때문인지 사실 나는 이곳의 분위기에서 오늘 하루쯤 떠나 교외로 나서고 싶다는 기대를 가졌던 것이었다. 이렇게 나의 기대가 적중된다는 것부터 반가운 일이 아닐 수 없다.

오늘 아침 10시에 기미독립운동 때의 33인 가운데 두 분인 오세창吳世昌 씨와 권동진 씨가 이곳 경교장으로 오시어 함께 그분들의 안내로 참배를 하러 간다는 것이다. 오래간만에 아침식사를 포식했다. 그때 오세창 씨는 『서울신문』의 사장이었고 익선동에 거처하고 계시었다.

백범 선생이 환국 이후 처음으로 개인의 사저를 찾아 방문하신 것이 바

로 오세창 씨 댁이었다. 엊그제 26일 오후 4시 반에 잠깐 틈을 내어 백범 선생은 유동열, 엄항섭 씨와 같이 오세창 씨 댁을 방문하신 적이 있으시고, 그 댁에 먼저 와서 백범 일행을 기다리던 권동진 씨는 백범 선생 환국 다음 날인 24일에 경교장을 찾아주셨던 분이다.

"어른께서도 그동안 고생이 많으셨겠습니다."

내가 이렇게 말문을 열자 엄 부장은 무량한 감개를 토로하기 시작하였다.

익선동 댁 대문을 열자 주름진 노안에 가득한 희색을 감당치 못하고 달려 나오던 오세창 씨, 백범 선생의 손을 맞잡고 대청마루로 이끌며 그늘진 눈매에 고이는 반가움을 감추지 못하더라는 그날의 광경을 엄 부장은 힘든 일인 듯이 천천히 설명해주었다.

"그동안 얼마나…… 고생이 어떠하였소?"

"그저 먹고 입고 있으니 사는가 보다 이렇게 생각할 수밖에……, 이제 선생님이 오셨으니…… 내 지금까지 살아온 보람이 있는 것 같습니다."

"……."

"……이번 환국이 몇 해 만인가요?"

백범 선생은 옆으로 고개를 돌려 괴로운 회상을 그대로 짓누르려는 듯, 깊은 숨으로 억제하고 마지못해 하는 듯이 대답을 하셨다.

"스물일곱 해 만이죠. 기미년에 안악을 떠나 상하이로 가버린 지가 벌써……."

유동열 씨와 권동진 씨가 그 극적인 감격을 지켜보면서 방으로 두 분을 안내하도록 눈치를 주었다고 했다.

"오늘 선생께서 이렇게 오신 것을 기념하는 뜻에서 어디, 휘호나 하나씩 적어주시면……."

벼루를 꺼내 손수 먹을 갈면서 오세창 씨는 백범 선생에게 휘호를 청했다 한다. 이런 이야기를 듣다 보니 식당에는 엄 부장과 나와 둘뿐이었다. 이어 차 준비가 다 되었다는 보고가 엄 부장에게 왔다. 우리는 황급히 일어났다. 옷을 갈아입고 뜰로 내려섰다. 네 대의 까만 세단이 대기하고 있

었고, 때마침 오세창 씨와 권동진 씨가 당도하셨다.

나는 두 분의 모습을 유심히 쳐다보며 그분의 안면에 새겨진 조국의 역사를 읽고 있었다. 36년간 물결에 씻긴 암벽처럼 그 장강의 흐름에 시달린 노안에는 우람한 물소리가 흐르고 있었다.

손에 손을 잡고 인사를 나누는 그 모습에 하늘에 배었던 슬픔이 소리 없는 천둥으로 지나갔다. 나는 두 발끝에 힘을 주며, 몇 번이나 두 발끝에 힘을 주며, 몇 번이나 두 발끝에 고쳐 힘을 주며, 그 장면의 감격을 지탱하려고 안간힘을 써보았다.

김구 선생이 오세창, 권동진 두 노인을 모시고 먼저 앞장서셨고, 김규식 박사, 이시영, 유동열, 엄항섭 선생 그리고 안미생 여사와 우리 수행원 몇이 네 대의 차에 분승하였다.

낙엽 진 가로수의 가지 끝이 차창으로 달려드는 것을 뿌리치듯이 차는 질주하였다.

초겨울의 서울 거리는 아직도 광복의 기쁨을 머금고 있었다. 곳곳에 벽보가 나붙고 그 위에 덧붙여져 있으며, 붉은색의 동그라미들과 감탄부가 마구 벽보 위에서 난무하고 있었다.

'앞차에서 얼마나 감회가 깊을까?'

나는 차에 몸을 맡긴 채 이렇게 혼자 생각했다. 권동진 씨와는 오늘이 세 번째 상면이고 오세창 씨와는 두 번째이다. 그러나 어찌 2~3회의 상면이리오. 그들이 한자리를 같이하고 지금 의암 선생의 묘를 찾아간다는 사실은 확실히 우리가 우리의 세상을 찾았다는 것을 실감할 수 있는 사실이 아닐 수 없었다.

우이동으로 접어들면서 그리던 조국 산천이 시야에 들어왔다. 나의 눈은 이미 사진기처럼 장면 장면에 초점을 맞추고 있었다. 아직 낙엽 지지 않은 단풍 몇 잎이 붙은 나무들이며, 침엽수의 청청한 기운이며, 햇볕에 반짝이는 바위 위의 물주름이며, 힘차게 몸부림치는 억새풀이며……. '아아, 조국 강산이 이것이었구나!' 나는 산의 향기를 심호흡했다. 깊이깊이.

그 어느 한 곳도 다 일찍이 내 뛰어놀던 곳만 같았다. 산유정山有情, 내 정든 곳이 이곳인가? 내 고향이 이곳인가. 그러나 그것을 확인할 사이도 없이 차는 미끄러져 나갔다.

높은 감나무 끝에 빨간 감 몇 개가 달려 있고, 그 옆에 키 큰 미루나무에 까치의 둥우리가 얹혀 있는 한 산비탈 집을 지나가며 나는 왈칵 울음이 나답지 않게 솟구치는 것을 어찌할 수가 없었다.

나는 지금 이 내 땅에 와 있는 거야.

속으로 이렇게 타일렀건만, 황토 흙 몇천 리를 걸어 걸어 지나던 대륙의 행렬 속에 끼인 나로 자꾸 착각하고 있었다.

정말 조국은 우리를, 나를 기다려주었구나.

나의 고향도 지금껏 날 기다려주고 있을 거야……

나는 목젖으로 넘어가는 나의 한 부분을 삼켜 가슴에 간직하며 우리를 반기는 것이 진정 무엇인가를 깨달았다.

진정 우리를 이 산천처럼 반겨준 것이 있었던가?

뒤돌아다보는 차창으로 멀어지는 그 산기슭에서 한 처녀가 물동이를 이고 나왔고 강아지 한 마리가 앞질러 뛰고 있었다. 나는 소매로 얼굴을 가렸다. 더 바라볼 수가 없었다.

차가 더 이상 오르지 못하는 곳에서 우리는 한 줄로 오솔길을 더듬어 올랐다.

산정엔 드높은 초겨울 하늘이 맞붙어 있었다. 아니, 하늘이 산정에 내려와 앉아 쉬고 있었다. 철 늦은 풀벌레가 이리저리 날고 억새풀의 흰 수염꽃이 말 없는 손짓으로 우리를 안내해주었다. 아니, 아무도 말이 없고 산도 말이 없고 나무도 말이 없었다. 자꾸만 그 철 늦은 풀벌레들이 놀라 튀어 올랐다.

내 심중이 이렇게 벅찰진대, 하물며 백범 선생의 감회는 어찌 짐작 못하겠는가. 앞에서 두 번째인가 세 번째인가, 그 거구의 노인이 그래도 정정히 걷고 있었다. 내 땅에 돌아온 기쁨으로 저 나이에 저리도 즐겁게 걸

으시는가 하고 가슴이 흐뭇했다.

이윽고 우리 일행은 묘 앞에 다다랐다. 아직 손질을 잘하지 못한 묘소
는 어딘지 엉성하기만 하였다. 그것은 더욱 우리를 슬프게 했다.

누구도 말이 있을 수가 없었다.

백범 선생이 먼저 묘소 앞에 정중히 머리를 숙였다.

"흐윽!" 하고 누군가 흐느꼈다.

한옆에 나란히 섰던 오세창, 권동진 두 분이 와락 껴안고, 기쁨도 아닌,
슬픔만도 아닌 이 감격을 터뜨렸다.

"여보, 이젠 정말 내 땅을 찾았구려……"

나는 어느 분의 목소리인지 분간할 수가 없었다. 그것은 누구의 목소리
도 아닌 비장의 오열이었다. 나이 일흔이 넘었을 그분들의 울음.

내가 그리워하던 조국의 숨소리를 이제 이곳서 듣는 것이었다. 그렇다,
조국은 숨어서 울고 있었다. 그리고 아직도 그 슬픔을 다 풀지 못하고 있
는 것이다.

나는 두 주먹을 쥐었다. 허공이라도, 허공이라도 미친 듯이 치고 싶었다.

차례로 머리를 숙이고 나서 안미생 여사가 들고 온 꽃다발을 백범 선생
이 받아들고 묘 이마에 놔드렸다.

모두들 돌아서 저 멀리 산야를 내려다보고 있었다. 동포들의 절규가 스
며든 산야가 묵묵히 누워 있었다. 아니, 역사의 절규가 모두 이곳에 괴어
있는지도 모르겠다. 우람한 절규가 바람으로 나부끼고 있었다. 우리는 다
시 한 발자국씩 걸음을 옮겨 그곳을 떠나고 말았다. 뺨에 부딪는 바람이
매질만 같았다.

빨래하는 아낙들이 냇가에 앉아 있는 풍경은 날 나의 가족 생각으로 이
끌었다. 그러나 내 가족 생각에 깊이 묻히기도 전에 웬일인지 차가 멎었
다. 앞차가 멎었기에 차례로 멎은 것이다.

웬일일까?

그곳은 어느 국민학교 교정이 보이는 큰 길거리였다. 교정 안의 운동장

에 아이들이 가득히 뛰어놀고 있었다.

　고무줄 타는 아이들, 공을 차는 아이들, 철봉에 매달린 아이들, 뜀박질하는 아이들, 내가 무심히 이들을 바라보는데 성큼성큼 백범 선생이 학교로 걸어가시고 있지 않은가?

　나는 놀라 뛰어내렸다. 다른 동지들도 모두 뛰어내렸다. 백범 선생은 묵묵히 학교 문을 향하여 영화의 한 장면처럼 그 뒷모습을 보이며 걸어가셨다.

　학교는 종암국민학교였다.

　모두들 차에서 내려 백범 선생의 뒤를 따랐다.

　교무실이 어딜까?

　백범 선생은 운동장 한가운데서, 그 많은 아이들 속에서 누구라도 찾아내려는 듯이 열심히 고개를 돌리며 바라보고 계셨다.

　수행원 중 한 사람이 얼른 교무실을 찾아 들어갔다. 교장인 듯한 한 분과 젊은 교사들이 우르르 마중을 나왔다. 종이 울렸다.

　"때뎅 때뎅…… 땡 땡 땡……."

　귀가 아프도록 재잘대며 뛰던 아이들이 모두 종소리에 놀라 멎고 단 위에 선 교사의 말에 귀를 기울였다.

　"모엿!"

　천여 명의 아이들이 줄지어 섰다.

　교장 선생이 단에 올라 김구 선생께서 우리 학교를 방문하셨다는 말을 했고, 김구 선생의 말씀이 있겠다고 소개가 있었다. 갑자기 아이들이 수군거렸다.

　백범 선생이 올라서셨다.

　"……오늘 이 앞을 지나다가, 뛰어노는 여러 어린이들을 보고 하도 귀엽고 대견해서 이렇게 들어왔지요.

　여러분은 이 나라, 독립된 나라의 주인이 되기 싫어도 되어야 하는 여러분들입…… 내가 국내에 돌아와서 처음 보는 우리나라 어린이들, 여러

분에게…… 너무도 감격스럽고 또 기대가 크기 때문에…… 열심히 배우고 옳은 나라의 일꾼이 되어 다시는 나라를 잃지 않는 주인이 되어줄 것을 꼭 부탁하고 싶어서……."

백범 선생은 말끝마다 어미를 맺지 못하고 말씀을 부언하였다. 그러나 아이들은 초롱초롱한 눈매를 집중시켰고 이들 눈동자를 훑어보는 나는 어떤 놀라운 충격을 받았다. 그것은 우리가 부끄러운 존재라는 나 자신의 생각 때문인지도 모른다. 아이들은 영문을 몰랐으리라.

우리는 그 길로 다시 망우리로 향했고 도산島山 안창호安昌浩 선생의 묘에까지 성묘를 했다. 안미생 여사는 또 하나의 화환을 백범에게 드렸고 백범은 조용히 도산 묘전에 그 꽃다발을 놓고 묵념을 하셨다.

정오의 태양이 부드럽게 산 위에 쉬고 있었다. 우리는 곧 내려왔다. 경교장에 되돌아온 것은 오후 1시가 좀 지나서였다.

곧 점심을 마치고 오후 2시부터 정동예배당에서 열리는 미군과 임시정부환영회에 가기로 되어 있었다.

이 환영회는 '조선기독교남부대회'가 가지는 모임이라고 했다. 교파를 초월한 기독교인들이 베푸는 환영회였다.

이날 모임에는 임정에서 김구, 김규식, 엄항섭 씨 등과 수행원이 참석했고 미군 당국에서는 하지 중장, 아널드 소장이 참석했다. 예배 형식으로 개최되었고 김구 선생이 답사를 하셨다. 이 자리에서 김구 선생의 말씀은 아직까지 듣지 못하던 심각한 표현이 들어 있었다.

"……하늘을 못 보고 살던 우리가 지하에서도 못 견디어 망명하고, 그 망명길에서 살아남아 이제 돌아오기는 했습니다만, 완전한 정부를 못 가지고 들어오고 반신불수의, 아니 미완성품의 정부만을 가지고 돌아와 여러분 동포를 대하기란 이루 말할 수 없이 괴롭고 이 심정 국민에게 미안함을 다 표할 수 없습니다. 그러나 일단 들어온 이상 제국주의적 잔재를 일소하고 다시는 망하지 아니하는 나라를 완성하기에 모두 힘을 합쳐야 할 것이라는 생각을 가지고 있습니다……."

미군정 당국자들과 악수를 나누고 헤어져 돌아온 것이 오후 4시였다.

그러나 막상 돌아와 신문을 펼쳐보니 뜻밖의 사건이 기다리고 있었다.

그것은 어제의 4당수 회담에 대한 신문기사였다. 다른 것보다도 허헌의 신문기자 회견 내용이 전연 뜻밖의 기사로 실려 있었다.

내용은 11월 28일자 일부 신문에는 김구 선생이 '인민공화국'의 조직을 극구 찬양하고 김구·허헌 회담의 결과로 임정이 앞으로 '인민공화국'과 잘 협의해서 해나갈 것이라는 터무니없는 합의사실이 발표되어 있는 것이다. 나는 전연 기억할 수 없는 합의사항이었다. 누구보다 엄 부장이 초조한 빛이었다. 나의 회견 기록에도 전연 기록되어 있지 아니하는 내용이었다.

허헌의 '인민공화국' 조직 설명 끝에 친일파와 민족반역자는 제거한 정부라야 되겠다는 말에 백범 선생이 수긍을 표시한 것뿐이다.

신문기사를 엄 부장과 함께 재삼 읽어가며 검토했다. 물론 허헌 자신이 일방적으로 공개한 내용이며 제1, 2, 3항까지는 용납할 수 있다 해도 4항에 가서 '인민공화국'과 협의해서 앞으로의 일을 처리한다는 결론 구절은 완전한 허위 조작이었다.

엄 부장은 즉시 이 사건을 규명하려고 결정했다. 그래서 곧 다시 허헌 씨를 경교장으로 초치했다. 그러나 통보가 갔는데도 허헌은 나타나지 아니했다.

나는 나대로의 사태 분석을 이렇게 엄 부장에게 피력했다.

이 박사가 좌익 세력 제거를 선언하고 '인민공화국' 주석의 취임을 거부 성명했으며 공산주의 공격 담화를 발표하면서 민족진영의 대동단결을 외치자, 입장이 난처해진 공산주의자들은 임시정부 내의 좌익 세력과 제휴하여 그들을 '인민공화국'의 각료로 이용하면서 열세를 만회하는 한편, 김구 선생을 자신들 세력권 내에 잡아두려는 획책의 표현이다.

그리하여 마치 임정 계열의 '인민공화국'을 지지, 합작하는 것처럼 회담 내용을 왜곡 발표하고 임정의 법통을 '인민공화국'에 넘기게 될 것이라

는 인상을 풍기려는 의도가 분명하지 아니한가. 그 이유는 국민적 감정이 지금 임정에 집착되어 있고 모든 관심이 이 임정에 집중되어 있기 때문인 것이다.

김구 선생의 역할을 이용하기 위해 임정을 물고 늘어지는 방도를 모색하고 있는 것이 아니냐. 그래서 '인민공화국'의 각료에다 해외 인사들을 나열식으로 앉히고 실질적인 권력구조에는 자기네 세력을 침투시켜놓고 있다. 문제는 임정 안의 좌익 세력과의 합세를 막는 길만이 그들의 열세만회의 술책을 분쇄하는 길이다.

그들이 암중모색하는 길은 이 박사가 조직하는 '독립촉성국민회'와 군정이 시사한 '정권을 표방하는 기관'의 해산에 대항하는 길일 것이다.

엄 부장은 나의 이 열띤 정국관을 듣고 있다가, "맞는 말이오. 그러나 모르는 것은 아니지……" 할 뿐이었다.

"그러니까 우리가 이용당하고 있다는 것이죠, 결론은."

그리하여 엄 부장은 두 번째로 허헌에게 사람을 보내기로 했다. 이번에는 자동차를 내어 그 차로 초치하도록 했다. 마침내 허헌 씨가 나타났다. 무슨 영문인지 몰라 어떤 기대감을 표시하는 것같이 보이기도 했다.

아래층 응접실에서 나는 엄 부장과 허헌 씨 앞에 어제의 회담 기록과 신문 몇 장을 펼쳐놓았다.

엄 부장이 따지고 들었다.

"허 선생, 이것이 어찌 된 일이오?"

그러나 그의 대답도 용의주도한 것이었다.

"그야 기자들의 소행이 아니오? 어떻게 쫓아다니며 일일이 기사 내용을 감시, 조사할 수 있겠소?"

약간 불쾌한 듯한 어조로 우리를 번갈아 응시하면서 두 번째 말문을 열었다.

"인민의 여론이 아마 그렇게 되기를 바라는 모양이지요. 그렇기에 기자들이 그렇게 쓴 것이겠지요……. 자, 날 오라고 한 것은 그것 때문이오?"

"······."

오히려 우리가 입이 막혔다.

그도 합의 내용이 사실과 다르다는 것만은 전제한 이야기다. 그러나 그 책임을 기자에게 돌렸다. 사실 그 당시 신문기자들 가운데는 공산주의자들이 들끓고 있는 것도 사실이었던 것이다.

그러므로 더욱 그의 말에 더 이상의 공박을 할 수가 없었다. 그러나 엄 부장은 만만치 않게 언쟁을 벌였다. 정치인답지 않다는 요지였다.

국사의 중요한 역할을 하는 사람치고는 할 수 없는 담화 내용의 발표가 아니냐는 심문식 질문에 그는 대응을 하지 않았다. 창가에 묵묵히 석양을 지고 앉아서 우리의 정정 요구를 수락했으나 신문이 자기의 정정 내용을 그대로 실어줄지는 의문이라는 말을 잊지 않고 덧붙였다. 이 말은 곧 그 당시의 모든 신문이 좌익 세력의 조종을 받고 있다는 사실을 입증하는 한 마디였다.

그날 저녁 나는 허헌 씨의 그 상기된 얼굴에 괴었던 노여움의 빛을 잊을 수가 없었다. 왜냐하면 전연 나로서는 납득이 가지 않는 사태였기 때문이다.

무엇인가 모순된 일이 사태를 끌고 가는 것이 분명했다. 그러나 나로서는 어찌할 수 없는 일이었다.

또 하루가 갔다.

29일에는 각 정당과 사회단체에서 임시정부의 지지 성명이 나오기 시작했다. 그러나 이러한 정보의 입수와 함께 들어오는 소식은 기막힌 일까지 있었다.

그것은 임시정부의 이름을 팔아 사기 행각을 하는 무리들이 어느새 생겨가지고 국민에게 임정의 인상을 흐리게 하고 있는 것이다.

'대한민국임시정부 군법집행부'라는 것이 있는가 하면 '김구특무대'라는 것도 민폐를 끼치고 있다는 정보다. 그들은 돈 있는 자를 잡아다 치고 이러한 이름을 사칭하여 금품을 기부받으며, 임정을 배경으로 사리私利를

도모하는 것이다.

정말 듣기에 머리 아픈 일이 아닐 수 없다.

엄 부장은 이에 대한 해명 성명서를 내도록 지시했다. 모든 기관에 이 성명을 보내고 절대로 임정으로서는 그런 일이 없으니 협잡당하지 말라는 내용을 밝혔다.

이렇게 간절하던 조국의 하루하루가 헛되이 흘러갔다.

30일 낮 2시에 30여 명의 청년들이 밀려들어왔다. 바로 어제 오후 1시에 '국민당' 회의실에서 열아홉 개 청년단체가 합동 결의를 이룬 후, 그 대표들이 '독립촉성중앙청년회'를 결성하고 오늘 김구 선생을 찾아온 것이다.

김구 선생은 이들을 맞아 일장의 훈시를 하셨다.

"……국내에 들어와 보니, 너무나 단체가 많고 그래서 또 너무 분열이 심합니다. 모두 애국을 위한 것이니 나무랄 수는 없는 것이나, 그러나 참다운 애국의 길은 많은 단체로서는 힘이 듭니다.

오늘 여러분이 이렇듯 합동 결의로 뭉쳤다니 반가운 일이 아닐 수 없습니다. 카이로선언에 나타나 있는 '상당한 기간'이란 말은 바로 이런 분열과 혼돈의 상태 때문에 지연되는 것이 아닌가 생각하면 더없이 괴로운 일입니다.

물론 임정이 충칭에 있을 적에는 임시정부 관계자 안에도 여러 정당과 여러 단체가 관여되어 있었지만, 일단 환국하게 되자 모두 한 보따리에 싸서 내던지고 이곳까지 끼고 들어오지는 않았습니다.

이제 여러분도 통합을 이루었으니 감격하는 바이며, 제일 좋기로는 임정 지지단체가 하나만 생겼으면 좋겠습니다."

대표들 30여 명은 기침소리 한 번도 내지 못하고 이 말씀을 듣고 있었다. 그러나 제일 마지막 말에는 약간의 반응을 보이는 것이었다.

나는 혼자 왜 백범 선생이 그 말씀을 꼬리로 달았을까 하고 못내 아쉬워했다.

11월 달이 가는 낙조가 차가운 겨울 공기를 뚫고 하늘에 배었다. 청년

대표들이 돌아가고 난 허전한 분위기 속에 낙조가 대신 소리를 내며 내리고 있었다.

입국 첫 달이 이렇게 갈 줄이야. 답답한 가슴이었다. 서산에 물든 하늘이 낮게 낮게 내려앉으면서 경교장 안에도 땅거미를 거느렸다.

때마침 찾아준 최기일 형이 다행스럽게 나의 울적한 심중을 파헤쳐주는 데 큰 도움이 되었다. 혼자면 언제나 나는 상심과 같은 허전한 마음에 사로잡히고 마는 것이다. 나는 최 형을 통해서 나의 정국 분석이 과히 틀리지 않은 것을 확인했다. 그러나 그보다도 더욱 최 형이 7일 만에 찾아준 사실이 고맙게 생각되었던 것은─물론 최 형은 모르겠지만─오늘이 바로 나의 결혼기념일이었기 때문이다.

결혼 제2주년의 11월 30일. 나는 최 형의 얼굴에서 나의 고향과 나의 어머니의 모습을 더듬어 찾아보았다.

결혼한 지 꼭 열흘 만에 나는 학병에 입대하였고 그 후 내가 평양 제42부대를 떠날 때까지 단 한 번 면회를 하였을 뿐인 나의 처도 오늘따라 무척 측은하게 생각되었다. 고국에 돌아온 지 일주일이 지났어도 아직 나는 나의 가족의 소재조차 모르고 있었다. 그러나 틈을 내어 찾아보거나 알아보려고 하지 못한 것이 이 밤에야 가책스러웠다.

평양 일군 부대 입영할 때 처에게서 받아 품고 갔던 그 성경과 독일어 사전을 끝내 대륙 6천 리에서도 지니었건만, 이제 내게는 내 가족과 연결되는 것이 기억에 남아 있는 성경 한 구절밖에 있지 않다. 그것도 기억 속에. 그것은 내가 쉬저우를 탈출하려던 그 최후 결심을 암호로 알리겠다고 미리 약속한 한 구절뿐이다.

"나의 형제, 곧 골육의 친척을 위하여 내 자신이 저주를 받아 그리스도에게서 끊어질지라도 원하는 바로다."(로마서 9장 3절) 그리고 내가 남긴 끝마디의 편지는 "앞으로 베어야 할 야곱의 돌베개는 나를 더욱 유쾌하게 해줄 것이다"였다.

나는 아직 이 두 마디를 기억하고 있다. 그것을 가슴에 지니고 있다는

것만으로 자위가 될 수 있을 것인가?

고국의 품에 안긴 지 만 일주일이 지난 오늘, 더구나 내 개인에겐 특별한 기념일이건만, 생각지도 못하던 38선의 분단으로 소식의 전달조차 불가능한 것을 생각하니 더욱더 민족의 불행인 분단선이 뼈아픈 비극으로 느껴지는 것이었다. 나와 같은 동포가 그 얼마나 많을까?

최기일 형은 내게 위로를 해주었으나 오히려 최 형의 가족이 우리 집과 같이 아버지께서 목회를 하시는 교회에 나갔기 때문에 새로운 회상만 불러일으켜주었다.

아버지의 설교를 들으며 햇볕이 쏟아져 들어오는 교회당 맨 앞줄 좌석에 앉아 숨을 모으고 있던 그 어린 시절의 내 모습이, 그 교회당이, 그 고향이, 모두 밤하늘에 흘러가는 전설처럼 아련했다.

섣달 초하루.

날이 샌 것을 몰랐다. 그러나 시간은 혼자 가고 있었다. 날이 정말 궂고 눈이 내리고 있었기 때문이다. 오늘은 '임시정부 환국 봉영회奉迎會'가 기행렬旗行列을 열기로 한 날이다. 서울운동장에는 약 3만여 명의 군중이 집결해 있었다. 그들은 모두 손에 손에 태극기를 들었고 학생·시민·청년단체들이 그라운드 안에 가득 차 있었다.

어린 학생들이 눈을 맞고 있었다. 제발 눈이 심하게 오지 않았으면 하는 마음뿐이었다. 학생들이 가엽게 느껴졌다.

김구 선생, 이승만 박사를 위시하여 임정 요원이 전부 참가하였다.

윤보선尹潽善 씨가 대회의 사회를 보았고, 오세창 씨가 감격적인 말마디를 이어가며 개회사를 하였다. 봉영문奉迎文이 이인李仁 씨에 의해 낭독되었다.

아직 내가 기억하기로는 그날 권동진 씨가 만세 삼창을 불렀으며, 이 만세 삼창에 임정 요원치고 눈시울을 붉히지 않은 사람은 한 사람도 없는 것 같다.

조국 광복의 기쁨과 자주독립에 대한 기대와 그리고 심상치 않은 시국

사태에 대한 우려와 우리 임정 자신에 대한 스스로의 자책과……, 이런 감정이 뒤섞여 나는 목이 달아나라고 만세를 외쳤다.

그 얼마나 오래였던가. 이렇게 가슴을 가르고 싶도록 희열과 울분을 느끼며 만세를 삼창해본 일이.

식이 끝나고 이내 기행렬이 시작되었다. 임정 요원은 차로 안국동 로터리 북쪽의 조선생명보험회사 건물이 있던 그 빌딩 2층에 미리 와서 기행렬을 맞이하였다. 그쳐주기를 바라던 눈은 점점 송이가 굵어져 소리가 나는 듯이 펑펑 쏟아졌고, 여학생들은 눈 속에서 눈을 이고 태극기를 흔들며 다가오는 것이었다.

임정이 이렇게 대중적인 환영을 받아보기는 처음이었다. 창문을 열어제끼고 모두들 답례로서 깃발과 손을 흔들어주었다.

서울운동장에서 종로를 거쳐 안국동으로 꺾어져 중앙청 앞으로 해서 태평로로 빠져 서울역에 당도해 해산한다는 이들 기행렬은 눈보라 속에서도 끝없이 끝없이 밀려오는 것이었다.

나는 또다시 그 나의 환상인 장강을 생각했다. 끝없이 민족의 번영이 우리를 지나가리라. 그렇다, 어떤 학생 청년들이 지금 이미 우리를 지나쳐 가고 있다.

그들의 모습은 눈보라 때문에 분명치 않으나 한결같이 귀엽고 탐스러운 모습같이 보였다. 모두들 민족의 장래와 같이 흘러갈 흐름이다.

그러나 눈보라보다도 내 눈에 고이는, 꼭 이런 때면 어디선지 스며들어 고이는 두 눈의 감격 때문에, 그 행렬은 얼른얼른거리며 지나가는 것이었다.

흔들리는 기와 소리치는 목소리와 어디선지 요란히 들려오는 박수 소리와…….

나는 완전히 넋을 잃은 듯이, 그 행렬 위에 얹힌 듯이 실려 가고 있었다. 내가 그 흐름 위에 얹혀 가는 환상은 이윽고 김구 선생의 감격으로 깨어졌다. 악대가 지나가면서 환성이 올랐다.

기행렬의 대열이 함성을 지르자 이 박사도 김구 선생도 모두 흥분을 못 참고 답례를 하는 것이었다.

줄기차게 쏟아지는 눈, 눈, 눈 속에 우리는 국민의 기대라는 무거운 짐 하나씩을 가슴에 더 쌓아올렸다.

눈송이를 이고 저만치 밀려가는 행렬을 따라 나의 가슴도 자꾸 끌려가는 것이었다.

우리가 경교장에 다시 돌아왔을 때는 3시가 가까워서였다. 경교장 안에는 우리 일행이 없는 동안 대청소가 실시되었고, 또 임정 요인 제2진의 입국 준비를 하느라고 부산을 떨고 있었다.

점심을 마치고 나머지 잔류 요인이 입국 후에 할 일을 계획하고 있는데, 군정 당국으로부터 전화가 왔다고 했다.

오늘 1시 반에 예정대로 김포공항에 비행기가 닿았으나, 일기불순으로 착륙이 불가능해서 몇 번이나 착륙 기도를 하다가 기수를 되돌렸고 군산 비행장에 착륙 시도를 한다는 내용이었다.

그 김포공항 상공에서의 선회라는 말에 가슴이 덜컹 내려앉았다.

8월 18일 여의도공항에서의 나의 체험이, 아니 그들은 흙에 발도 못 붙이고 기수가 되돌려졌을 때, 얼마나 실망했을 것인가······.

그들은 얼마나 이 조국을 갈구할 것인가? 이 조국, 지금 이 조국이 어떤 시련 앞에 놓여 있는지도 모르고 얼마나 안타까워할 것이냐······?

먼저 들어온 우리로서는 무엇이라 그들에게 면목을 세울 것인가? 아니, 변명하지 말아야지.

우리는 그 후부터 초조하게 군정 당국과 긴밀한 연락을 취하면서 기다렸다. 아무 일도 손에 잡히지 아니했다.

눈은 그냥 계속해서 내리고 인왕산과 남산에 흰 눈이 덮이기 시작하였다.

"연료는 충분할까?"

"군산 기지로부터는 어떻게 상경할 것인가?"

"착륙 가능한 기지를 찾으며 다니겠지."

"누가 누가 이번에 환국할 것인가?"

우리는 이런 얘기로 시간을 보냈다. 이윽고 군산 착륙의 성공이 알려지고, 그곳서 미 군용차로 떠났다고 하는 통보가 왔다.

그러나 뒤에 알려진 사실이지만, 환국 제2진이 조국 땅을 처음 밟은 곳은 군산 비행장이 아니라 옥구 비행장이었다.

김포 비행장 상공을 두 번이나 선회하다가 쏟아지는 눈으로 도저히 착륙이 불가능해서 기수를 돌렸다는 것이고, 오후 3시나 되어서야 옥구에 착륙이 성공한 것이다. 비행장에 뛰어내린 일행 중에 신익희 씨 같은 분은 흙 향기를 맡으면서 몸부림쳤다. 모두들 조국 땅에 발을 디뎠다는 이 감격한 사실에 눈물을 흘렸다는 얘기다.

비행장에는 겨우 미군 대형트럭이 나와 대기하고 있었을 뿐이었다. 차가운 날씨에 이분들을 트럭에 몰아 태우고 달리는 미군은, 먼지 이는 시골길을 마구 흔들어대며 달리는 것이었다.

"원, 이럴 수가 있나?"

어느 한 분이 참다못해 이렇게 말을 터뜨리자 장건상張建相 씨가 운전대의 안내원에게 정지를 명하였다.

"……우리는 이런 차로 도저히 못 가겠소. 원, 이럴 수가 있소?"

모두들 손발과 뺨이 얼어 얼얼했고 눈썹과 머리엔 흙먼지가 뽀오얗게 얹혔으며, 트럭이 흔들릴 때마다 앞뒤 좌우로 시달린 이분들은 모두 차를 내려서 손발을 녹이고 있었다.

그러자 마을 사람들도 몇 사람 모여들기 시작했고, 사람들이 모이자 학교에서 하학하고 돌아오는 학동들이 무슨 구경이나 났는가 하고 기웃대었다.

그런데 그 어린 학동들의 발이 맨발이었다. 이 섣달 추위에 신 없이 학교엘 다니는 동포의 참상.

일행 중의 한 분이 한 학동을 불렀다. 조국에 들어와 처음 이야기를 나눠보는 이 어린아이의 눈동자가 놀라는 듯했다.

"아가, 왜 발을 벗었니?"

그러나 아이는 대답이 없었다.

모두들 놀라서 의아스럽다는 표정을 지었다. 모였던 마을 사람 중의 하나가 대답을 대신해주었다. 물론 그도 그들이 누구인 줄을 알 수 없었으리라.

"요즈음 신 신고 학교 다니는 아이가 어디 있어요. 신을 사 신고 다닐 수가 있어야죠……. 사 신을 신발두 없구요……."

일행은 그동안 동포들이 얼마나 착취를 당했는가를 이 한마디로 짐작할 수가 있었다.

불리 세워졌던 학동이 비실비실 물러났다. 책보를 허리에 동여맨 채 새빨간 발목이 새 다리처럼 얼었어도 아무렇지도 않은 듯이 가버렸다.

"이게 조국의 현실이구먼……. 이 지경에서 무슨…… 우리도 참읍시다. 참고 어서 올라갑시다."

누군가의 이 말에 또 한 번 일행은 두말없이 행동을 통일했다.

논산에 닿은 것은 밤이 어두워서였다. 트럭으로 몰려오는 바람을 다 안고 달려서 읍내의 한 여관에 겨우 몸을 눕힌 것이 10시. 먼지투성이의 한 무리들이 미군 트럭에서 내려 망측스러운 꼴을 하고 들어섰을 때, 그 여관의 주인이나 사동들도 조금도 이들의 신분을 상상도 못 했으리라. 이들은 아무 말도 않고 하룻밤만 묵고 가기로 했다. 이렇게 하여 환국 제2진의 제1야는, 한 이름 없는 작은 여관방에서 지냈다.

입국 첫날의 시련은 그날로 그친 것이 아니라 우리에게 계속되었다. 이렇게 당시의 수원隨員 중 한 동지인 서상렬徐相烈 씨는 후일담을 들려주었던 것이다.

12월 2일 아침 경교장엔 청년들 108명이 밀어닥쳤다. 서울의 좌익계 청년단체 45단체가 소위 '건국청년단체총연맹'을 결성해가지고 그 대표 108명이 한꺼번에 방문한 것이다.

경교장 대합실에 가득히 들어차왔다. 틀림없이 그들은 어떤 가교를 놓으

려고 그런 수적인 공세를 취하는 것 같았다. 김구 선생은 그들에게 격려사를 꺼냈다. 두 손을 맞비비는 손버릇도 잊고 주먹을 쥐면서 다음과 같은 요지의 말을 하셨다.

"모든 기대는 청년들에게 걸어야 한다. 아니, 청년들에게 걸지 않을 수 없다.

나도 그 청년 시절엔 일을 하겠다고 떠돌아다니던 사람이다. 그러나 사실상 한 일은 없다. 그러기에 오늘날 이렇게 여러분의 기대를 만족시킬 일도 못 한 것을 가슴 아프게 되새긴다.

그러나 우리 청년들이 보람 있는 일로 조국을 위한 예는 얼마든지 있다.

당신들과 같은 나이에 국가를 건지려고 나선 윤봉길 의사도 있다. 어떤 청년은 일본 놈이 날 죽이라고 준 권총을 가지고 와서 솔직히 고백하며 민족을 죽이는 범죄는 짓지 못하겠다고 하며, 오히려 그 총으로 일본 놈을 죽이는 데 써달라고 총을 맡기고 자기는 난양 방면으로 떠난다고 읍소하던 청년도 있었다.

모름지기 청년은 때와 장소를 가려서 싸우고 지킬 줄 알아야 하겠다.

여러분도 때와 장소를 따라서, 분별하여서 윤 의사 같은 의지로 적극적인 투쟁을 해야 할 때가 있고, 소극적인 항쟁을 해야 할 때가 있음을 알아야 할 것이다……."

장내는 숙연해지고 100명이 넘는 청년들의 숨소리가 다 죽어갔다.

지도자의 힘이 무엇인가 하는 것을 나도 그 한옆에서 생각해보았다. 그들이 들어올 때의 그 표정이 모두 사그라진 것은 어찌 된 일인가?

다음 날 10시에 논산을 떠난 귀국 제2진은 오후 4시에 유성에 닿았고 유성 비행장에서 서울서 보내진 수송기에 탑승하여서 김포 비행장에 내린 것이 저녁 5시, 능히 짐작할 수 있는 고생 끝에 경교장에 도착한 것이 5시 50분.

어제 하루 종일 그리고 오늘도 아침 일찍부터 경교장 문턱 안팎에 서서 애절하게 기다리던 가족과 친지들의 환호성이 드디어 터져 올랐다.

그들의 목멘 환성과 박수가 한 분씩 한 분씩 차에서 내릴 때마다 연달아 오르고 극적인 상면의 정경이 벌어졌다. 기쁨과 감격이 뒤범벅되어, 그 표정이 활짝 피었다간 굳어져 무표정처럼 되어버리는 가족들의 모습들. 눈을 털고 할 생각도 없이 힘찬 포옹과 악수와 그리고 눈물 어린 인사가 계속해서 대열을 지으며 벌어졌다.

몇 년 만에 몇십 년 만에 만나보는 그 광경, 상봉의 모습은, 그 자리에 선 어느 제3자라 할지라도 그대로 지켜서 보고 있을 수만은 없는 것이었다. 그러나 모두가 다 가족을 만나는 것은 아니었다.

홍진, 조성환, 황학수, 장건상, 김붕준, 성주식, 유림, 김성숙, 조경한, 조완구, 조소앙, 김원봉, 최동오, 신익희 제씨 등 요인 열네 분과 수행원 안우생, 이계현, 노능서, 서상렬, 윤재현 등 다섯, 도합 열아홉 분의 대부대였고 그 외에 중국인 무전기사도 세 명이 있었다.

그러나 이 열아홉 사람이 한 사람씩 한 사람씩 다 지나가도, 나에게는 꼭 한 사람, 올 줄 알았던 한 사람이 나타나지 않는 것이었다. 틀림없이 김준엽 동지가 입국하리라고 믿었으나, 그는 편지 한 장도 없이 노능서 동지에게 전언만을 보내주고 자기는 충칭으로 되돌아갔다는 것이다.

광복 조국에서 우리가 할 일을 그는 왜 버렸을까. 그보다 더 중한 일이 무엇인가 그에게 생겼겠지만, 그의 그 맹세는 나에게 이런 기대감을 안겨주는 것이고, 그때 그 순간에는 그만큼 반비례하는 실망을 안겨준 것이다. 여하간 나는 나의 반몸을 두고 온 듯이 서운하였다. 그러나 나는 전연 그것을 숨길 수밖에 없었다.

머리, 어깨, 등의 눈을 털어가며 우리는 준비한 식탁에서 이내 만찬회를 열었다. 그동안 조급히 기다리며 고생하던 얘기가 끝이 없었다.

내게는 그래도 노능서 동지와의 재회가 큰 기쁨이었다. 노 동지는 지난 8월 초순경 국내 잠입을 위해 OSS의 경인지구조를 편성하였을 때 무전통신 책임을 졌던 동지다. 3개월의 특수훈련에서 뛰어난 무전기능을 발휘했던 노 동지와 나는 억센 포옹으로 체온을 다시 나누었다.

이번에 입국한 다섯 명의 수행원 가운데 안우생 씨는 안중근 씨의 조카였으며 안미생 여사와는 사촌 간이었고 나머지 네 명은 전부 나와 같은 학병 출신이었다.

화기애애한 가운데 우리는 참으로 즐거움만을 나누는 만찬회로 시간을 잊고 있었다. 내일은 임정의 온 각료들이 참석한 가운데 임시정부의 첫 국내 국무회의를 열기로 결정하였다. 생각만 하여도 가슴이 설레는 일이었다.

밖에는 여전히 눈이 내리고 있었다. 우리는 경교장이 숙소로는 좁기 때문에 충무로에 있는 한미호텔로 숙소를 옮기기로 하였다.

나는 대강 필요한 것들을 챙겼다. 그러나 만찬회의 그 정경은 내 발을 층계에다 그냥 붙잡아 매놓은 듯했다.

우리는 밤이 깊어서야 한미호텔에 들어섰다. 그 22호실. 내가 도어를 밀고 들어섰을 때, 방 안에는 어둠만이 가득했다.

이 한미호텔을 제3의 숙소로 마련해준 것도 역시 '임시정부 환국 환영 준비위원회'였다. 이제야 내 한 몸이 차지할 수 있는 작으나마 나의 세계가 확보된 것이었다. 중국 땅 시안, 광복군 제2지대에 소속해 있으면서 한 낡은 절간을 사들이고 그 내부를 개조하여 예배당을 만들고 그 한쪽에 『등불』편집실을 꾸미고 나의 숙소를 겸한 사무실을 가져본 이후, 처음으로 나의 방을 가지게 된 것이다. 진정 흐뭇한 일이 아닐 수 없다. 그러나 내가 도어를 밀어제치는 순간, 방 안에 가득하게 고여 있던 어둠은 내게 차디찬 공허감을 안겨주었다. 아니, 내가 그 어둠 속에 빨려드는 것을 확실히 의식할 수가 있었다.

갑자기 전연 느끼지 못하던 피로가 폭포처럼 안으로 소리를 내면서 쏟아졌다. 나는 겨우 담벼락에 걸리는 스위치를 손끝으로 내리누르고 불을 켰다. 침대 위에 그대로 몸을 던졌다. 아무것도 생각하기가 싫었다. 침대는 돌베개인 것이 확실했다.

일기장에 어제 하루의 일을 기록하면서 나는 오늘이 섣달 초이틀인 것을 알았다. 늘 나의 한 몸에 대해서는 지나칠 정도로 자신을 갖고 있었건

만, 웬일인지 오늘 아침에는 창으로 새어드는 밝은 초겨울의 양광陽光이 싫을 정도로 몸이 무거웠다. 옷을 벗지도 않은 채 신발을 아무렇게나 벗어 동댕이치고 시트와 담요 한 장을 뒤집어쓰고 한밤을 지낸 것이다.

달걀색의 천장 위에 자꾸만 대륙의 수수밭이 나타나고 키 높은 수수 이삭이 바람에 흔들리는 환상이 어른대었다.

바람은 나의 가슴 안에서 일고 있었고, 그 바람에 몰려 수수밭은 흔들리고 있었다. 맞부딪치는 수숫대가 점점 더 큰 소리로 내 가슴 안의 격랑을 휘몰아쳤다.

바람은 수수밭을 미치게 흔들었고 나는 그 속에서 방향 모르는 방황을 하고 있었다. 누가, 이 바람을 멎게 해줄 사람은 없는가?

그러나 환각은 식은땀만 남기고 사라졌다.

쉬저우를 탈출하여 무작정 동북의 방향으로 뛰던 그 수수밭 수수 이삭의 몸부림이, 또 불로하 강변에 이르기까지 죽는 둥 사는 둥 쫓기던 수수밭의 광활무변함이, 못 잊어하는 영화처럼 자꾸 우물 속같이 조용한 사각의 천장에 담기는 것이었다.

팔로군이라고 자처하던 중국군의 편의대에 쫓기던 수수밭 이랑이며, 일군의 추격, 그 일군에게 동원된 중국의 부락민이 뒤지고 지나던 순간의 조밭 고랑이며, 국부군과 공산군의 충돌로 고왕탄광 옆으로 밀리던 1년 반 전의 대륙횡단이 지금은 아스라이 환각으로 지나가고 있다.

"그때의 그 용기는 다 어디에 흩뿌려졌는가? 그때 그 땀과 눈물은 다 어디에 스며져버리고 말았는가?"

나는 몸을 뒤척였다. 분명히 무엇인가 나의 속성을 이루는 한 부분이 환국 이후 10여 일 동안에 나로부터 빠져나간 것이라 생각했다. 이것을 발견하기까지 섣달의 해가 높도록 회의 속에 빠져 있었던 것이다. 내 스스로 결론지은 이 '회의'라는 사실 속에서 나는 몸을 뿌리치고 일어났다.

북악의 암벽 위로 흘러내리는 햇볕이 우람한 소리로 나를 꾸짖는 듯했다. 유리창을 치켜올렸다. 그러나 세상은 조용할 뿐이었다. 차가운 조국의

대기를 마음껏 들이마셨다. 공허하게 빈 가슴 부분을 채우고 싶었다. 그것은 슬픈 일이 아닐 수 없었다. 육중하게 내리누르는 대기 속에 유독 솟아오른 북악산의 의지가 가슴에 밀물처럼 몰려왔다.

나는 산과의 대화로 나의 회의를 추적해보고 싶었다.

"왜, 회의하는가?"

"조국에 돌아오지 않았는가?"

"임정의 각료가 전부 입국하지 않았는가?"

그러나 북악은 말이 없었고, 나 또한 대답이 없었다.

12월 6일.

신문에는 대서특필로 오늘 개최될, 국내에서 첫 번째로 열릴 임정의 국무회의에 대한 예정 보도가 클로즈업되고 있었다. 신문마다 격한 논조로 그 의의와 역사성을 늘어놓고 국민들의 이목을 집중시키기에 인색하지 아니했다. 오늘로 시국의 어떤 전환이 이루어질 듯이 전면을 임정 관계 기사로 취급하고 있었고, 이런 신문의 흥분은 오히려 나에게 불안과 기대를 함께 안겨주었다.

일찍이 다른 수행원들과 함께 숙소를 떠났다. 이 한미호텔은 나를 포함한 수행원 거의 전원과 그리고 조소앙, 신익희, 조완구, 홍진, 황학수, 최동오, 김원봉, 성주식, 조경한, 김성숙, 김붕준 씨 등 제2진의 요인들이 숙소로 정하고 있었고, 제2의 숙소는 바로 경교장 옆에 있었다. 그곳에는— 지금의 4·19도서관—이시영, 유동열, 김상덕 씨 등이 거처하고 계셨고, 경교장엔 김구 선생과 엄항섭 씨 그리고 수행원으로 안미생, 안우생, 선우진 씨 등이 함께 묵고 있었던 것이다.

아래층 응접실을 국무회의 장소로 꾸미느라고 경교장은 분주했다.

낮 3시. 상상외로 수를 헤아릴 수 없는 보도진이 밀려들기 시작했다. 내외 기자들이 큼지막한 사진기들을 치켜들고 몰려들었다.

역사적인 첫 국내 국무회의가 개최되는 것이다. 그 서러운 망명 끝에 개최되는 이날의 국무회의가 고국에서 당당히 열리기까지 그 얼마나 뼈아

픈 시련을 모두 육신으로 겪어야 했는가?

어제부터 도하 각 신문과 방송이 톱기사로 보도하였기에―어떤 신문의 지면이나 모두 이 국내에서의 첫 국무회의를 초호 활자로 뽑지 않은 것이 없었다― 전 국민의 시선도 경교장으로 집중되었던 것이다.

엄숙한 분위기 속에 시간이 흐르다 멈추고 흐르다 멈추고 하듯, 감정의 여울을 지으며 시간이 다가왔다.

국무위원들이 먼저 들어와 착석하고 마침내 김구 주석과 이승만 박사도 입장하였다. 내외 보도진이 잠시 소란을 피웠으나 곧 잠잠해졌다.

20여 명의 각료들이 한자리에 둘러앉고 무거운, 정말 무거운 감회가 깊은 심연처럼 침전하고 있었다. 감은 두 눈에 국무위원들의 표정이 한 사람씩 지나갔다. 그러나 언제까지나 이들을 국무위원으로 부를 수 있을 것인가?

그 팽팽하던 박력과 충혈되던 우국충정이 이미 지친 노안에 그대로 서리고 있다고 보아야 할 것인가. 그들의 갈구가 지금 이곳서 이루어지고 있는 것이다.

'그들의 애국이 지금 과연 입증될 것인가?'

나는 기록을 위해 긴장을 하면서도 자꾸만 이 자리에 참석한 이승만 박사의 거동에 계속 신경이 쓰이는 것이었다.

김구 주석이 주재를 하였고, 자리를 고쳐 앉는 각료들의 숨소리가 커져갔다. 개회사에 이어 김구 주석은 현재 상태의 유동적인 국내 상황을 잠깐 부연하였다.

이 자리에 구미歐美위원단의 단장이라는 직책을 가졌던 그 자격으로 참석한 이 박사는 그동안에 임정이 조심스럽게 취한 태도 등의 경과보고를 곰곰이 듣고 있었다.

상하이를 비행기편으로 출발할 때에 수행원들을 제외하고 각료들만의 우선 입국을 주장하던 안을 좌절시킨 것은 사실 엄 부장의 숨은 의도였던 것이다.

각료들의 우선 입국은 노령의 각료들에게 지당한 처사였지만, 구태여 1, 2진으로 나누고 그 대신 수행원들을 대동하게 한 것은, 김구 선생을 중심으로 한 제1진 환국 일행만으로 우선 잡음 없이 임정의 발판을 만들어 놓자는, 임정 내의 복잡성을 고려한 좀 더 깊은 의도가 있었던 것 같다.

성격적으로 무난한 인물 그리고 원만한 분들과 함께 김구, 이시영, 김규식, 유동열, 김상덕, 엄항섭 씨 등이 앞으로의 국내 활동을 무난히 기초하기 위해 이렇게 계획한 것을 나는 막연하나마 짐작한 바 있었다.

그러나 막상 이 자리에서 제2진의 입국 각료들 표정에 아직도 역력한 그 불만이 무엇을 뜻하는 것인가를 나는 또다시 혼자 짐작할 수 있었다.

'자, 그래 당신네들은 먼저 들어와 무엇을 해봤소?'

당장 이런 비난이 터져 나올 것 같은 불만의 표정이었다. 이러한 분위기 속에서 엄 부장이 경과보고 형식으로 발표한 내용은, 정당 난립을 이루고 있는 국내 동태와 적극적으로 미군정의 지지를 받지 못하는 임정의 입장 그리고 이에 대한 임정의 조처가 그 주된 내용이었다.

그러나 다행스럽게도 이 박사는 역시 공산주의자들의 움직임을 상세히 설명하였고, 경고적인 의미로 그의 독특한 화술을 구사하였다.

이렇게 회의가 진행되고 그 어떤 새로운 의제가 나오게 되리라고 기대할 때, 아니나 다를까, 어떤 국무위원 한 분이 발언권을 얻어 "우리 대부분의 국무위원들은 바로 어제 입국했으니 오늘은 보고를 듣는 것만으로 하고 우리도 국내 정정에 직접 접할 기회를 가진 다음에 다시 이야기하자"는 의견을 제의했고, 이 동의가 채택되어 회의는 이내 간담으로 들어갔다. 그러자 "한마디 이 자리에서 아니할 수 없다"고 하는 전제와 함께 한 노인 국무위원이 약간 상기된 억양의 발언으로 결국 분위기를 상기시켰다.

제2진으로 입국한 노령의 각료들 중 몇 분의 불만이 폭발한 것이었다. 나는 예상했던 일이 그대로 나타나는 것 같아 그 자리에서 일어나버리고 싶었다.

제2진의 불평은 환국 이전의 상하이에서부터 비롯된 것이다. 고국으로

부터의 수송기편이 두 대가 올 것으로 기대했다가 단 한 대뿐이라는 것이 확인되자, 누구누구가 먼저 입국하느냐 하는 사소한 문제에서 임정 안에 도사렸던 불평이 고개를 들기 시작했던 것이다.

자연히 제1진은 김 주석을 중심으로 한 각료 몇 분과 관계 수행원으로 구성되었고, 여기서부터 제2진은 불평을 간직했던 것이다. 그뿐만 아니라 설상가상으로 고생스러운 입국으로 더욱 이들의 감정이 비등해진 것이다. 또 제1진의 환국에 즉각 뒤따라 입국한 것도 아니요, 마치 내버려둔 것처럼 간격이 떼어져서, 이런 문제까지 제2진의 환국 요원들에게 불만이 되었던 것이다.

보도진이 웅성거리며 회의장 밖을 붐비게 했다. 이날 이 자리에서 이런 문제가 보도진의 취재 대상이 된다면 너무나도 어이없는 일이었다. 그 끈덕진 보도진도 다행히 그런 소스에는 접근치 못하였다.

환국한 임정의 각료들 안에서까지 일치 구국의 염이 허사이면, 또 무엇을 기대할 것인가? 이 형세, 이 난국에서 집중된 국민들의 기대에 부응할 수 있는 단 한마디도 제시하지 못했다는 것이 무엇보다 가슴 아픈 일이었다.

각료회의는 뻔한 결과를 가지고 산회되었다. 김구 주석의 말씀처럼 과연 여러 파, 여러 층을 한 보따리에 싸서 내던지고 온 것인가? 그보다는 오히려 끼고 들어온 파벌의 보따리를 더 크게 벌이고자 하는 결과일 뿐이다.

지친 표정의 주름살이 카메라를 지나며 한 사람씩 나왔다. 좁은 사회에서 적은 수의 배경을 가진 파벌이 국내에 들어와 오히려 좋은 여건을 맡아 각기 연결되는 세력을 확보하여 강화하려는 그 의도가 아니면, 모처럼의 이날 회의에서 국민에게 실망만을 줄 수 있겠는가? 애초에 임정이 그러한 파벌을 집결하여가지고 이루어진 것은 사실이다. 그러나 망명 시절엔 몰라도, 차제에 이를 다시 그들의 제1차적 교두보로 사용한다는 것은 어불성설이 아닐 수 없다.

물론 이러한 오늘의 결과는 그 원인이 좀 더 큰 것에서 기인한 것이다.

객관적 정세를 보더라도 우선 미군정이 임정을 전적으로 무시하고 있는 것이요, 주관적 여건으로 봐서도 그러한 벽을 뚫고서라도 임정의 활동에 어떤 절대 가치를 부여할 수 있도록 임정 요인들 자체가 일치단결되어 있지 않았다고 하는 것이다. 나는 겨울 하늘을 쳐다보고 임정의 앞날을 암시하는 듯한 오늘의 결과를 하소연했다. 임정의 체질은 결국 임정 요인들 스스로가 자기주장을 그 저의에 숨기고 이를 암암리에 외부에 연결시킴으로써 약화되고 있는 것이었다.

나에게는 오늘 아침에 내가 감싸였던 그 회의가 계속될 뿐, 아무런 결론이 없는 듯했다.

이내 나의 숙소로 돌아와버리고 말았다. 국무회의의 결과를 끝까지 정리해보지 아니한 자신이 후회스럽기도 하였지만, 나는 거리를 혼자 걸으면서 발길에 차이는 돌부리만 애꿎게 걷어차버렸다.

고엽枯葉이 발밑에서 뒹굴었다. 찢어진 벽보 쪽과 함께 덕수궁 돌담 밑에서 바람이 몰려다녔다. 고엽이 부서지는 소리는 누군가의 절규처럼 힘이 없었다.

돌담에 깃드는 양광만이 따사로웠고, 나는 돌담의 돌줄을 헤면서 나의 시름을 잊고자 했다.

수차에 걸쳐 나는 엄 부장에게 되물었던 것이다.

"어떻게 할 것입니까, 임정은?"

그때마다 엄 부장은 이렇게 대답했던 것이다.

"국무위원들이 마저 들어오면 의논해서 결론을 내기로 하지."

그러나 그 결론이 나에게는 이미 짐작되는 결론이었던 것이다. 나는 조급하지 말자고 몇 번이나 스스로에게 타일렀건만, 그 결과는 덕수궁 돌담의 돌무늬를 헤면서 걸어 나오지 않을 수밖에 없는 것이었다.

'일다운 일을 해야 할 것이 아니냐?'

나는 두 주먹을 쥐어 나의 두 눈앞에 바싹 치켜올렸다. 부르르 주먹이 떨렸다. 그러나 분노는 내 두 주먹과 가슴과의 거리뿐이었다.

대한문의 늘어진 추녀가 아름다웠다. 풍경이 울듯, 바람이 그 추녀 끝에서 울고 있었다. 앙상한 가지 끝으로 바람소리가 걸려 연줄처럼 감겨버렸다. 이 한 걸음 한 걸음마다에 무거운 나의 체중이 짓눌렸다. 그것은 6천 리의 대륙횡단에서도 의식할 수 없었던 체중이었다.

내가 한미호텔에 도착하자 그래도 날 기다려준 것은 돈암장에서 전화로 온 전갈이었다.

이날 저녁 최기일 형과 시국을 이야기하느라고 나는 나의 회의를 뿌리칠 수가 있었다. 최 형은 돈암장에 꼭 놀러오라고 재삼 부탁을 굳히고 밤이 깊어서야 돌아갔다. 그러나 눕기만 하면 나는 몽상처럼 수수밭을 헤매는 것이었다.

이렇게 하루하루가 달력 위에서 한 걸음씩 징검다리 건너듯 건너가버렸다.

경교장의 임정에서는 이상한 분위기가 감돌았다. 매운 연기처럼, 뽀오얀 포연처럼 나는 그것이 싫었다.

차차 임정 요원들은 매일 저녁 개별적인 초청을 받아 분주히 나돌았고, 각자가 자기 세력 부식에 급급한 인상을 풍기면서 제각기 개인 접촉에 더 많은 시간을 빼앗기고 있는 실정이었다.

그 한 예로 내가 당한 사실은 이러했다. 우리 광복군 출신 몇 동지들이 광복군 국내 지대로부터 환영회를 한다고 초청을 받은 일이 있었다.

나는 그 환영회를 간소한 동락회同樂會로만 생각하였던 것이다. 그러나 막상 내가 인도된 곳은 그때 유명하던 요정 명월관이었다. 그곳엔 이미 30여 명의 국내 지대 간부급들이 모여 있었고, 그 수에 못지않은 기녀들이 자리를 차지하고 있었다.

놀라운 음식과 술이 준비되어 있었다. 미처 깨닫지 못한 것이 '아차!' 하고 날 일깨웠다. 몇몇 사람이 환영의 말을 해주었고, 그러고 나서 답사를 하라고 했다. 나는 전연 무슨 환영사를 들었는지, 미안한 일이지만 귀담아 듣기지가 않았던 것이 사실이었다. 도중에 뛰어나올 수도 없어 나는

그날의 주빈이었기에 어설프게 그 자리를 차지하고만 있었던 것이다.

"……오늘 이처럼 내 생전에 처음 받아보는 성황의 환영을 받는 자리에서 황송스러운 마음 그지없으나, 그러나 우리가 중국에서 광복군 기치 아래 모인 것은 이런 환영받는 광복군이 되기 위한 것은 아니라고 생각합니다. 때문에 오늘 이 자리는 기쁘다기보다 괴로운 자리입니다. 조국 건설을 하는 광복군, 조국 군대의 기틀을 우리는 마련해야 할 것으로 압니다. 나는 이 자리에서 이 환영의 보답으로 우리가 목메게 부르던 노래 한 구절을 다시 그때의 감격으로 불러드리고 싶습니다."

기대하지 않았던 박수가 쏟아졌다. 나는 그 박수가 끝나기를 끝까지 기다렸다. 대륙의 하늘이 조용히 지나갔다.

요동만주 넓은 들을 쳐서 파하고
청천강수 수병 백만 몰살하옵신
동명왕과 을지공의 용진법대로
우리들도 그와 같이 원수 쳐보세.
나가세 전쟁장으로 나가세 전쟁장으로
검수도산 무릅쓰고 나아갈 때에
독립군아 용감력을 더욱 분발해
삼천만 번 죽더라도 나아갑시다.

그러나 나는 다시 침울해졌다. 이어서 장구와 가야금이 장내를 뒤덮었다. 기생들이 일어나 돌기 시작했고, 그들의 이마에 돈이 붙여지기 시작했다. 놀라운 일이었다. 처음 보는 일이었다.

나는 어느 정도 장내가 취흥 속에 범벅이 되었을 때 몸이 고달프다고 일어나고 말았다.

이런 식의 초대 향응이 계속 다른 명목으로 벌어졌다. 누가 누구를 초대하든 같은 명월관이나 국일관 등 주지육림 속에서 놀아나며 세월을 허

송하는 것이었다. 요릿집 경기는 장안을 누르고 해방된 기쁨이라고 사회와 인심은 둥둥 들떠 있었다. 이 혼란 속에서도 불순한 정치 세력은 칡넝쿨처럼 이권과 이해와 정치 목적을 따라 뻗어나갔고, 국민들은 깨어나야 할 혼돈 속에서 각성을 몰랐다.

임정을 위요하고 있는 밖의 정치 세력도 물론 집요하게 달겨들었다. 임정과 연결을 가지려는 이 악착스러운 움직임 속에 빠져 국무위원들은 제멋대로 외적인 파벌과 결탁을 하기에 바쁜 것이 현저한 그들의 활동이었다.

물론 오랫동안의 망명생활 끝에 돌아온 요인들이니 개별 접촉이 없을 수 없으리오마는, 그것이 임정 요인으로서이기 때문에 문제점이 따랐다. 언제나 명목은 '환영의 모임'이었고 그 모임에의 초청 대상으로 해서 임정의 권위와 의지는 부스러지기 시작하였다.

환영만 받다가 버림받을 처지임이 적어도 내 안목으로는 명백한 것이었다.

"우리의 의지가 환영으로 대접받기 위한 것이었던가?"

비로소 나의 체내에 움트고 있던 회의의 초점이 드러났다. 무엇인가 해야 할 일을 하지 않으면 안 되겠다는 의사가 굳어지기 시작했다.

"그저 어떻게 될 거야" 하던 막연한 기대감은 이제 깨끗이 물러나버렸다.

때때로 엄 부장이 달래어주던 이 한마디를 나는 완전히 마음속으로 거부하고 있었기 때문에 새삼스러운 실망은 아니었으나, 그러나 너무나 허전한 결과였다.

나는 시간 속에 방황하고 있었다. 그러나 시간 속에선 아무런 지표도 찾을 수가 없었다. 환국 이후 스무 날이 덧없이 지나가고, 그때마다 난 최기일 형에게 나의 심중을 털어놓곤 하는 것이 유일한 자위였다. 결론은 언제나 우리의 무력함에 귀착되었다. 아니, 나의 무력함이었다. 나의 과대망상인지 모르나, 나라의 운명은 어떤 이의 과대망상이라도 절실히 필요로 하는 기로에서 닻줄에 매인 듯 흔들리고 있었다. 임정의 법통이 애석하였고 임정의 진로에는 이미 미군정의 닻줄이 걸려 있었다. 조국에의 통로는 멀

고 먼 것이런만, 그 항로에는 너무나 많은 사람이 뱃사공으로 타고 있었다.

국내 신문들은 초호 활자들을 동원하여 어제의 국무회의를 보도했으나, 그러나 그 '임정 국무회의'라는 표제 밑에 깔린 회의 내용은 아무런 뚜렷한 것이 없었다. 기대를 크게 건 순진한 국민들, 금시 독립선언이라도 나올 것을 기대하던 국민들의 실망은 이만저만이 아니었을 게다. 이런 모양의 국무회의는 연일 계속되었다. 그러나 이렇다 할 결론도 없고 국민의 관심도 점점 식어가기 시작했다.

최기일 씨가 또 찾아주었다. 신문마다 크게 취급된 기사와 사진을 일일이 검토하고 있던 중이라 언제 그가 들어왔는지조차 모르고 있었다.

그러나 최기일 씨는 말 대신 무표정으로 나를 응시했다. 곧 나도 그의 심중을 알 수가 있었다.

"어제의 국무회의는 앞으로의 임정의 운명을 아주 집약적으로 잘 표현한 것이야……."

내가 먼저 최기일 씨에게 이렇게 단정을 전달했다. 최 형은 그제야 자리를 잡고 앉아 창밖을 잠시 내다보았다.

"알겠시다. 참 어떻게 될 것인지……."

최기일 씨는 나의 고민을 알고 있었다.

이대로 임정의 상황을 방관하고만 있을 수는 없는 처지이니, 더 이상 임정 각료들에게 기대할 바가 없다. 도저히 그들이 보이지 않는 이 건국 도상의 심각한 위기를 해결할 수 있으리라 믿기 어려우니, 김구 주석과 이 박사가 유대를 긴밀히 하고 적극적이 될 수 있도록 강화시키는 책임을 둘이서 떠맡아보기로 하자. 김구 주석과 이승만 박사만이 결속한다면 앞으로는 보다 확고한 입장을 취할 수 있고 그렇게 함으로써 이 유동적 상황을 누르고 안정시킬 수 있지 않겠느냐.

김구 선생의 의견을 직접 이승만 씨에게 전달할 수 있는 방법의 모색이 바로 우리의 해후가 주는 임무가 아니겠는가. 두 인물의 연결을 위해 우리가 다시 만난 인연의 의의가 있을 것이다.

"구하라, 그러면 주실 것이오." 이 성경이 바로 우리가 깨달아야 할 구절이라고 생각했다.

그는 나의 심증대로 이런 제의를 한 것이다. 심각한 그의 표정이 한동안 굳었다 풀리면서 겨우 꺼내는 말이었다. 언제 하루 돈암장에 같이 가서 하루저녁을 묵으며 이승만 박사를 만나보고 의견을 들어보자는 내용이었다. 그것은 적지 않게 나의 반응에 신경을 쓰면서 하는 얘기였다. 그러자 나의 대답은 대번에 "좋아요"였다.

스스로 자기의 위치가 교량의 역할이라고 했다. 물론 나는 나 개인을 위한 것이 아니기 때문에 쾌히 동의한 것이다. 그는 힘 있는 악수의 체온을 남기면서 갔다. 잠시 나는 최 형의 체온을 의식하면서, 결코 다른 임정 요원들처럼 나 개인의 어떤 목적을 가지고 돈암장엘 가겠다는 것이 아님을 스스로에게 확신시켰다. 적어도 최기일 씨 역시 보다 큰 차원에서 어떤 길을 같이 찾아보자는 의도였을 것이다. 나의 회의의 안개 속에 한 가닥 길이 오솔길처럼 드러나는 것 같았다.

12월 19일.

'임시정부개선환영회'가 서울운동장에서 열린다고 임정 요인과 수행원이 모두 그 아침부터 참석을 서둘렀다.

그러나 나는 도무지 그들의 행동에 관심조차 두려고 하지 않았다. 이미 이방인이었다. 이 경교장 사무실을 지킬 사람이 필요하다고 스스로 주장하고 내가 남기를 자원했다. 전원이 참가 대상으로 초청이 되었지만, 개선환영회란 것 자체가 마음에 담기지 아니했다.

개선을 하고 돌아온 것은 분명 아닌 것을 어쩌랴. 개선을 하고 그 환영회를 받는 처지였다면 어찌 임정의 위치가 이리도 애매하겠는가. 노능서 동지가 그러지 말고 같이 가자고 몇 번이나 좋은 말로 권유했으나, 나는 처음으로 노 동지의 말을 거절해버렸다.

"갔다 와서 얘기나 자세히 해주구려. 한 사람쯤은 남아야 전화도 그렇고 연락을 취하지 않겠소?"

더욱이 환국 제2진의 임정 관계인들은 처음 받는 환영회라서 그런지, 무척 큰 기대를 갖는 눈치였다. 가벼운 흥분을 느끼면서 차례로 출발하였다.

횅하니 빈 사무실은 너무나 허전하였다. 나는 찬바람이 부딪치는 창가에 몸을 기대고, 환영받기 위해 환국한 것이냐는 비뚤어진 생각까지 품게 되었다.

시간이 가면서 내 귓전에는 운집했을 서울운동장의 환성이 들리는 듯했다. 그러나 그것은 나의 임정에 대한 지나친 기대였는지도 모른다.

1시가 다 되어서야 일부 요인들과 수행원이 돌아왔다가 곧 또 덕수궁 석조전에서 환영연이 벌어진다고 분주히 나가버렸다.

노능서 동지가 내게 전해주는 말로는 개선환영회나 환영연회가 이러했다. 연합국의 국기들이 바람을 안고 기폭이 춤을 추는 대단한 추위였다.

군중은 이미 운집해 있었다. 11시 30분, 우리 임정 관계자 전원이 입장하자 대회 위원장 김석황金錫璜 씨가 개회를 선언, 서울음악협회의 취주악에 맞춰 일동 기립으로 태극기를 게양했다. 새삼스럽게 가슴에 조국 광복의 감격이 파동쳐왔다. 애국가를 제창하면서 노 동지는 몇 번이나 구름 같고 천둥 같은 애국가의 흐름에 감격하여 눈감고 들어보았다고 한다. 이어 이화여전의 합창단이 환영가를 불렀고 권동진 씨를 대신하여 홍명희洪命熹 씨의 환영사가 있었다.

"어찌하여 일개 시민으로 처하려 하십니까?"

권동진 씨는 환영사를 이렇게 결론했다. 신임 군정장관인 러취 소장이 축사를 했고, 김구 선생의 답사가 대회를 숨죽이게 했다.

이의식李義植 씨가 연합국에 보내는 결의문을 채택시켰고, 백범 선생에게 민족의 꽃다발이 안겨졌으며, 오세창 씨가 만세를 선창해서 대회를 장식했다. 12시 15분 퇴장.

이 대회를 보도한 12월 20일자 『동아일보』는 이렇게 기술하고 있다.

"3천만 민족의 총의로 조국애에 타오르는 의열사가 중심이 되어 조직된 우리 임시정부의 개선을 환영하는 민족적 성전에 엄한嚴寒을 무릅쓰고

물밀듯이 훈련원에 쇄도, 광복군, 조선 국군을 선두로 유학생 동맹, 각 남녀 학생, 일반 시민 등 약 15만이 운집……, 우리 3천만의 총의가 임시정부 지지의 일점에 집중되어 건국일로에 매진한다는 것을 소리치는 듯하였다……."

그러나 같은 날 『서울신문』은 이렇게 보도하였다.

"이 노래 들으시오. 이 깃발의 파도를 보시오. 지금 3천만의 우리 형제자매는 선생들의 환국을 반기고, 또 이제부터 선생들의 활동에 크나큰 기대와 성의를 보이고자 여기 있습니다. 그러나 우리는 선생들을 맞이하기에 아무런 준비도 장치도 못 하였습니다.

다만, 뼈아프게 느끼는 것은 우리가 해방되어 선생님을 맞이하였건만, 우리의 진정한 자유는 아직도 아득하고 우리의 자주독립은 거리가 멀다는 것입니다. 오늘 우리는 이 작은 모임을 베풀어 선생들께 우리의 건국에 대한 열의와 우리 민족의 참뜻을 전하고 싶습니다……."

두 신문의 성격은 이러한 객관의 보도 기술에서 차이를 보여주듯이 아주 상반된 것이었다. 더욱이 며칠 전에 『매일신문』에서 개제改題된 『서울신문』은 그 당시 공산주의자들의 집단(?) 같은 인상까지 주고 있었다.

백범 선생의 답사는 미리 준비된 그대로였다. 백범 선생이 한마디 한마디 읽어 내려갔을 답사를 생각하며 눈을 감았다.

"친애하는 동포 제군! 나는 오늘 이 성대한 환영을 받을 때에, 무엇보담도 먼저 우리 임시정부를 대표해서, 오랫동안 왜적의 통치하에서 갖은 고난을 당하여온 국내 동포 형제에게 가장 친절한 위문을 드립니다. 나와 및 임시정부 동인들이 오늘 이 자리에서 동포들의 이와 같이 열렬한 환영을 받게 될 때에 과연 형용할 수 없는 감격이 있고 흥분이 있습니다.

수십 년간 해외에서 유리전패流離顚沛하던 우리로서 그립던 조국의 땅을 밟게 되고 사랑하는 동포들의 품에 안기게 된 것은 참으로 무상한 영광이외다.

여러분도 아시는 바와 같이 우리 임시정부는 3·1대혁명의 민족적 대

유혈투쟁 중에서 산출한 유일무이한 정부이었습니다. 그야말로 온 민족의 총의로 조직된 정부이었고 동시에 왜적의 조선 통치에 대한 유일한 적대적 존재이었습니다. 그러므로 우리 임시정부는 과거 27년간 3·1대혁명의 정신을 계승하야 온 민족 총단결의 입장과 민주주의 원칙을 일관하게 고수하여왔습니다. 다시 말하면 우리 임시정부는 결코 모 일계급, 모 일파의 정부가 아니라 전 민족, 각 계급, 각 당파의 공동된 이해 입장에 입각한 민주단결의 정부이었습니다. 그러므로 우리 정부의 유일한 목적은 오직 온 민족이 총단결하여 일본 제국주의를 타도하고 한국에 진정한 민주공화국을 건립하자는 데 있습니다. 그러나 우리가 분투한 결과는 즉시 완전한 독립을 취득하지 못하고 소위 상당 시기의 독립을 보증한다는 동맹국의 지지 성명서를 얻어가지고 입국하였습니다. 이것은 실로 유감천만인 동시에 오늘 우리가 이 성대한 환영을 받기에 너무도 부끄러운 점이외다.

사랑하는 동포 제군! 금차 반파시즘 세계대전의 승리의 결과로 우리의 국토와 국민은 해방되었습니다. 그러나 이 해방은 무수한 동맹국 전사들의 고귀한 피와 땀의 대가로 된 것이며 또 망국 이래 수십 년간 우리 독립운동자들의 계산할 수 없는 유혈 희생의 대가로 된 것임을 잊어서는 아니 됩니다.

지금 우리는 국토와 국민이 해방된 이 기초 위에서 우리의 독립주권을 창조하는 것이 무엇보다도 긴급하고 중대한 임무이외다. 우리 이 임무를 달성하자면, 오직 3·1대혁명의 민주단결정신을 계속 발양해야 합니다.

남북의 동포가 단결해야 하고 좌익, 우파가 단결해야 하고, 남녀노소가 단결해야 합니다.

우리 민족 개개인의 혈관 속에는 다 같이 단군성조의 성혈이 흐르고 있습니다. 극소의 친일파, 민족반도民族叛徒를 제한 외에 무릇 한국 동포는 마치 한사람같이 단결해야 합니다. 오직 이러한 단결이 있은 후에야 비로소 우리의 독립주권을 창조할 수 있고 소위 38도선을 물리쳐 없앨 수 있고 친일파, 민족반도들을 숙청할 수 있습니다.

나는 확신불의確信不疑합니다. 유구한 문화 역사를 가진 우수한 우리 민족은 이 시기에 있어서 반드시 단결될 것입니다. 그러므로 나와 및 정부 동인들은 보다 더 많은 자신과 용기를 가지고 온 민족 각계 당파의 철 같은 단결을 완성하기 위하여 분투하려 합니다.

친애하는 동포 제군!

지금 우리 국토를 분구점령分區占領하고 있는 미·소 양국 군대는 우리 민족을 해방하여준 은혜 깊은 우군입니다. 우리는 반드시 그들에게 잘 협조하여 왜적의 잔세력을 철저히 숙청하는 동시에, 그들이 회국回國하는 날까지 모든 편리와 수요를 잘 제공해야 합니다. 또 우리는 미·소·중·영·불 등 동맹국과 친밀한 관계를 세워야 합니다. 더욱이 우리나라와 밀접한 관계를 가진 중·미·소 3국의 밀접한 합작을 위하여 노력해야 합니다. 우리는 오직 이 3국의 친밀한 합작 기초 위에서만 우리의 자유독립을 신속히 가져올 수 있습니다. 나는 확신합니다. 우리 민족 내부가 철같이 단결될 때에 동맹 각국은 다 같이 우리 독립주권을 승인하여줄 것이며 우리의 신생국가 건설을 위하여 적극 협조할 것입니다.

사랑하는 동포 형제자매들이여, 우리 국가의 즉시 완전한 독립은 정히 이때입니다. 우리 동포들은 3·1대혁명의 전 민족 총단결·총궐기의 정신을 다시 한 번 발양해서 우리의 독립주권을 찾고 자주·평등·행복의 신한국을 건설합시다. 이것으로 나의 답사는 그칩니다."

그러나 이미 이 시간에 민족의 운명은 우리가 절대 우호를 부르짖던 그 대상국에 의하여 모스크바 3국 외상회담의 준비를 위해 요리되고 있었던 것이다.

이미 이 시기에 신탁통치안이 검토되고 있었다는 것은 뒤에 이 박사의 담화로써 증명이 되고 있었다. 미 국무성 극동문제 담당자인 빈센트의 서한이 조국의 명운을 예고해주던 그때, 덕수궁 석조전에는 울긋불긋한 식전이 차려진 가운데, 300여 명의 초청 내빈이 향연을 벌이고 있었다. 화려한 장식이 최대의 환영연을 과시하고 호화로운 연회석엔 아악과 권번 기

생 200여 명까지 동원되어 있었다고 노 동지는 전해주었다.

역시 김석황 씨가 환영회 대회장으로 사회를 맡았다. 애국가에 이어 각국 국가가 연주된 후 오세창 씨는 임정의 영수들을 한번 돌아보고 이렇게 말문을 열었다.

"……그동안 날씨가 춥다가 오늘은 이렇게 온화한 것을 보니, 날씨도 임시정부의 여러분을 환영하고 축복하는 것 같습니다. 이 늙은 몸이 살아 있다가 오늘 이 자리에서 백범 선생 이하 독립투사 여러분과 술잔을 같이 들게 되니, 이젠 죽어도 한이 없을 것 같은 생각이 듭니다."

울긋불긋 꾸며진 연회석에 이 왕실 아악이 은은히 퍼졌다. 러취 군정장관, 스타우드 미 헌병사령관, 중국·프랑스 영사들이 노능서 씨가 보고 온 내빈들이었다.

이들도 함께 자주독립을 맹서하는 축배를 높이 들었으나, 그것은 곧 임시정부의 종말을 기념하는 술잔이었는지도 모른다.

의정원 의장인 홍진 씨의 답사가 계속되었다.

"눈바람 찬 저녁에 망명길을 걷던 우리를 이같이 성대하게 맞아주시니, 다만 부끄러움과 황송함을 금키 어렵습니다. 이렇다 할 업적도 없이 돌아온 것과 38선이 막힌 가운데 임시정부 하나 제대로 세워놓지 못하고 이런 자리에 나선 것도 역시 부끄럽고 황송하게 생각됩니다.

그러나 3천만 동포에게 드릴 선물은 우리의 민족정신을 잃지 않은 것과 민족통일로써 새 나라를 건설할 자신을 갖고 돌아온 것입니다.

미국이 독립되던 당시 '자유 아니면 죽음을 달라'고 한 그 정신과 프랑스 혁명에 선언된 인권과 이 두 가지를 우리가 실천으로 옮겨야 하겠다는 생각입니다……."

유난히 오랜 박수가 계속되었다. 그 속에 외교부장 조소앙 씨가 홀연히 일어나 나갔다.

"오늘 이 환영회를 베풀기에 노력하신 여러분께 먼저 충심으로 감사합니다. 그러나 오늘 이 자리가 마련되기까지 40년간의 긴 세월이 지난 것과

무수한 선열의 뼈가 우리의 발자취가 간 곳마다 묻히게 된 것을 명심치 않을 수가 없습니다.

이 자리에 서게 되니 서대문, 신의주 등 각 옥창에서 희생된 선열들과 동지들에 대한 추억으로 내 옷깃이 젖는 것 같고, 또한 우리의 해방을 위하여 연합군 장병 5천만 명의 희생자에게 이 상에 놓인 술잔을 높이 들어 그들의 영혼에 머리를 숙이는 바입니다.

우연이라 할지, 500년 독립국가가 그 국정을 보던 적막한 고궁에서 이러한 자리를 가지게 되니, 비분강개한 생각과 광명이 있을 우리 앞길에 대한 무한한 희망을 금키 어렵습니다.

(중략) 우리는 이러한 뜻에서 40년간 피 흘린 동지들의 유지를 살리고 연합군 5천만 장병의 피에 보답하기 위해서라도 손잡고 한데 뭉쳐 민족독립 완성을 해야 하겠습니다."

그러나 분명히 역사는 결코 미사여구로써 이루어지는 것은 아니다. 또한 호화스러운 향연으로 장식되는 것도 아니다. 이미 그것은 이 자리를 외면하고 있는 것이다.

이관옥李觀玉 씨의 독창과 이전梨專의 합창이 순서대로 진행되었다. 그러나 이 연회의 지휘자가 "이 자리에서 창가가 다 무엇이냐?"고 소리를 지르며 밀어내어 이전 학생들을 울리기까지 하였다는 에피소드도 있었다.

짧은 겨울해가 덕수궁 담 뒤로 넘어가고, 석양만이 석조전의 석주에 비껴 긴 그림자가 누운 5시 반까지, 흥겨운 연회석엔 술잔이 자꾸 돌았다.

임정이 이렇게 환영과 초대에 분주히 쫓아다닐 때, 이미 임정의 이성은 취하고 있었던 것이다.

대륙의 망명길처럼 눈이 내려 쌓이고 바람이 불었으나 '충칭으로의 길'을 국내에서는 아무도 가려내지 못하였던 것이다.

주요 등장인물 소개

한국인

강익하康益夏(1897~1954)　　대한생명을 창설한 기업인.

권동진權東鎭(1861~1947)　　3·1독립선언 33인 중 1명으로 6·10만세운동과 신
간회에 참여.

김구金九(1876~1949)　　동학 접주, 임시정부 주석과 한국독립당 총재 역임.

김규식金奎植(1881~1950)　　파리강화회의 한국 대표, 임시정부 부주석 역임.

김도연金度演(1894~1967)　　조선흥업주식회사 사장, 제헌 국회의원과 1대 재무
장관 역임.

김병로金炳魯(1887~1964)　　조선변호사협회 이사장, 신간회 중앙집행위원장, 1대
대법원장 역임.

김붕준金朋濬(1888~1950)　　흥사단 활동, 임시정부 군무부장, 의정원 의장 역임.

김석황金錫璜(1894~1950)　　도쿄2·9독립선언으로 투옥, 중국과 조선을 오가며
독립운동 전개.

김성숙金星淑(1898~1969)　　조선의열단, 조선민족해방동맹 활동, 임시정부 국
무위원 역임.

김영록金永祿(1921~미상)　　평양 출신, 니혼대학 경제학과 재학 중 1944년 징
집, 일군 탈출 후 광복군에 가담.

김원봉金元鳳(1898~1958)　　의열단 단장, 광복군 1지대장, 북한 노동상을 지냈
으나 김일성에게 숙청당함.

김유길金柔吉(1919~미상)　　1944년 징집 후 탈출하여 광복군 OSS 특수훈련을
받음.

김인金仁(1917~1945)	김구의 장남으로 항일 폭파·암살·첩보 활동과 항일 잡지 발간에 참여.
김준엽金俊燁(1920~2011)	쓰카다 부대 탈출병 1호로 OSS 특수훈련을 받음, 고려대학교 총장 역임.
김창숙金昌淑(1879~1962)	임시정부 의정원 부의장, 국무위원, 유도회 위원장, 성균관대 총장 역임.
김학규金學奎(1900~1967)	조선혁명군 참모장, 광복군 제3지대장, 한국독립당 최고대표위원 역임.
나월환羅月換(1912~1942)	한국청년전지공작대 창설, 광복군 제5지대장 활동 중 암살당함.
노능서魯能瑞(1923~미상)	평남 용강 출신, OSS 특수훈련을 받음.
노태준盧泰俊(1911~1970)	광복군 제2지대 2구대장, 민족청년단 설립, 태양신문사 사장 역임.
민필호閔弼鎬(1898~1963)	임시정부 판공실장과 외무부차장, 제1대 주타이완 한국총영사 역임.
박헌영朴憲永(1900~1955)	조선공산당-남조선노동당 조직, 북한 부총리 역임, 한국전쟁 후 숙청당함.
백관수白寬洙(1889~1961)	일제 강점기 동아일보사 사장, 제헌 국회의원 역임, 한국전쟁 중 납북.
백남훈白南薰(1885~1967)	재일조선유학생학우회장, 일제 강점기 협성실업학교-광신상고 교장 역임.
서상렬徐相烈(1920~1977)	학병 탈출 후 광복군에 가담, 임시정부 내무부와 경위대에서 활동.
선우진鮮于鎭(1922~2009)	학병 탈출 후 광복군에 가담, 광복군 정훈처에 근무, 김구 주석 비서 역임.
손병희孫秉熙(1861~1922)	제3대 천도교 교주, 3·1운동 민족대표로 체포되어 옥중 사망.
송진우宋鎭禹(1890~1945)	3·1운동으로 투옥, 한민당 초대 당수 역임, 신탁통

치 혼란 속에 암살당함.

신익희申翼熙(1894~1956)   임시정부 내무부장, 국민대학교 학장, 제헌 국회의원, 국회의장 역임.

안원생安原生(1905~미상)   흥사단에서 활동하다 임시정부 외사과장과 주석판공실 비서 역임.

안재홍安在鴻(1891~1965)   조선어학회, 흥업구락부 사건으로 수차례 투옥, 한국전쟁 중 납북.

안창호安昌浩(1878~1938)   임시정부 총리서리, 흥사단 창립, 윤봉길 의거로 투옥, 보석 후 사망.

안춘생安椿生(1912~2011)   중국군 출신으로 광복군에서 활동, 9대 국회의원, 광복회장 역임.

엄항섭嚴恒燮(1898~미상)   임시정부 의정원 의원, 한국독립당 선전부장 역임, 한국전쟁 중 납북.

여운형呂運亨(1885~1947)   조선건국준비위원회-조선인민당 조직, 신탁통치 혼란 속에 피살됨.

오광선吳光鮮(1896~1967)   신흥무관학교-서로군정서-대한독립군단에서 활동, 한국 육군 준장.

오세창吳世昌(1864~1953)   3·1운동 민족대표로 투옥, 대한독립촉성국민회장 등 역임.

유동열柳東悅(1879~1950)   대한제국 육군참령, 신민회 참가, 임시정부 군무총장과 국무위원 역임.

유림柳林(1898~1961)   자강회-서로군정서-신한청년당에서 활동, 임시정부 선전위원으로 활동.

윤경빈尹慶彬(1919~미상)   학병 탈출 후 광복군에 가담, 광복군 판공실 부관과 광복회 회장 역임.

윤보선尹潽善(1897~1990)   임시정부 의정원 의원, 2대 서울시장, 4대 대통령 역임.

윤봉길尹奉吉(1908~1932)   22세에 중국으로 망명, 홍커우공원에서 폭탄투척

의거 단행 후 총살됨.

윤재현尹在賢(1920~1994)　　학병 탈출 후 광복군에 가담, OSS 훈련받음, 보스턴대학 생물학 교수 역임.

이강국李康國(1906~1955)　　베를린대학 유학 중 독일공산당에 가입, 월북 후 숙청으로 사형됨.

이관옥李觀玉(1918~1976)　　성악가, 일본 무사시노 음대 수석 입학, 수석 졸업, 서울 음대 교수 역임.

이범석李範奭(1900~1972)　　청산리 전투에서 맹활약, 광복군 참모장과 제2지대장, 1대 국무총리 역임.

이봉창李奉昌(1901~1932)　　한인애국단 활동, 도쿄에서 일왕에게 폭탄투척으로 암살하려다 실패, 교수형을 당함.

이시영李始榮(1869~1953)　　임시정부 국무위원, 대한독립촉성국민회 위원장, 한국 초대 부통령 역임.

이영길李永吉(1912~1973)　　학병 탈출 후 광복군에 가담, 임시정부 내무부에서 활동.

이청천李靑天(1888~1957)　　신흥무관학교 교관, 대전자령 전투에서 대승, 광복군 총사령관 역임.

장건상張建相(1882~1974)　　임시정부 외무부 차장, 의열단 활동, 제2대 국회의원 역임.

장덕수張德秀(1895~1947)　　조선총독부 판임관시험 합격, 동아일보사 부사장, 한민당 외교부장 역임.

정인보鄭寅普(1893~1950)　　상하이 등지에서 독립운동 전개, 『시대일보』 논설위원과 초대 국학대 학장 역임.

정일형鄭一亨(1904~1982)　　연희전문 교수, 국회 외무위원장, 외무장관, 유엔총회 수석대표 역임.

조경한趙擎韓(1900~1993)　　낙양군관학교 교관, 임시정부 의정원 의원, 광복군 총무부장 서리 역임.

조병옥趙炳玉(1894~1960)　　YMCA 이사, 신간회 재정총무, 해방 후 경무부장과

내무부장 역임.

조소앙趙素昂(1887~1958)　임시정부 국무원 비서장과 외무부장, 2대 국회의원 역임.

조완구趙琬九(1881~1954)　대한제국 내무 주사, 임시정부 국무위원, 내무부장과 재무부장 역임.

진경성陳敬誠(1914~1973)　본명 신송식申松植. 조선의용대와 광복군 3지대에서 활동.

차이석車利錫(1881~1945)　3·1운동 참가. 임시정부 주석 비서장 역임, 해방 직후 충칭에서 사망.

최기일崔基一(1922~미상)　학병 징집 거부로 강제노역, 마이애미대학 경제학과 교수 역임.

최동오崔東旿(1892~1963)　3·1운동 참가, 임시정부 법무부장과 남북연석회의 남측대표단 역임, 납북됨.

최용덕崔用德(1898~1969)　중국군 출신 독립운동가, 의열단에 참가, 광복군 총무처장과 참모처장 역임.

한성수韓聖洙(1920~1945)　학병 탈출 후 광복군 3지대 활동 중 친일파의 밀고로 상하이에서 참수당함.

허정許政(1896~1988)　제헌 국회의원, 교통부장관과 외무부장관, 6대 국무총리 역임.

허헌許憲(1885~1951)　신간회 참가, 남로당 위원장, 김일성대학 총장, 북한 최고인민회의 의장 역임.

홍명희洪命熹(1888~1968)　『조선일보』에 ‘임꺽정’ 연재. 북한 IOC 위원, 최고인민회의 부의장 역임.

홍석훈洪錫勳(1921~1945)　학병 탈출 후 광복군에 가담, OSS 훈련받음.

홍진洪震(1877~1946)　대한제국 판사·검사·변호사, 3·1운동에 참가, 임시정부 국무령 역임.

황학수黃學秀(1879~1953)　대한제국 무관학교 출신으로 대전자령 전투 참가, 임시정부 군사위원 역임.

중국인

롱윈龍雲(1884~1962)   윈난성雲南省의 대표적 군벌, 중국 인민정치협상위
원회 상임위원 역임.

리밍양李明揚(1891~1978)   군인이자 혁명열사, 중국인민정치협상위원과 국방
위원회 위원 역임.

리원리厲文禮(1905~1954)   군인, 일본에 협조하고 817명의 양민을 학살한 죄
로 총살당함.

리쭝런李宗仁(1891~1969)   군인이자 혁명열사, 중국 제5전구사령관 역임.

마오쩌둥毛澤東(1893~1976)   중화인민공화국 건국, 국가주석 역임, 문화대혁명
지휘.

쑨원孫文(1866~1925)   삼민주의를 제창한 혁명가, 신해혁명 주도, 중국국
민당 정부 수립.

쑨커孫科(1891~1973)   장제스 정부의 행정원장, 입법원장, 부주석 등을 지
낸 정치가.

왕징웨이汪精衛(1883~1944)   쑨원의 비서로 중일전쟁 발발 후 친일정권을 수립
한 중국의 배반자.

우톄청吳鐵成(1888~1953)   중국국민당 당원으로 국민당 중앙당부 비서장
(1941~ 1948) 역임.

장쉐량張學良(1901~2001)   시안사변 주도, 장제스에게 오랫동안 연금 당하다
미국에서 사망.

장제스蔣介石(1887~1975)   중국국민당 주석, 마오쩌둥에게 쫓겨난 후 타이완
국민정부 주석 역임.

주더朱德(1886~1976)   중국공농홍군 총사령으로 팔로군 지휘, 인민해방군
총사령 역임.

천두슈陳獨秀(1879~1942)   마오쩌둥과 대립하다 공산당에서 제명된 후 병사한
정치가.

탕지야오唐繼堯(1883~1927)   일본 육사 출신의 중국 윈난성 군벌로 대한민국 임
시정부를 지원.

한즈룽韓治隆(미상~1944)　　중국 중앙군 23종대縱帶 사령관, 장준하가 사표師表
　　　　　　　　　　　　　　로 여겼던 인물.

한푸취韓復渠(1891~1938)　　산둥·허난·허베이에서 공산당 토벌을 지휘한 군인.

허잉친河應欽(1890~1987)　　북벌전쟁과 항일전쟁에 참전한 군인, 타이완 행정
　　　　　　　　　　　　　　원장 역임.

후쭝난胡宗南(1896~1962)　　공산당 토벌에 전념한 군인으로 공산당 스파이라는
　　　　　　　　　　　　　　의심도 받음.

일본인

고이소 구니아키小磯國昭(1880~1950)　　군인이자 정치인으로 제8대 조선총독과
　　　　　　　　　　　　　　　　　　　41대 내각총리대신 역임.

고즈키 요시오上月良夫(1886~1971)　　조선군관구 사령관과 후생성 국장 역임.

이하라 준타로井原潤太郎(생몰연도 미상)　　일본 육사 28기로 서울 주둔 제17방면
　　　　　　　　　　　　　　　　　　　군의 참모장 역임.

미국인

도너번, 윌리엄Donovan, William J.(1883~1959)　　미군 OSS 책임자로 미국의 최고
　　　　　　　　　　　　　　　　　　　　　영예 훈장을 모두 받은 유일한 군인.

아널드, 아치볼드Arnold, Archibald V.(1889~1973)　　미 군정청 초대 군정장관을
　　　　　　　　　　　　　　　　　　　　　역임한 군인.

월러스, 헨리Wallace, Henry A.(1888~1965)　　루스벨트 대통령 재임 당시 제11대
　　　　　　　　　　　　　　　　　　　　　미국 부통령 역임.

하지, 존 리드Hodge, John Reed(1893~1963)　　해방 직후 주한미군 겸 미 군정청 사
　　　　　　　　　　　　　　　　　　　　　령관 역임.

헐리, 패트릭Hurley, Patrick J.(1883~1963)　　미 대통령 특사와 주중 미국대사를 역
　　　　　　　　　　　　　　　　　　　　　임한 정치인.

그 외

라우렐, 조제 파치아노Laurel, José Paciano(1891~1959)   필리핀 제2공화국의 친일
　　　　대통령.

요페, 아돌프 아브라모비치Ioffe, Adolph Abramovich(1883~1927)   트로츠키 제명
　　　　후 자살한 구소련의 외교가.

연보

1918년(1세)   평안북도 의주군 고성면 연하동에서 목사 장석인 선생과 김경문 여사의 4남 1녀 가운데 맏아들로 태어났다.

1920년(3세)   아버지 장석인 선생은 독립운동을 하던 중 일본 경찰을 피해 온 가족을 이끌고 삭주군 외남면 청계동의 심산유곡으로 이주하였다.

1922년(5세)   할아버지 장윤희 선생으로부터 한문, 국문, 산수를 배웠다. 어린 시절 대안大安에 있는 2년제 간이학교를 졸업하고, 이후에는 집에서 독학하였다.

1930년(13세)   삭주 대관보통학교 5학년에 편입하였다.

1933년(16세)   대관보통학교를 졸업하고 아버지가 교사로 재직하고 있는 평양의 숭실중학교에 입학하였다. 같은 해 동아일보사가 주최하던 농촌 계몽운동인 '브나로드 운동'에 참여하였다.

1934년(17세)   아버지가 선천 신성중학교의 교목 겸 교사로 부임하면서 신성중학교로 전학하였다.

1937년(20세)   신성중학교 교장인 장이욱 선생이 수양동우회 사건으로 수감되자, 학생 대표를 동원하여 교장 석방을 위한 동맹 시위운동을 전개하였다. 이 일로 생애 처음 유치장을 경험하였다.

1938년(21세)   신성중학교를 졸업하고 아버지를 따라 숭실전문학교에 진학하려고 하였으나, 신사참배 거부 사건으로 숭실전문학교가 폐쇄되는 바람에 진학을 포기하였다. 후에 정주定州 신안소학교 교사로 부임하여 3년간 근무하였다.

1941년(24세)   일본 도요대학東洋大學 철학과에 입학하였다. 1942년(25세) 도

쿄에 있는 일본신학교로 전학하였다.

1944년(27세) 1월 5일 김준덕 선생과 노선삼 여사의 맏딸 김희숙과 결혼하였다. 집안의 버팀목이 되고자 학도병 지원을 결심하였다.

1월 20일 일본군 학도병으로 징집되어 평양에서 훈련받은 후, 중국 쉬저우 쓰카다 부대에 배속되었다.

7월 7일 윤경빈 외 2명과 함께 부대를 탈출하여 중국 유격대 소속 김준엽을 만나 동행하였다.

8월 안후이성 린촨에 도착, 중국 중앙군관학교 임천분교의 한국광복군훈련반(한광반)에 입소하였다. 이곳 한광반에서 김준엽, 윤재현과 『등불』1·2호를 발간하였다.

11월 한광반을 수료하고 중국 중앙군 준위로 임관되어 53명과 함께 충칭으로 떠났다.

1945년(28세) 1월 31일 충칭 대한민국임시정부에 도착하였다.

2월 20일 광복군에 편입하여 소위로 임관하였다. 『등불』3·4·5호를 발간하였다.

4월 29일 18명과 함께 시안에서 광복군 제2지대에 배속받아 OSS(미국전략첩보대) 제1기 훈련반에 편입되었다.

5월 1일 광복군 중위로 진급하였다.

8월 4일 3개월간의 OSS 훈련 후 국내 잠입을 준비하던 가운데 『제단』1·2호를 발간하였다.

8월 14일 이범석 장군, 김준엽, 노능서, 이계현, 이해평과 국내 진입을 위해 가던 도중 서해에서 되돌아갔다.

8월 18일 이범석 장군, 김준엽, 노능서와 함께 여의도에 착륙하였지만, 일본군의 제지로 중국으로 되돌아갔다.

11월 23일 임정 요인과 함께 귀국하여 백범 김구 선생의 비서, 비상국민회의 서기 등을 역임하였다.

1947년(30세) 이범석의 조선민족청년단(족청)에 참가하였으며, 중앙훈련소 교무처장을 역임하였다.

1949년(32세)	2월 한국신학대학(현 한신대)에 편입하여 6월에 졸업하였다.
1950년(33세)	문교부 국민정신계몽 담당관으로 국민사상연구원 기획·서무과장, 사무국장을 역임하였다.
1952년(35세)	9월 국민사상연구원의 지원으로 피난 수도 부산에서 월간지『사상』思想을 발간하였다.
	12월 『사상』 12월호(4호)까지 발간 후 재정문제로 중단하였다.
1953년(36세)	4월 국민사상연구원을 사직하고『사상계』思想界를 창간하였다. 『사상계』 9월호를 끝으로 부산 시대를 마감하였으나, 서울 종로 한청빌딩에서『사상계』는 계속 발간되었다.
1958년(41세)	함석헌의 「생각하는 백성이라야 산다」는 글로 함석헌과 함께 연행되었다.
1959년(42세)	2·4보안법 파동과 관련하여『사상계』백지 권두언으로 자유당 정권을 비판하였다.
1960년(43세)	3·15부정선거 관련『사상계』권두언에서 집권당의 횡포를 신랄하게 규탄하였다.
	5월 유네스코 한국위원회 중앙집행위원에 피임, 홍보분과 위원장을 역임하였다.
1961년(44세)	국토건설본부(본부장 장면) 기획부장으로 활동하였다.
1962년(45세)	1962년도 막사이사이상賞 언론문화 부문상을 수상하였다.
1964년(47세)	3월 한일 굴욕 외교 반대투쟁위원회의 초청 연사로 전국을 순회하며 70여 회의 연설을 통해 박정희 정권을 비판하였다.
	4월 『사상계』 긴급증간호(한일회담의 문제점)를 발행하여 박정희 정권의 매국 외교를 규탄하였다.
1965년(48세)	『사상계』 긴급증간호(신을사조약의 해부)를 통해 한일협정 조인을 정면으로 반대하였다.
1966년(49세)	10월 26일 민중당 주최 '특정재벌 밀수진상 폭로 및 규탄 국민대회'에서의 연설이 문제가 되어 구속되었다. 연설은 '박정희란 사람은 우리나라 밀수 왕초, 존슨 대통령이 방한하는 것은 박정희

씨가 잘났다고 보러 오는 것이 아니라 한국 청년의 피가 더 필요해서 오는 것' 등의 내용을 담고 있었다.

12월 보석으로 풀려났으나 이듬해(2월) 공판에서 징역 6개월을 선고받았다.

1967년(50세) **1월** 야권의 정치지도자 회담인 '4자회담'四者會談(유진오·윤보선·이범석·백낙준)을 주선하였다.

2월 4자회담의 결과로 형성된 신민당(당수 유진오, 대통령 후보 윤보선)에 동참하였다.

5월 7일 대통령 선거법 제148호 위반으로 또다시 구속, '박정희 씨는 국민을 물건 취급, 우리나라 청년을 월남에 팔아먹었고, 박 씨는 과거 공산주의 조직책으로 임명되어 조직활동을 한 사람'이라 하여 국가원수를 모독한 혐의를 받았다.

6월 제7대 총선에 신민당 후보로 서울 동대문(을)구에서 출마하여 압도적인 지지로 옥중 당선되었다.

11월 경제과학 분과위원회와 국방부 분과위원회 소속으로 국회에 등원하여 의정활동을 시작하였다.

1968년(51세) 『사상계』 발행인직을 부완혁에게 위임하였다.

1971년(54세) 4월 신민당을 탈당하여 무소속 의원으로 활동하였으며, 항일수기 『돌베개』를 출간하였다.

1973년(56세) **1월** '10월 유신'에 반대하여 양일동과 통일당을 창당, 통일당 최고위원에 취임하였다.

2월 27일 제9대 총선에 통일당 후보로 동대문구에서 출마하였으나 낙선, 민주회복운동을 지속적으로 추진하였으며 재야 정치세력 연대·연합의 자유로운 촉구·주선을 위해 통일당을 탈당하였다.

12월 '민주회복을 위한 개헌청원 100만인 서명운동'을 주도하였다.

1974년(57세) **1월** 대통령 긴급조치 1호 위반 혐의로 첫 구속, '헌법개정을 빙

자하여 국론을 분열시키고 사회의 불안을 조성'했다는 죄목으로 징역 15년, 자격정지 15년을 선고받았다.

12월 심장협심증과 간경화 증세 악화로 형 집행정지 출감하였다.

1975년(58세) **8월 17일** 경기도 포천군 이동면 약사봉에서 의문의 사고로 세상을 떠났다.

8월 21일 경기도 파주군 광탄면 천주교 묘지에 안장되었다.

1985년 **8월** 10주기 추모행사가 개최되었다.

1991년 **8월 15일** 건국훈장 애국장이 추서되었다.

1993년 **4월 15일** 제1회 한신상이 추서되었다.

1995년 **8월 16일** 20주기 추모행사와 추모문집 출판기념회가 개최되었다.

1999년 **5월 15일** '장준하기념사업회'가 창립되었다.

7월 6일 선생의 6천 리 장정 길을 따라가는 '아! 장준하 구국장정 6천 리' 행사가 시작되었다.

11월 1일 금관문화훈장이 추서되었다.

2000년 **12월** 대통령직속 의문사진상규명위원회에 '장준하 의문사 진상규명 진정서'가 제출되었다.

2003년 **12월** '아! 장준하 구국장정 6천 리' 행사가 국가보훈처로부터 보훈문화대상을 수상하였다.

2004년 **8월** 뮤지컬《청년 장준하》가 세종문화회관 대극장에서 공연되었다. 이듬해에도 서울, 부산, 전주에서 공연되었다.

2005년 **8월** 광복 60주년 장준하 선생 30주기 학술심포지엄 '동북아질서의 재편과 한민족의 선택'이 개최되었다.

2011년 **8월** 폭우로 선생의 묘소 뒤편 옹벽이 붕괴되는 사고가 일어나 국립현충원으로 이장할 것을 결정하였으며, 파주시로부터 장준하공원 부지와 새로운 묘지 조성 제안을 받고 수락하였다.

2012년 **8월 1일** 묘소를 이장하는 과정에서 37년 만에 선생의 유해에서 명확한 타살흔적을 발견하였다.

8월 16일 유해 사진을 언론에 공개하고 정부에 즉각적인 재조사

를 요구하였다.

8월 17일　37주기 추도식에 맞춰 파주시 탄현면 성동리에 '장준하 공원'을 개원하였다.

9월 19일　'암살의혹규명 100만인 서명운동' 선포식을 거행하였다.

10월 19일　'장준하 선생님 암살의혹규명 국민대책위원회' 출범식을 개최하였다.

12월 4일　민주통합당과 함께 '장준하 선생님 사인진상조사 공동위원회'를 구성하였다.

2013년　**3월 26일**　유해정밀감식 보고대회를 개최하여 명백한 타살에 의한 사망 결과를 발표하였다.

3월 28일　서울광장에 분향소를 설치하고 '민족지도자 장준하 선생님 겨레장'을 거행하였다.

3월 30일　경기도 파주시 탄현면 소재 장준하공원에서 영면에 들었다.

12월 18일　여·야 의원 104명 공동명의로「장준하 선생님 등 과거사 사건 재조사 특별법」(장준하 특별법)이 발의되었다.

2018년　**7월 2일**　부인 김희숙 여사 숙환으로 별세(만 92세). 장준하 공원에 장준하 선생과 합장하였다.

부동산은 한국인
재산목록 1순위

　한국인은 내 집 마련이 인생의 목표 1순위이기도 하고 주식 투자 등에 비해 부동산이 비교적 안전한 투자 수단이라고 판단합니다. 그래서 대부분 가계의 재산 목록 가운데 가장 큰 비중을 차지하는 것이 부동산임은 두말할 나위가 없습니다.

　이는 실제로 다른 나라와 비교해보면 알 수 있습니다. 부동산이 가계 자산에서 차지하는 비중이 주요 선진국의 경우 30% 수준인 데 반해 한국은 60%를 넘는 수준으로 다른 나라 대비 2배에 달하는 것으로 나타나고 있으며, 특히 주택이 43%로 압도적인 비율을 차지하고 있습니다.

　이처럼 재산 목록의 1순위가 부동산임에도 불구하고, 현실은 대다수가 부동산에 대한 세금 지식은 전무하거나 심지어 잘못 알고 있는 경우도 많은 편입니다. 이는 부동산 관련 세법 자체가 공부하기 쉽지 않지 않고, 또한 세법은 매년 개정이 이루어져서 지식을 계속적으로 업데이트하기가 어렵기 때

구분	주택	주택 외 부동산	현금 및 예금	주식 및펀드	기타	합계
비중	43%	19%	16%	8%	14%	100%

출처: 2021년 통계청 보도자료

문인 것으로 보입니다.

더불어 시중에 출간된 부동산 세금 관련 서적들은 법률 용어나 전문 용어가 많아 일반인이 읽어도 이해하기 어려운 측면이 많은 것도 하나의 원인으로 생각됩니다.

따라서 이 책은 부동산 세법을 처음 접하는 소위 부린이들도 쉽게 이해할 수 있도록 가급적 법률 및 전문 용어의 사용을 최소화하여 집필하였고, 부동산 세금과 관련한 기초적인 필수 용어와 개념에 대한 설명도 별도의 장으로 할애하였습니다.

부동산 가격의 급등으로
세부담 증가

지난 2013년 이후 서울 아파트 가격은 지속적으로 상승하여 현재는 2~3배씩 오른 곳이 많이 있습니다.

물론 무주택자에겐 매우 힘든 상황이지만, 유주택자의 경우에도 마냥 행복하지는 않은 것 같습니다. 부동산 가격의 급등으로 인해 보유세인 재산세와 종합부동산세가 기존보다 대폭 올랐고, 더군다나 정부의 다주택자에 대한 규제를 강화하는 정책들로 인해 세부담이 더욱 증가하였습니다.

그렇다고 보유 주택을 팔자니 1세대 1주택 비과세 적용 대상이라도 매매가액이 12억 원을 넘는 경우에는 고가주택으로 분류되어 전액 비과세를 받지 못하여 1주택을 팔고 세금 내고 나면 더 싼 집으로 이사를 할 수밖에 없는 상황입니다.

다주택자인 경우, 보유세가 부담되어 주택을 일부 처분하려고 해도 다주택자에 대한 중과로 양도소득세가 대폭 늘어나 차익의 상당 부분을 세금

으로 내야 할 판국이라 팔지도 못하는 경우가 많습니다. 보유세와 양도소득세 중과세율을 피해 자녀나 배우자에게 증여를 하려니, 증여세도 만만치 않고 증여로 인한 취득세도 세법의 개정으로 대폭 인상되어 증여도 쉽게 할 수 없는 상황이 되었습니다. 사례를 들어 살펴보겠습니다.

사례

- 서울에 2주택을 보유한 1세대로 남편 단독명의 2주택 보유
- 2012년 아파트 2채를 각각 4억 원에 매입
- 2주택의 공시가격은 동일하게 2016년에 3억 원, 2021년에 7억 원이 된 경우

종합부동산세

이 사례를 보면 2016년에는 종합부동산세 납부 대상이 아니었는데,

◦ 종합부동산세 변동 비교

구분	2016년	2021년
공시가액 합계	3억+3억=6억	7억+7억=14억
(-) 공제금액	(-) 6억	(-) 6억
(×) 공정시장가액 비율	80%	95%
= 과세표준	납부 대상 아님	7.6억
(×) 적용 세율	-	다주택자 중과세율
종합부동산세 (세부담 상한 미고려)	-	1,192만 원

2021년에는 집값 상승뿐만 아니라 공정시장가액 비율도 인상되었고 세율도 조정대상지역 2주택으로 중과세율이 적용됨에 따라 산술적으로는 무려 1,192만 원이 산출됩니다.

물론 실제로는 이 정도로 많이 나오지는 않는데, 그 이유는 종합부동산세 최종 납부세액의 계산 시는 종합부동산세와 재산세 합계액이 전년도 대비 1.5배 또는 3배 이상 상승하지 못하도록 막는 세부담 상한제도가 있고 이를 적용하면 실제로는 몇백만 원 수준으로 산출됩니다.

양도소득세

동일한 사례에 대해 2주택 모두 보유기간이 10년이고 취득가액이 4억 원이며, 2주택 가운데 1주택을 10억 원에 매각하는 경우로 가정하여 다주택자 중과세율 적용이 안 되는 경우와 중과세율이 적용되는 경우를 비교해보

● **양도소득세 중과세율 적용 비교**

구분	중과세율 미적용 시	중과세율 적용 시
양도가액	10억	10억
(-) 취득가액	(-) 4억	(-) 4억
= 양도차익	6억	6억
(-) 장기보유특별공제	1.2억	없음
(-) 양도소득기본공제	(-) 250만 원	(-) 250만 원
=과세표준	4억 7,750만 원	5억 9,750만 원
(x) 적용 세율	기본세율	중과세율
산출세액	1억 6,560만 원	3억 3,505만 원

대책 발표	시행일	다주택자 양도소득세 중과세율
17.8.2	18.4.1	• 2주택: 기본세율 + 10% • 3주택: 기본세율 + 20% • 장기보유특별공제 배제
20.7.10	21.6.1	• 2주택: 기본세율 + 20% • 3주택: 기본세율 + 30% • 장기보유특별공제 배제

겠습니다.

17.8.2 대책으로 다주택자의 조정대상지역 주택 양도 시 중과세율을 적용하고 장기보유특별공제의 적용을 배제하기로 하였습니다. 그리고 2021년 6월부터 2주택 중과세율은 +10%에서 +20%로 상향 적용이 되었습니다.

따라서 동일한 양도차익 6억 원이 발생했지만 다주택자 양도소득세 중과세율로 인해 무려 1억 7,000만 원의 세금이 증가되는 결과가 발생하였고, 팔려고 해도 양도소득세가 부담이 되어 일단 버티는 경우도 많이 있었습니다.

다만, 윤석열 정부 출범 이후에 다주택자의 매물이 나오도록 유도하기 위한 조치로 다주택자에 대한 양도소득세율 중과를 2022년 5월 10일부터 2023년 5월 9일까지 한시적으로 유예하는 조치를 하였습니다.

부동산 시장과 정부에 따라
달라지는 세법

세법은 매년 개정이 있지만, 특히 부동산 관련 세법은 부동산 시장의 상황에 따라 더욱 자주 변경되는 측면이 있습니다. 특히 집권하는 정부의 철학이나 기본 방향에 따라서 달라지기도 합니다.

구체적으로 살펴보면, 다음의 그래프는 서울 지역 아파트 중위가격의 변화를 2006년 부동산실거래가 신고 도입 이후 나타낸 것입니다. 당초 2003년 노무현 정부 초기에 중위가격이 3억 원 수준이던 것이 노무현 정부 말인 2008년에는 6억 원으로 2배 상승하였습니다.

이후 글로벌 금융위기로 부동산이 하락하기 시작하여 2013년까지 하락을 지속하였습니다. 당시 박근혜 정부는 빚내서 집 사라는 슬로건으로 대출 규제도 완화해주었고 부동산 관련 세금도 대폭 인하하는 정책을 사용하였습니다.

2013년 이후 반등한 집값은 문재인 정부 초기 중위가격이 6억 원이던

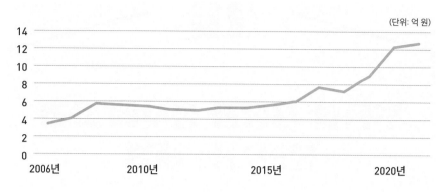

자료: 한국부동산원

것이 정부 말기에는 12억 원까지 2배 수준으로 상승하는 결과가 나타났습니다.

이러한 부동산 가격 상승과 하락에 따라 대출 규제만 아니라 부동산 세법도 계속적으로 바뀌었습니다. 그래서 부동산 세법은 시장 상황과 정부의 성향에 따라 계속적으로 변화하는 것이지 영원하지 않다는 것입니다.

각 정부의 부동산 세법 개정 중 대표적인 것만 보면 다음 도표와 같습니다.

이를 보면 취득-보유-매각 단계에서 발생하는 취득세, 종합부동산세, 양도소득세는 정권의 철학과 시장 상황에 따라 반복적으로 변경된 것을 알수 있습니다.

대표적으로 가장 세금 부담 효과가 큰 양도소득세만 살펴보아도 시장이 상승하고 진보 정권인 때인 노무현 정부 시절에는 중과세율을 도입하여 세부담을 강화하였고, 시장이 하락하고 보수 정권이 집권할 당시 이명박 정부는 중과세율의 적용을 유예하였으며, 박근혜 정부는 아예 중과세율을 법

구분	시장 상황	중요 개정 내용
노무현 정부 (03.2 ~ 08. 2)	상승 국면	① 종합부동산세 제정 도입 ② 부동산 양도소득세 실거래가 도입 ③ 다주택자 양도소득세 중과세율 도입
이명박 정부 (08.2 ~ 13.2)	하락 국면	① 종합부동산세율 인하 ② 다주택자 양도소득세 중과세율 유예 ③ 취득세 일부 감면
박근혜 정부 (13.2 ~ 17.5)	하락 후 반등	① 양도소득세 단기 세율 인하&일시 면제 ② 다주택자 양도소득세 중과세율 폐지 ③ 생애최초 취득세 면제
문재인 정부 (17.5 ~ 22.5)	상승 국면	① 다주택자 양도소득세 중과세율 도입 ② 다주택자 종합부동산세 중과세율 도입 ③ 다주택자 취득세 중과세율 도입

에서 폐지하는 조치를 하였습니다.

문재인 정부는 특히 주택가격 상승이 투기 세력인 다주택자에게 있다고 판단하여 다주택자에 대한 중과세율을 적극적으로 도입하였고, 이에 따라 양도소득세뿐만 아니라 취득세와 종합부동산세에도 다주택자 중과세율을 도입하였습니다.

이러한 세법의 변경은 단순히 다주택자에게만 영향을 주는 것이 아니라 1세대 1주택자에게도 영향을 줍니다. 대표적인 양도소득세 비과세 혜택인 1세대 1주택의 경우, 1세대가 보유한 1주택이 보유기간과 거주기간을 충족하면 양도소득세를 비과세해주는 제도인데, 비과세의 핵심 조건인 보유기간과 거주기간도 과거 20년간 시장 상황에 따라 계속적으로 달라진 것을 알 수 있습니다.

부동산 시장이 과열되었다고 판단되면 보유기간이 늘어나기도 하고, 거

1세대 1주택 비과세 조건 변경 연혁

구분	보유기간 조건	거주기간 조건
05.1	① 서울, 과천, 5개 신도시: 3년 ② 그 외 지역: 3년	① 서울, 과천, 5개 신도시: 2년 ② 그 외 지역: 없음
11.6	3년	없음
12.6	2년	없음
17.8	① 조정대상지역: 2년 ② 그 외 지역: 2년	① 조정대상지역: 2년 ② 그 외 지역: 없음
21.1	보유·거주기간은 동일하나, 최종 1주택이 된 날로부터 보유·거주기간을 다시 시작함	
22.5	5월 10일 양도분부터 최종 1주택의 보유·거주기간을 실제 보유·거주한 기간을 적용함	

주기간 조건이 추가로 붙기도 합니다. 반면 부동산 시장이 침체라고 판단되어 경기 활성화가 필요하면 거주기간 조건도 없애고 보유기간을 축소하기도 한 것을 알 수 있습니다.

이처럼 1주택만 가지고 있는 경우에도 시장 상황과 정권에 따라 비과세를 받기 위한 보유·거주 의무 등이 유동적으로 달라졌습니다.

윤석열 정부가 출범하는 5월 10일을 기준으로, 기존의 1세대 1주택 보유기간 재산정을 폐지함에 따라 보유·거주기간은 과거와 동일하게 실제 보유·거주한 기간을 적용하는 것으로 개정되었습니다.

이와 같이 새로운 정부가 출범하였으므로 부동산 관련 대통령 공약과 향후 부동산 시장의 변화에 따라 세법이 어떻게 개정될 것인지를 다주택자뿐만 아니라 1주택자도 염두에 두고 대응을 해나가야 합니다.

문재인 정권의
부동산 세법 개정

문재인 정부는 부동산 가격의 가파른 상승세를 잡고자 2017년부터 연중 수시로 부동산 세법을 개정하였습니다.

더구나 대책 발표일과 그 대책의 시행일이 다르고 그 시행의 예외 조건도 달라서 부동산을 사고판 시기가 해당 대책 발표일 전인지와 시행일은 언제인지에 따라 개정 전의 법이 적용되기도 하고 개정 후의 법이 적용되기도 하여 매우 복잡하게 되었습니다.

그에 반해 세법을 급히 개정하다 보니 발생 가능한 다양한 사례를 염두에 두지 않아, 구체적인 실무 사례에 적용할 때는 법조문만으로는 해석이 애매모호하여 세무사 간에도 해석이 다른 경우도 많이 발생하였습니다. 심지어는 기존에 국세청이 내놓은 유권해석에 대해 수개월 뒤에 상위 기관인 기획재정부가 그와 반대되는 유권해석을 내놓는 경우도 발생하였습니다.

이러한 잦은 세법 개정과 다양한 유권해석 미비로 인해 세무사도 부동

◦ 문재인 정부의 주요 부동산 세제 대책

대책 발표일	주요 개정 내용
17.8.2	[양도소득세] - 다주택자 조정대상지역 양도 시 중과세율 적용 및 장기보유특별공제 배제 - 조정지역 1세대 1주택 비과세 거주요건 추가 - 분양권 양도소득세 중과세울
18.9.13	[양도소득세] - 고가 1주택자 장기보유특별공제 거주요건 추가 - 조정지역 일시적 2주택 중복 보유기간 단축(3년 → 2년) - 조정지역 장기임대주택 양도소득세 중과 - 장기임대주택 요건에 주택가액 신설 [종합부동산세] - 다주택자 세율 인상 및 세부담 상한 상향
19.1.9	[양도소득세] - 1세대 1주택 비과세 보유기간 재산정 (21.1.1 이후 적용) - 임대사업자 거주주택 비과세 1회로 제한 - 임대사업자 임대료 증액 제한
19.12.16	[양도소득세] - 1세대 1주택 장기보유특별공제 거주기간에 따른 공제율 - 조정지역 일시적 2주택 중복 보유기간 단축(2년 → 1년) 및 전입요건 추가 - 중과세율 주택수에 분양권 포함(21.1.1 이후 취득분) - 2년 미만 보유 주택 양도소득세율 인상 [종합부동산세] - 다주택자 세율 인상 및 세부담 상한 추가 상향 - 고령자 세액공제 및 합산공제율 인상
20.7.10	[양도소득세] - 2년 미만 보유 주택 양도소득세율 추가 인상 - 분양권 양도소득세율 인상 - 조정지역 다주택자 중과세율 인상 - 주택임대사업등록 제도 보완(단기임대, 아파트 폐지 등) [취득세] - 다주택자 및 법인 취득세율 인상 [종합부동산세] - 다주택자 세율 추가 인상 및 법인 최고세율 적용

이렇게 쉬운데 왜 부동산 절세를 하지 않았을까

산 관련 세무상담이나 세금 신고 업무를 꺼리는 경우가 종종 있는 것이 현실이 되었습니다. 세법 전문가들도 이러한 상황인데, 하물며 비전문가의 경우에는 더욱 수시로 개정된 세법의 내용을 따라오기가 더욱 힘들게 되었습니다.

각 대책별 세법 개정 중 중요 내용을 연혁을 살펴보면 앞의 표에 제시된 바와 같습니다.

이처럼 잦은 부동산 대책 도입과 세법의 개정으로 부동산 세금에 대한 이해는 점점 더 어려워지게 되었습니다. 그러다 보니 가장 중요한 재산인 부동산의 취득 또는 처분에 대한 의사결정을 잘못하여 예상치 못한 세금 폭탄을 맞게 되는 경우를 실제 상담 사례에서도 종종 보게 됩니다.

세금 폭탄 피하기

개정된 부동산 세법의 내용을 잘 따라가지 못하여 발생한 세금 폭탄 사례를 살펴보겠습니다. 보유기간 재산정 개정 내용을 미처 파악하지 못한 경우로, 윤석열 정부 출범 후 이 부분은 개정되어 현재는 적용되지 않으나 세금 폭탄 사례로 참고하시길 바랍니다.

상황

- 서울 2주택 보유(보유기간이 3년 이상)
- 종합부동산세 부담으로 주택을 처분하려고 하였으나, 양도소득세 중과로 1주택은 처분하는 대신 결혼하여 가정을 꾸린 자녀에게 증여함
- 21년 5월에 증여를 하고 다음 달에 남은 1주택도 매각
- 세무상담 없이 본인이 비과세로 판단하여 세금 신고납부를 하지 않음

이후 세무서에서 해명자료 제출 안내를 받고 신고를 잘못한 것을 인지하여 양도소득세 1억 원을 납부한 경우입니다.

무엇이 잘못된 것일까요?

1세대 1주택 양도소득세 비과세는 양도 당시 1세대가 1주택을 보유하고 그 주택을 2년 이상 보유하고 필요시에 거주기간 등을 충족하면 처분금액 12억 원까지는 전액 비과세가 됩니다. 따라서 1채를 증여해주고 1채만 남았고 그 주택의 보유·거주기간을 충족했으니 비과세로 판단한 것입니다.

문제는 그분이 다음의 세법 개정을 몰랐다는 것입니다.

2019년 2월 12일 대책 발표로, 2021년 이후에 1세대 1주택 보유기간 계산 시 다주택자는 다른 주택을 모두 처분하고 최종 1주택자가 된 날로부터 다시 2년을 보유해야 비과세가 됩니다.

이러한 최종 1주택의 보유기간 재산정은 2021년 이후 양도분부터 시행이나, 19.1.9 대책으로 이미 오래전에 대책이 발표되었고, 따라서 많은 언론에서 홍보가 된지라 많은 분이 알고 있고 이분도 그 내용은 알고 있었습니다.

여기서 중요한 부분은 당초 개정세법에는 2주택자가 1주택을 팔아서 1주택자가 된 경우에만 해당하고 증여로 넘긴 경우에는 해당이 안 되었습니다. 그러나 2021년 2월 17일 소득세법 시행령이 개정되어 1주택을 증여하고

● **1세대 1주택 비과세 보유기간 개정 연혁**

일시	내용
19.2.12	1세대 1주택 비과세 보유기간 개정(시행 21.1.1)
21.1.1	개정 법률의 시행(양도하여 최종 1주택이 된 경우)
21.2.17	시행령의 개정 양도 ⇒ 처분(양도, 증여, 용도변경)으로 범위 확대

◦ 비과세 가능한 경우

보유기간 3년 이상인   21.1.1   자녀에게   21.2.17   21.6 양도
2주택 보유   증여   → 비과세

◦ 세금 폭탄의 경우

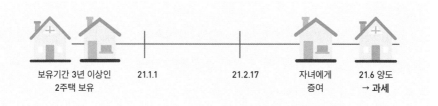

보유기간 3년 이상인   21.1.1   21.2.17   자녀에게   21.6 양도
2주택 보유   증여   → 과세

최종 1주택이 된 경우도 포함시키게 되었습니다.

따라서 2021년 2월 17일 이전에 증여를 하였다면 남은 1주택 비과세가 맞지만 5월에 증여했기 때문에 비과세가 안 됩니다.

만약 개정세법의 내용을 정확히 알고 있었거나 사전 상담을 하였다면, 2년 더 보유하고 비과세를 받고 팔든지 증여 계획을 재검토했을 것입니다. 결국 비과세를 받고 처분할 방법이 있었는데도 1억 원의 양도소득세 폭탄을 맞게 된 것입니다.

이와 같은 세금 폭탄을 피하기 위해서는 부동산 절세를 위해 최소한 기초지식은 알아야 하고 최신 개정된 내용도 따라가는 것이 필요합니다. 단순한 사안이 아닌 경우에는 반드시 전문가와의 상담도 필수적입니다.

새로운 투자 기회의 파악

　　부동산 세법의 개정 내용을 잘 이해하면 세금 폭탄을 피하는 것뿐만 아니라 새로운 투자의 기회를 찾는 것도 가능합니다. 이와 관련된 사례를 보겠습니다. 20.7.10 대책 발표로 2020년 8월 12일 이후 취득 분부터 취득세에도 주택수에 따른 8%, 12%의 중과세율을 적용하도록 하였습니다.

　　이에 따라 기존 2~3채를 보유한 경우에는 1채만 추가해도 8%, 12% 취득세를 부담하게 되어 사실상 다주택자의 추가 주택매입이 쉽지 않게 되었

취득세 중과세율 개정

개정 전	2020년 8월 12일 개정 이후
• 주택 취득세율은 1~3%의 주택 특례세율 적용 • 4주택 이상은 4% 적용 　(주택 특례세율 적용배제)	• 조정대상지역 2주택, 그 외의 지역 3주택은 8% 중과세율 • 조정대상지역 3주택, 그 외의 지역 4주택 이상은 12% 중과세율

습니다. 이때 예외 사항을 두었는데, 공시가격 1억 이하인 저가주택은 그 주택의 취득 시에 중과세율 적용을 배제하고, 취득세의 주택수 계산에도 제외하게 되었습니다(단, 재개발·재건축 지역은 예외). 이로 인해 오히려 1억 이하인 주택의 취득에 투자수요가 몰리게 되었고 재건축으로 지정되지 않은 30년 이상 된 지방의 저가 아파트가 2배로 급등하는 현상이 발생하였습니다.

이러한 아파트의 경우, 향후 매각할 때 조정대상지역이라도 일반시에 소재한 공시가격 3억 이하에 해당하면 양도소득세도 중과배제 및 주택수에서 제외됩니다.

결과적으로 일반시의 공시가격 1억 이하이면 취득세도 중과되지 않고 양도세도 중과되지 않을 수 있으니 이른바 틈새 투자 시장이 된 것입니다.

다음의 그래프는 김해시의 30년 된 아파트의 실제 거래가격 추이입니다. 향후 재건축 진행 기대감은 있었으나, 아직은 재건축이 진행되지 않았고 따라서 취득세 중과배제 대상이었습니다.

● **김해시 A아파트의 실거래가**

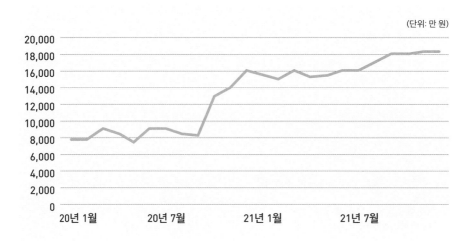

(단위: 만 원)

20.7.10 대책 발표 이후 2달 정도는 가격 변동이 없이 8,000만 원 수준으로 거래가 되었으나 9월 이후 급격히 상승하기 시작하여 2021년 1월에는 1억 6,000만 원이 되어 3~4개월 만에 2배로 급등하였습니다.

심지어 그 아파트는 직전 5년간은 가격이 지속 하향하던 아파트였습니다. 2020년 8월 시점에 전세가 5,000만 원 수준이었으므로 3,000만 원의 갭투자로 2021년 말 시점 1억 8,000만 원까지 올랐으니, 세전으로 1억 원의 수익입니다. 2년 보유 후에 기본세율을 내고 처분하더라도 8,000만 원의 세후 투자수익이 발생한 셈이니 270%의 투자수익이 난 셈입니다.

당초 정부의 취지는 공시가격 1억 이하 주택은 서민층 주택이니 중과세율 적용을 제외한 것인데, 아이러니하게 오히려 역효과로 지방 일반시 1억 이하 주택이 급등하는 현상이 발생하게 된 것입니다.

이러한 사례 외에도 다주택자에 대한 양도소득세 중과세율이 발표된 이후 똘똘한 1채 소유 현상이 나타나 서울 강남지역이 유독 상승이 높았던 것도 예상할 수 있는 것입니다.

이와 같이 세법의 개정 내용을 잘 파악하면 부동산 투자수요가 몰릴 곳을 미리 예상하여 투자하는 것도 가능합니다.

◦ 공시가격 1억 이하 주택 혜택

구분	공시가격 1억 이하 주택
취득세	시가표준액 1억 원 이하(재개발·재건축 제외) ⇒ 취득세 중과배제, 주택수 제외
양도소득세	• 양도일 현재 기준시가 3억 원 이하 [수도권, 세종시(읍·면 제외), 광역시(군 제외)는 제외] ⇒ 양도세 중과배제, 중과세율 판단 시 주택수 제외 • 양도일 현재 기준시가 1억 원 이하 ⇒ 양도세 중과배제(중과대상 주택수가 2주택인 경우)

1장 정리 문제

1. 한국인의 가계 자산에서 부동산이 차지하는 비중은?

① 30%　② 40%　③ 50%　④ 60%　⑤ 70%

2. 부동산 세법과 관련된 설명 중 옳지 않은 것은?

① 다주택자에 대한 양도소득세 중과세율은 한시적으로 유예되었다.

② 다주택자에 대한 취득세 중과세율은 여전히 적용되고 있다.

③ 다주택자에 대한 종합부동산세 중과세율은 여전히 적용되고 있다.

④ 종합부동산세는 문재인 정부에서 도입되었다.

⑤ 부동산 세법은 시장 상황과 정부에 따라 변경된다.

3. 1세대 1주택 양도소득세 비과세와 관련된 설명 중 옳지 않은 것은?

① 국민의 주거안정과 거주이전의 자유를 보장하기 위한 것이다.

② 주택을 양도할 당시에 1주택을 보유하고 있어야 한다.

③ 지역과 무관하게 주택을 보유한 기간이 2년 이상이 되어야 한다.

④ 지역과 무관하게 주택에 거주한 기간이 2년 이상이 되어야 한다.

⑤ 1세대 1주택 비과세 조건은 시장 상황과 정부에 따라 변경된다.

4. 문재인 정부 부동산 대책과 관련된 설명 중 옳은 것은?

① 주택임대사업자에 대한 세금 혜택을 대폭 확대하였다.

② 일시적 2주택 처분기한은 조정대상지역 여부와 관계없이 축소되었다.

③ 2021년 이후에 취득한 분양권은 양도소득세의 주택수에 포함된다.

④ 양도소득세 중과세율이 적용되어도 장기보유특별공제가 적용된다.

⑤ 종합부동산세율은 개인과 법인이 동일하다.

2장

이것만은 알고 갑시다

주택 관련 세금 요약

주택과 관련된 세금은 취득에서부터 보유, 임대, 양도 단계에서 각각 발생합니다. 단계별 세금에 대한 자세한 내용은 각 장에서 다루기로 하고 여기서는 간략히 살펴보겠습니다.

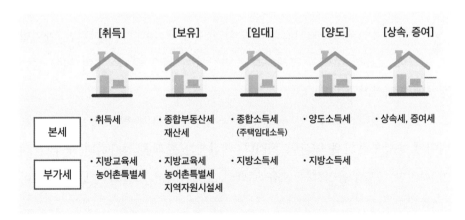

	[취득]	[보유]	[임대]	[양도]	[상속, 증여]
본세	· 취득세	· 종합부동산세 재산세	· 종합소득세 (주택임대소득)	· 양도소득세	· 상속세, 증여세
부가세	· 지방교육세 농어촌특별세	· 지방교육세 농어촌특별세 지역자원시설세	· 지방소득세	· 지방소득세	

주택을 취득할 때

우선, 주택의 취득 시에 취득세를 납부하게 되는데 취득이 매매로 인한 것인지, 증여나 상속을 받은 것인지, 신축한 것인지(원시취득)에 따라서 세율이 다릅니다. 일반적인 경우 매매는 1~3% 증여는 3.5% 상속과 신축은 2.8%의 세율이 적용됩니다.

다만, 20.7.10 대책으로 다주택자의 취득세 중과세율이 도입되어 다주택자에 해당하면 매매는 8%나 12% 증여도 12%의 세율이 적용될 수 있습니다. 중과가 되는 경우 취득세 자체도 만만치 않기 때문에 실거주 목적 외의 투자수요를 줄이고자 하는 데 목적이 있습니다.

주택을 보유할 때

매년 6월 1일에 보유 중인 주택은 재산세가 나옵니다. 재산세는 주택공시가격에 60%를 곱한 금액에 대해 구간별 누진세율을 적용하는데 세율은 0.1~0.4%로 비교적 낮은 수준입니다.

종합부동산세도 6월 1일을 기준의 소유주에 대해 과세하지만, 개인별로 전국에 보유한 주택의 공시가격을 합산하여 해당 금액이 6억 원을 넘는 경우에만 과세가 됩니다.

만약 1세대 1주택자인 경우에는 공시가격이 11억 원(시가 15억 수준)을 넘어야 종합부동산세 대상이 됩니다. 재산세는 주택을 보유하면 누구나 내야 하지만 종합부동산세는 보유 주택의 공시가격이 미달하면 납부 대상이 아닙니다.

다만, 종합부동산세는 다주택자(3주택자 또는 조정지역 2주택자)에 대한 규제 목적으로 다주택자인 경우에는 1.2~6.0%로 일반세율인 0.6~3% 대비 2배 정도 높습니다.

주택을 임대할 때

본인이 거주하지 않고 임대를 주는 경우가 있는데, 이런 경우 본인과 배우자가 보유한 주택의 수를 합산하여 몇 주택인지에 따라 주택임대소득의 계산 방식이 달라지게 됩니다.

주택임대는 전세, 반전세, 월세로 나누어볼 수 있는데 소유 주택수에 따라 전세만 준 경우에도 임대소득이 계산될 수 있으니 주의해야 합니다.

① 1주택 보유

본인은 다른 집에 거주하면서 보유한 주택을 임대주는 경우로 원칙적으로 임대소득 과세 대상이 아닙니다.

다만, 임대 주택이 공시가격 9억 원을 초과하는 경우에는 월세가 임대소득에 해당합니다. 예를 들어 1주택자이나 본인은 자녀 집에 같이 거주하고 본인 소유 주택은 공시가격 10억인데 전세를 주고 있는 경우는 임대소득 과세 대상이 아니나, 월세를 받는 경우는 임대소득에 해당합니다.

② 2주택 보유

월세는 임대소득에 해당합니다. 만약 2주택을 모두 전세로 주는 경우에는 임대소득 과세 대상이 아닙니다.

③ 3주택 보유

월세뿐만 아니라 보증금에 대한 이자상당액(간주임대료)도 계산하여 임대소득에 포함하여 계산합니다. 단, 소형주택($40m^2$ 이하 + 기준시가 2억 이하)인 경우에는 보증금에 대한 간주임대료는 제외합니다. 예를 들어 3주택인데 3주택 모두 전세로만 임대하는 경우에도 소형주택이 아니라면 보증금에 대한 이자상당액을 계산하여 임대소득을 과세합니다.

이렇게 계산된 임대소득이 2,000만 원 이하인 경우에는 14%의 세율을 적용하여 납부하는 것으로 종결되는 분리과세 방식 또는 다른 소득과 합쳐서 세금을 계산하는 종합과세 방식(세율 6~45%) 중에 유리한 것을 선택할 수 있습니다. 다만, 2,000만 원이 초과하는 경우에는 종합과세가 됩니다.

주택을 팔 때

최종적으로 주택을 팔 때는 양도소득세가 발생하는데, 일반적으로 주택 관련 세금 중 가장 많은 세금이 나오는 편이고 파는 시점과 상황에 따라 다양한 절세 방안이 존재하므로 제일 관심이 많은 분야이기도 합니다.

주택의 매매차익에 대한 세금으로 보유기간이 단기로 1년 미만인 경우는 70%의 세율, 1년에서 2년 미만인 경우는 60%의 높은 세율이 부과되고, 2년 이상 보유한 경우에는 매매차익이 커질수록 세율(6~45%)이 높아지는 누진세 구조입니다.

1세대 1주택의 요건을 충족하는 경우에는 비과세를 해줍니다만, 고가주택 기준인 양도가액이 12억 원을 초과하는 경우에는 전액 비과세가 아니라 12억 원을 초과하는 부분에 대해서는 과세가 됩니다.

그리고 1세대 1주택이 아닌 경우라도 비과세를 받을 수 있는 특례가 있는데 대표적으로 일시적 2주택, 동거봉양합가, 혼인합가, 상속으로 인한 2주택 특례를 두고 있습니다.

특히 17.8.2 대책으로 다주택자에 대한 양도소득세율을 중과하기로 하여 현재는 다주택자가 조정지역에 양도하는 경우에는 중과대상 주택수가 2주택이면 기본세율에 20%를 가산하고, 3주택 이상인 경우에는 30% 가산한 세율을 적용하고 있습니다.

하지만 윤석열 정부 출범 이후 2022년 5월 10일부터 2023년 5월 9일 이전에 양도하는 주택은 다주택자 중과세율 적용을 한시적으로 배제하고 있습니다.

증여세와 상속세

주택을 팔지 않고 무상으로 넘겨주는 경우에는 증여세나 상속세가 발생합니다. 증여와 상속은 대가 없이 재산을 이전한다는 것은 동일하지만, 재산을 넘겨주는 사람이 살아 있을 때는 증여이고 사망하면서 물려주는 경우는 상속이라는 차이점이 있습니다.

증여세

증여는 배우자나 자녀 등 가족에게 하는 경우가 일반적입니다. 증여세는 증여할 시점의 주택 시가를 증여재산 평가액으로 하고 여기에 배우자의 경우 6억 원, 직계존비속은 5,000만 원 등의 증여재산 공제액을 뺀 금액에 대해 세율을 적용하여 납부하게 됩니다.

● 증여자와 수증자

용어	의미
증여자	재산을 증여해주는 사람
수증자	재산을 증여 받는 사람

증여세의 납부는 증여를 하는 자(증여자)가 아닌 증여를 받는 자(수증자)가 하도록 되어 있습니다. 참고로 모든 나라가 그런 것은 아니고, 미국과 같은 경우는 증여를 하는 사람이 증여세를 내도록 하고 있어 나라마다 정하기 나름입니다

상속세

● 상속인과 피상속인

용어	의미
상속인	피상속인의 재산을 승계하는 사람
피상속인	사망하여 재산을 물려주는 사람

상속세는 돌아가신 분(피상속인)의 재산에 대해 세금을 부과하는 것입니다. 상속세의 납부는 상속인들이 하는 것이지만, 상속세는 상속인들이 받은 재산에 대해 부과되는 게 아니라 돌아가신 분의 재산을 모두 합쳐서 상속세를 계산하게 됩니다. 예를 들어 부친이 10억 원의 주택과 5억 원의 토지와 5억 원의 주식과 예금으로 총 20억 원을 보유한 상태에서 돌아가셨고, 이

순위	피상속인과 관계	비고
1순위	직계비속, 배우자	-
2순위	직계존속, 배우자	직계비속이 없는 경우
3순위	형제자매	1, 2순위가 없는 경우
4순위	4촌 이내 방계혈족	1, 2, 3순위가 없는 경우

를 모친은 주택을 받고 형은 토지를, 동생은 주식과 예금을 받기로 협의한 경우에 상속세는 총 20억 원을 기준으로 계산하게 됩니다. 상속인 각자가 받은 재산에 대해 부과되는 것이 아닙니다.

상속세의 세율은 누진세 구조이므로 각자가 받은 상속재산에 대해 세액을 계산하는 것보다 모두 합하여 세액을 계산하면 보다 크게 되는 것입니다.

상속인의 순위는 민법에서 위와 같이 정하고 있습니다.

즉 남편이 사망한 경우 자녀가 있으면 상속은 자녀와 배우자가 받습니다. 하지만 자녀가 없으면 배우자와 시부모님이 상속을 받게 됩니다. 미혼인 상태에서 사망했고 부모님도 이미 돌아가신 경우, 형제자매가 있다면 그 형제자매가 상속을 받고 형제자매도 없다면 4촌 이내 방계혈족이 받게 됩니다.

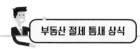

유산세 vs. 유산취득세

사망하신 분의 재산을 모두 합하여 이에 대해 세금을 부과하는 것은 유산세 방식이고, 이에 반해 상속인이 각자 받은 재산에 대해 상속세를 계산하는 것이 유산취득세 방식입니다. 우리나라는 유산세 방식을 적용하고 있으나, 현재 OECD 가입국 중 유산세 방식을 적용하는 나라는 한국·미국·영국·덴마크 4개국뿐이고, 독일·일본·프랑스·이탈리아 등 20개국은 유산취득세 방식을 적용하고 있습니다. 2021년 기획재정부는 현행 유산세 방식보다 유산취득세 방식이 상속세 이중과세 논란에서 보다 자유로울 수 있다는 점에서 유산세를 유산취득세 방식으로 장기적으로 변경하는 것을 검토하고 있다고 밝힌 바 있습니다. 또한 물론 부자 감세 논란 등의 반발이 있어 사회적인 논의가 필요한 부분으로 보입니다.

탈세와 절세

탈세는 법을 위반하여 세금을 회피하는 방법을 말하고, 절세는 합법적인 범위 내에서 세법 등을 준수하여 세금을 줄이는 방법을 말합니다. 탈세와 절세의 개념적인 차이는 아시지만, 구체적으로 이게 탈세인지 절세인지는 세법 준수 여부에 따라 다르므로 헷갈리는 경우가 많습니다.

양도소득세와 관련 대표적인 탈세만 살펴보면 다운·업계약서, 자본적 지출 대상이 아닌 필요경비, 허위나 가공의 공사비용이나 중개수수료 또는 컨설팅 비용, 차명으로 부동산 취득, 실거주요건을 위한 위장전입, 세대분리를 위한 위장이혼 등도 탈세에 해당합니다. 그 외에도 1세대 1주택 비과세 대상이 아님에도 신고납부를 하지 않는 단순한 경우들도 이에 해당합니다.

실제로 주변에서 많이들 발생하는 유형들이고, 이러한 위험을 무릅쓰고 적발당하지 않을 수도 있으니, 감내하고 탈세를 하시는 분들도 있습니다.

그러나 적발되면 추징세액과 만만치 않은 가산세도 발생하게 됩니다.

구분	가산세
무신고	무신고 납부세액 × 20%
부정 무신고	부정 무신고 납부세액 × 40%
일반과소신고(초과환급)	과소(초과)신고 납부(환급)세액 × 10%
부정과소신고(초과환급)	부정과소(초과)신고 납부(환급)세액 × 40%
납부지연가산세	미납부 또는 과소납부세액 × 미납기간 × 2.2 / 10,000[1]

1) 2022.2.14 이전은 1일당 2.5 / 10,000

만약 사기나 부정한 행위로 조세포탈을 한 경우에는 세금 추징뿐만 아니라 3년 이하의 징역이나 포탈세액의 3배 이상의 벌금형에 처해질 수 있으니 유의해야 할 것입니다.

양도소득세의 경우, 가산세는 위 표와 같습니다.

최근에는 국세청이 탈세제보포상금제도를 운영하고 있어, 이를 노리고 제보를 하는 경우도 급증하고 있습니다. 단순히 포상금뿐만 아니라 상호 원한이 있는 관계이거나 남이 돈 벌어서 배 아픈데 탈세해서 세금까지 안 낸 것을 알고 신고하는 지인이나 직원, 심지어 친인척까지도 있습니다.

이에 반해 절세는 합법적으로 세금을 줄이는 것으로 단순히 세법에서 정한 비과세나 중과세율 배제 등의 조건을 충족시켜 세금을 줄이는 것뿐만 아니라 다양한 방법이 있습니다. 예를 들어 양도소득세를 줄이기 위해 취득가액을 올리는 방법으로도 업계약서는 탈세에 해당합니다만, 배우자에게 증여하여 취득가액을 올리는 것은 탈세가 아닙니다. 예컨대 3년 전 2억 원에 매입한 주택이 6억 원이 되어 이를 배우자에게 증여하고 증여 받은 배우자

가 5년 이후에 처분하는 경우, 증여평가액이 6억 원이고 5년 뒤 처분 가액도 6억 원이라면 내야 할 양도세는 없습니다.

물론 5년 이내 처분 시에는 이월과세 규정에 의해 그러한 효과가 없습니다만, 6억 원 배우자 증여공제와 증여로 인한 취득가액은 증여평가액으로 함을 활용하면 합법적인 절세가 가능합니다.

탈세제보포상금제도

국세청은 탈세제보포상금제도를 운영하고 있는데, 가산세를 제외한 탈세액이 5,000만 원 이상 추징되는 경우에는 금액에 따라 포상금을 지급하고 있습니다(최대 한도 40억 원).

탈세액	지급액
5,000만~5억 원	탈세액 × 20%
5억~20억 원	1억 원 + 5억 원 초과액의 15%
20억~30억 원	3억 2,500만 원 + 20억 원 초과액의 10%
30억 원 초과	4억 2,500만 원 + 30억 원 초과액의 5%

다만, 개인이나 법인의 탈세 사실을 뒷받침할 수 있는 구체적인 내용 및 증빙을 탈세자의 인적 사항과 함께 제출하는 경우에만 지급이 가능함에 유의해야 합니다.

국세와 지방세

세금은 크게 국세와 지방세로 나누어볼 수 있는데, 국세는 국가 재정의 조달이 목적이고 지방세는 지방 정부의 재정을 조달하는 목적입니다.

따라서 과세 관할도 국세는 국세청이고 지방세는 시·군·구청으로 다르게 됩니다.

● 부동산 세금 - 국세 vs. 지방세

구분	국세	지방세
취득	농어촌특별세	취득세, 지방교육세
보유	종합부동산세 농어촌특별세	재산세 지방교육세, 지역자원시설세
임대	종합소득세(임대소득)	지방소득세
양도	양도소득세	지방소득세

세금을 납부하는 입장에서는 국세나 지방세나 어차피 큰 차이가 없다고 느껴질 수 있습니다만, 다음과 같은 차이가 있습니다.

① 과세 관할

법무사나 세무대리인 없이 본인이 셀프 신고를 하려는데 인터넷이 아니라 직접 방문하여 신고납부를 하고자 한다면, 취득세는 그 부동산이 소재하는 시·군·구청으로 가야 하고 양도소득세는 주소지 관할 세무서로 가야 합니다.

따라서 본인이 서울에 거주하고 부산의 아파트를 매입하려고 한다면 취득세는 부산의 해당 구청에 신고납부해야 하고, 양도소득세는 서울 본인 주소지 관할 세무서에 하면 됩니다.

② 카드 결제 수수료

세금을 납부할 때 카드사의 무이자 혜택이 있어 카드로 결제하는 경우도 많은데 지방세의 경우에는 카드 결제 시 카드 수수료가 붙지 않습니다.

그러나 국세의 경우 신용카드는 0.8%, 체크카드는 0.5%의 수수료를 납세자가 부담해야 합니다. 따라서 국세는 현금으로 납부하는 경우가 많습니다.

③ 문의 및 민원

만약 세금에 대한 문의가 있을 시에 국세는 국세청에서 운영하는 국세상담센터 전화번호 126번이나, 인터넷은 홈택스를 통해 문의해야 합니다.

그러나 지방세는 관할 시·군·구청에 문의나 민원을 활용해야 한다는 것도 중요한 차이입니다. 종종 국세인 종합부동산세를 구청에 문의하거나 취득세를 국세상담센터에 물어보시는 경우가 있습니다.

④ 고지서 발급

재산세와 종합부동산세는 동일한 보유세이긴 하나, 재산세는 지방세, 종합부동산세는 국세로 차이가 있습니다.

따라서 다른 시에 3채를 보유한 경우에 재산세 고지서는 각각의 시·군·구청에서 총 3장이 발송됩니다만, 종합부동산세 고지는 본인이 거주하는 관할 세무서에서 1장으로 발송됩니다.

본세와 부가세

세금을 납부할 때 살펴본 취득세, 종합부동산세, 양도소득세 등에서 정한 세율에 따른 세금만 납부하는 것이 아니고, 이에 가산하여 붙는 부가세(sur-tax)를 추가로 납부해야 합니다. 이러한 부가세는 흔히들 부가가치세를 줄여서 부르는 것과 혼동하시면 안 되고, 본세에 가산하여 납부하는 세금을 말하는 것입니다.

예를 들어 취득세의 경우 5억 원 주택을 매입하였다면 취득세인 5억 원의 1%인 500만 원만 내는 것이 아니라, 취득세의 부가세인 지방교육세 50만 원과 전용면적이 $85m^2$를 초과하는 경우에는 농어촌특별세도 100만 원을 납부해야 하므로 총 650만 원을 취득할 때 납부하게 됩니다.

비교적 부담이 큰 양도소득세의 경우, 양도소득세의 10%를 지방소득세로 납부하게 되어 만약 1년 이내에 주택을 양도하는 경우 양도소득세율은 70%가 아닌 지방소득세 7%(70%×10%)를 가산한 77%의 세금을 부담하게

부동산 세금 - 본세 vs. 부가세

구분	본세	부가세
취득	취득세	지방교육세, 농어촌특별세
보유	종합부동산세	농어촌특별세
	재산세	지방교육세, 지역자원시설세
임대	종합소득세(임대소득)	지방소득세
양도	양도소득세	지방소득세
증여	증여세	없음
상속	상속세	없음

5억 주택 취득 시

구분	취득세	농어촌특별세	지방교육세	합계
85m² 이하	1%	없음	0.1%	1.1%
85m² 초과	1%	0.2%	0.1%	1.3%

됩니다.

간혹 본세의 세율만 인지하고 부가세를 추가로 납부해야 하는 것을 모르고 있다가 주택 매입자금 마련에 차질이 발생하는 경우도 있으니 반드시 부가세를 고려한 세부담을 계산해야 합니다. 단, 특이점으로 증여세와 상속세는 부가세가 없습니다. 이는 상증세법 86조에서 지방자치단체나 공공단체가 상속세나 증여세에는 부가세를 부과하지 못하도록 법으로 금지하고 있기 때문입니다.

누진세율과 비례세율

누진세율은 소득금액이 커질수록 각 구간별 세율도 점점 올라가는 구조입니다. 반면 비례세율은 단순히 소득금액에 세율을 곱하여 산출되는 방식입니다. 주택 세금 중에 비례세율은 취득세이고 나머지는 모두 누진세율 구조입니다.

양도소득세, 종합소득세의 기본세율 구조를 보면 과세표준이 올라갈수록 구간별로 6%에서 45%까지 인상되는 것을 볼 수 있습니다. 해당 구간이면 그 세율을 적용한다는 것이 아니라 각 구간별 세율을 곱한 금액을 더하는 구조입니다.

이를 계산하기 간편하게 만든 것이 다음의 누진공제표입니다.

예를 들어 과세표준이 4,000만 원이라면 세액이 4,000만 원 × 15% = 600만 원이라는 것이 아니고 1,200만 원까지는 6%를 곱한 72만 원이고 1,200만 원을 초과하는 2,800만 원(4,000만 원 – 1,200만 원)에 대해서는

● 양도소득세/종합소득세 누진공제표

과세표준	세율	누진공제액
1,200만 원 이하	6%	0원
1,200만 ~ 4,600만 원	15%	108만 원
4,600만 ~ 8,800만 원	24%	522만 원
8,800만 ~ 1억 5,000만 원	35%	1,490만 원
1억 5,000만 ~ 3억 원	38%	1,940만 원
3억 ~ 5억 원	40%	2,540만 원
5억 ~ 10억 원	42%	3,540만 원
10억 원 초과	45%	6,540만 원

15%의 세율을 곱한 420만 원을 더한다는 것입니다. 결국 세액은 72만 원 + 420만 원인 492만 원이 됩니다.

이러한 계산을 편하게 하기 위해 단순히 과세표준 금액에 구간의 세율을 곱하고 누진공제액을 빼면 세액이 산출됩니다. 위의 경우 4,000만 원 × 15% - 108만 원을 하면 492만 원이 나오는 것을 알 수 있습니다.

● 취득세 세율표

취득가액	세율
6억 원 이하	1%
6억~9억 원	1.01~2.99%
9억 원 초과	3%

그에 반해 비례세율인 취득세를 살펴보면, 증여로 인한 취득 시 3.5%의 세율이 적용되는데 증여 받은 금액이 1억이든 10억이든 100억이든 동일하게 3.5%가 되고 증여 받는 금액이 올라간다고 세율이 올라가지 않습니다.

물론 매매로 인한 취득세의 경우 세율이 올라가는 구조이나 누진세와 같이 각 구간이 누진되어 합산되는 방식이 아닌 10억 원 주택인 경우 단순히 10억 원에 3%를 곱한 3,000만 원이 취득세로 계산됩니다.

실거래가, 시가, 공시가격, 기준시가, 시가표준액

부동산 세법을 공부하다 보면 부동산 가격에 대해 실거래가, 시가, 공시가격, 기준시가, 시가표준액으로 다양한 용어를 접하게 되는데, 이는 각각 무엇을 의미하고 어떤 경우에 적용이 되는지 알아보겠습니다.

① 실거래가

말 그대로 실제로 거래된 가격을 의미합니다. 양도소득세를 계산할 때 실거래가를 기준으로 계산함이 원칙이고, 취득세도 매매로 인한 경우에는 실거래가를 적용합니다.

② 시가

일반적으로 불특정 다수인 간에 자유로이 거래된 가격을 의미하는데, 부동산의 경우에는 일반적인 의미의 시가를 적용하기 어렵고 감정평가액, 유

사매매사례가액, 공시가격 등이 적용됩니다.

상속세와 증여세의 경우, 재산을 평가할 때 시가를 적용합니다(자세한 내용은 8장을 참고하시기 바랍니다).

③ 시가표준액, 기준시가, 공시가격

시가표준액은 지방세를 과세하기 위해 지방자치단체장이 고시하며 1961년에 도입되었습니다. 반면 기준시가는 국세를 부과하기 위한 기준으로 국세청장이 1983년에 기준시가에 따라 양도차익을 과세하면서 고시하게 되었습니다.

공시가격은 주택의 경우 2005년 주택공시가격제도를 도입하여 아파트 등 공동주택과 단독주택, 다가구주택에 대해 공시가격을 고시하고 있습니다. 토지의 경우에는 그 전인 1989년부터 공시지가 제도를 이미 도입하였습니다.

현재는 주택의 경우 기준시가와 시가표준액은 모두 '부동산 가격공시에 관한 법률'에 따라 공시된 가액을 적용합니다. 따라서 현재는 공동주택과 단독주택에는 기준시가나 시가표준액이나 동일하게 공시가격을 적용하는 것입니다. 다만, 주택이 아닌 오피스텔 및 건축물에 일부 차이가 발생합니다.

일상 용어로 주택가격에도 공시지가라는 용어를 쓰는 경우가 많은데,

● 기준시가 vs. 시가표준액

구분	국세 기준시가	지방세 시가표준액	고시 시기
아파트, 연립, 다세대	공동주택 공시가격		4월 말
단독, 다가구, 다중주택	개별단독주택 공시가격		
토지	공시지가		5월 말

이렇게 쉬운데 왜 부동산 절세를 하지 않았을까

공시지가는 토지에 대한 공시가격을 의미하는 것이라 엄밀히 다른 것입니다.

각 세목별 적용 금액

세금을 계산하기 위해 적용하는 가액은 각 세금별로 다른데, 이를 정리해보면 다음과 같습니다.

● **세목별 부동산 가액 적용**

구분		적용 금액
취득세	매매	실거래가
	상속, 증여	시가표준액
재산세		시가표준액
종합부동산세		공시가격
양도소득세		실거래가
상속세, 증여세		시가

각 항목별로 살펴보겠습니다.

① 취득세 및 재산세

취득세는 매매로 인한 경우에는 실제로 사고판 금액인 실거래가를 기준으로 계산합니다. 부동산의 경우 매매가 이루어지면 30일 이내에 실거래가를 시·군·구청에 신고를 해야 하는데 이와 동일한 금액입니다.

다만, 상속과 증여로 인한 취득의 경우에는 시가표준액을 기준으로 합니다. 재산세의 경우도 6월 1일 보유 주택의 시가표준액을 적용합니다.

② 종합부동산세

종합부동산세는 인별로 보유한 주택의 '부동산 가격공시에 관한 법률'에 따라 공시되는 가액의 합계액을 적용합니다.

③ 양도소득세

주택의 매매로 인한 양도차익의 계산은 실제로 사고판 가격을 기준으로 계산합니다. 참고로 2007년 이전에는 실거래가가 아닌 기준시가를 적용하여 양도차익을 계산하였습니다.

④ 상속세 및 증여세

상속, 증여의 경우에는 재산평가를 시가로 합니다. 여기서 주택의 시가라는 것은 일반적으로 감정평가액, 유사매매사례가액, 기준시가의 순으로 적용을 합니다.

증여로 인한 취득세 개정(2023년 시행)

행정안전부는 2021년 말 지방세법 개정을 통해 증여로 인한 취득의 경우, 기존의 시가표준액 대신 '시가인정액'을 적용하기로 하였습니다.

다만, 법 시행을 위한 준비와 홍보를 위해 시행일자를 2022년부터 하지 않고 1년을 유예하여 2023년부터 시행합니다.

☑ 시가인정액

시가인정액이란 매매사례가액, 감정가액, 공매·경매가액을 의미하며 취득일 이전 6개월에서 취득일 이후 3개월 이내의 기간에 매매·감정·경매 또는 공매가액이 있는 경우 해당 가액을 적용한다는 것입니다.

일반적으로 시가표준액보다 시가인정액이 높을 것이므로 증여로 인한 취득세 부담은 증가될 것입니다.

☑ 예시

감정평가액 8억 원(공시가격 5억 원)의 아파트를 증여 받는 경우

- 증여세는 8억 원을 기준으로 과세
- 취득세는 23년 이전의 증여면 5억 원을 기준으로 취득세 과세하나 23년 이후에 증여하면 8억 원을 기준으로 취득세를 과세

결과적으로 취득세가 1,140만 원이 증가됨(3.8% 적용 시)

1세대 1주택과
다주택자

주택 관련 세금에서 가장 중요한 차이를 발생시키는 것은 주택의 수라고 볼 수 있습니다. 주택의 수에 따라 1주택자인 경우에는 다양한 세금 혜택을 주는 데 반해 다주택자에게는 세금을 더 내도록 하기 때문입니다.

보유 주택수에 따른 1세대 1주택의 경우 혜택과 다주택자의 불이익의

● **1세대 1주택 vs. 다주택자**

구분	취득세	재산세	종합부동산세	양도소득세
1세대 1주택	· 표준세율	· 세액 감면	· 기본세율 · 세대 11억 공제 · 세액공제 적용	· 비과세 또는 · 기본세율
다주택자	· 중과세율	-	· 중과세율 · 인당 6억 공제 · 세액공제 배제	· 중과세율 (한시적 배제)

차이점을 간략히 정리하면 앞의 표와 같습니다.

특히 다주택자에 대한 중과세율은 문재인 정부 중에 부동산 시장의 안정화를 위해 도입된 정책들입니다.

세대

여기서 세대라는 개념이 매우 중요한데, 왜냐하면 주택수를 계산할 때는 본인이 보유한 주택수를 기준으로 계산하는 것이 아니라 1세대가 보유한 주택수를 기준으로 계산하기 때문입니다.

다만, 종합부동산세는 개인별 주택수를 산정합니다. 종합부동산세도 최초에 도입할 때는 세대별로 과세를 하였으나, 2008년에 위헌판결이 나서 현재는 개인별 과세를 하고 있기 때문에 주택수도 인별로 계산합니다.

그리고 세대에 대한 정의도 각 세법마다 차이가 있어 취득세에는 1세대 2주택으로 보는데 양도소득세는 1세대 1주택으로 보는 경우도 있어 각 세법별로 차이를 아는 것도 중요합니다. 자세한 내용은 각 세법을 다룬 장에서 살펴보도록 하겠습니다.

주택수

주택수를 계산하는 것은 쉬울 것 같지만 단순하지 않습니다.

우선, 무엇을 주택으로 보는지가 각 세법마다 다릅니다. 예를 들어 취득세는 건축물대장 등에 주택으로 되어 있으면 주택으로 봅니다. 하지만 양도

소득세는 실제 사용 현황에 따라서 판단합니다. 그러므로 건축물대장에 업무용 시설로 되어 있다면 취득세는 주택이 아니지만 해당 건물을 실제로는 주거용으로 사용한다면 양도소득세는 주택입니다.

둘째, 주택수 계산에 대한 개정이 이루어졌습니다.

취득세는 20.7.10 대책으로 1세대가 보유한 주택수에 따라서 8% 또는 12%의 세율이 적용될 수 있습니다. 그리고 주택수를 계산할 때 분양권, 조합원입주권, 주거용 오피스텔, 신탁 주택도 포함하여 계산하도록 개정되었습니다.

양도소득세는 19.12.16 대책으로 2021년 이후 취득하는 분양권도 1세대 1주택 비과세 판단 시나 중과세율 판단 시에 주택으로 보도록 하였습니다. 조합원입주권은 2006년부터 이미 주택으로 보고 있습니다.

셋째, 2주택인데 1주택으로 보는 경우가 있습니다.

양도소득세는 특정한 요건을 충족시키는 경우, 1세대 2주택이지만 1주택으로 보아 비과세의 적용이 가능하도록 하는 경우가 있습니다. 대표적으로 일시적인 2주택, 동거봉양합가, 혼인합가, 상속으로 인한 2주택, 임대주택의 거주주택 등입니다.

넷째, 중과세율 판단 시에 주택수가 제외되는 경우가 있습니다.

중과세율은 주택수에 따라 결정되는데, 취득세와 양도소득세 각각 주택수의 계산 시에 제외시켜주는 것들이 있습니다. 대표적으로 취득세의 시가표준액 1억 이하 주택과 양도소득세의 수도권, 광역시, 세종시를 제외한 지역의 기준시가 3억 이하 주택이 이에 해당합니다.

간단히 살펴봐도 본인 세대가 몇 주택을 가진 것인지를 파악하기가 쉽지 않다는 것을 알 수 있습니다. 각 항목별 자세한 내용은 각 장에서 자세히 살펴보겠습니다.

가족, 세대 및 특수관계자

가족과 세대라는 용어는 일반적으로 쓰는 용어이나 법적인 범위를 잘 모르는 경우가 많습니다.

가족

우선, 가족은 민법상 다음과 같이 정의합니다.

민법 제779조(가족의 범위)

① 다음의 자는 가족으로 한다.

1. 배우자, 직계혈족 및 형제자매

2. 직계혈족의 배우자, 배우자의 직계혈족 및 배우자의 형제자매

② 제1항 제2호의 경우에는 생계를 같이하는 경우에 한한다.

가족의 범위

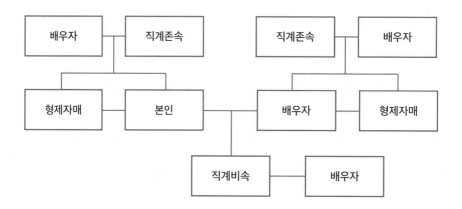

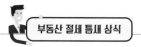 **부동산 절세 틈새 상식**

직계혈족, 방계혈족, 인척

간혹 혈족, 인척, 직계, 방계라는 용어가 나오는데 이를 정리해보겠습니다.

㉠ 직계혈족: 본인의 직계존속과 직계비속

㉡ 방계혈족

  - 본인의 형제자매

  - 형제자매의 직계비속: 조카 등

  - 직계존속의 형제자매: 이모, 고모, 백부 등

  - 직계존속의 형제자매의 직계비속: 사촌 등

㉢ 인척: 혼인으로 인해 발생한 친족관계

  - 혈족의 배우자: 사위, 며느리, 형수, 제수, 매부 등

  - 배우자의 혈족: 장인, 장모, 처남, 처제, 처형, 시동생, 시누이 등

  - 배우자의 혈족의 배우자: 동서, 처남의 배우자 등

직계혈족은 부모, 조부모, 외조부모 등의 직계존속과 자녀, 손자 등의 직계비속을 말합니다. 여기서 배우자의 형제자매는 가족 범위에 포함될 수 있으나 형제자매의 배우자는 가족이 아닙니다. 예를 들어 처형은 가족일 수 있지만 매형은 가족이 아닙니다.

세대

세법상 더욱 중요한 것은 세대의 범위로, 종종 가구라는 용어로 혼동하여 사용하기도 하는데 법적 용어는 세대를 사용합니다.

세대가 중요한 이유는 취득세와 양도소득세 등에서 주택수를 계산할 때 주택을 보유한 1인을 기준으로 하지 않고, 1세대가 보유한 주택수를 기준으로 계산하기 때문입니다. 따라서 본인이 1주택, 같이 사는 부모가 1주택이면 일반적인 경우 1세대 2주택입니다.

구분		정의
국세	양도소득세	거주자 및 그 배우자가 그들과 같은 주소 또는 거소에서 생계를 같이 하는 자[거주자 및 그 배우자의 직계존비속(그 배우자를 포함한다) 및 형제자매와 함께 구성하는 가족]
	종합부동산세	주택 또는 토지의 소유자 및 그 배우자가 그들과 동일한 주소 또는 거소에서 생계를 같이하는 가족
지방세	취득세	주택을 취득하는 사람과 '주민등록법' 제7조에 따른 세대별주민등록표에 함께 기재되어 있는 가족
	재산세	과세기준일 현재 '주민등록법' 제7조에 따른 세대별주민등록표에 함께 기재되어 있는 가족

세대는 국세와 지방세에 약간의 차이가 있는데 법 조문상의 핵심 정의를 살펴보면 앞의 표와 같습니다.

즉 세대는 같은 주소에서 거주하는 가족이라고 볼 수 있겠지만, 국세의 경우에는 생계를 같이하는 조건이 추가로 있습니다. 따라서 생계를 달리함이 증명된다면 원칙적으로 국세는 다른 세대라고 보면 됩니다. 반면 지방세의 세대는 생계를 같이하는지 여부로 달라지지 않는다는 것이 중요한 차이점입니다.

각 세법에서의 1세대의 정의에 대한 자세한 내용은 각 장의 내용을 살펴보시기 바랍니다.

특수관계자

일반적으로 세법을 접하지 않은 경우, 특수관계자라는 용어는 생소하게 느껴집니다. 특수관계자인지 여부가 중요한 이유는 세법에서는 특수관계자 간의 거래에서 세금을 부당하게 감소시킨 경우에는 이를 추징하는 규정이 있는데 이를 '부당행위계산부인'이라고 합니다. 대표적으로 자산의 고가 양도 저가 양수, 우회양도 등에 대해 양도소득세와 증여세 등의 적용도 특수관계자 여부가 영향을 미치게 됩니다.

이러한 특수관계자(특수관계인)의 범위는 세법마다 약간의 차이는 있으나, 소득세법에서 적용하는 국세기본법의 범위를 기준으로 살펴보면 다음과 같습니다.

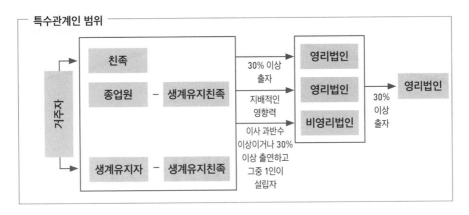

구분	특수관계인 범위
친족	1. 6촌 이내의 혈족 2. 4촌 이내의 인척 3. 배우자(사실상의 혼인관계에 있는 자를 포함한다) 4. 친생자로서 다른 사람에게 친양자 입양된 자 및 그 배우자·직계비속
경제적 연관관계	5. 임원과 그 밖의 사용인 6. 본인의 금전이나 그 밖의 재산으로 생계를 유지하는 자 7. 제5호 및 제6호의 자와 생계를 함께하는 친족
경영 지배관계	8. 본인이 직접 또는 그와 친족관계 또는 경제적 연관관계에 있는 자를 통하여 　 법인의 경영에 대하여 지배적인 영향력을 행사하고 있는 경우 그 법인 9. 본인이 직접 또는 그와 친족관계, 경제적 연관관계 또는 8의 관계에 있는 자를 　 통하여 법인의 경영에 대하여 지배적인 영향력을 행사하고 있는 경우 그 법인

거주자와 비거주자

요즘에는 주변에 학업, 근무 등으로 외국에서 장기간 거주하거나 이민을 가는 경우도 종종 있습니다. 세법에서는 국내에 주소 등이 없는 경우 국적과는 관계없이 비거주자로 분류하고 있습니다. 거주자의 경우에는 국내외 원천소득에 대한 납세의무가 있으나, 비거주자는 국내에서 발생한 소득에 대해서만 납세의무가 있습니다.

중요한 것은 비거주자에 해당하면 다음의 중요한 혜택이 없어지게 된다는 것입니다.

① 양도소득세

1세대 1주택 비과세 적용이 안 됩니다. 그리고 장기보유특별공제는 적용은 가능하나 최대 30% 적용만 가능합니다.

② 증여세

수증자(증여를 받는 사람)가 비거주자이면 증여자가 거주자인지 비거주자인지와는 무관하게 증여재산공제(자녀 5,000만 원 등)를 적용하지 않습니다.

③ 상속세

피상속인(사망한 사람)이 비거주자인 경우, 상속 공제는 기초공제 2억 원만 적용 가능하고 배우자 공제 등(최소 5억 원 등) 각종 공제 적용이 안 됩니다.

따라서 1세대 1주택 비과세도 안 되고 외국에 사는 자녀에게 국내 주택을 증여할 때 공제도 받지 못하며 외국에 거주하시다 돌아가신 부모님의 상속세도 공제금액이 적어 세부담이 매우 늘어날 수밖에 없습니다.

비거주자와 거주자의 구분을 알아보겠습니다.

거주자는

㉠ 국내에 주소를 둔 경우

여기서 중요한 것은, 주소라는 의미는 주민등록상의 주소를 의미하는 것이 아니라는 겁니다. 생계를 같이하는 가족이 국내에 있는지, 국내에 자산 소재와 소득 발생 등의 사항을 근거로 판단하게 됩니다.

㉡ 주소가 없다면, 183일 이상의 거소를 국내에 둔 경우

국내 주소를 가진 것으로 보는 경우는 다음과 같습니다.

ⓐ 직업: 183일 이상 국내에서 계속 거주가 필요한 직업

ⓑ 생계를 같이하는 가족이 국내에 있고 직업과 자산 상태를 고려할 때 183일 이상 국내 거주할 것으로 인정

국내 주소가 없는 것으로 보는 경우는 다음과 같습니다.

ⓐ 국외 거주 또는 근무하면서 외국국적을 가진 경우

ⓑ 영주권을 취득한 자가 국내에 생계 같이하는 가족이 없고, 직업이나 자산 상태로 볼 때 귀국하여 국내에 거주하지 않을 것으로 인정될 때

그러나 다음의 경우는 장기간 국외에 거주해도 국내 주소 여부 등을 따지지 않고 거주자로 봅니다.

ⓐ 거주자나 내국법인의 국외사업장 또는 해외현지법인(내국법인이 지분 100%를 직접 또는 간접 출자한 경우) 등에 파견된 임원 또는 직원

ⓑ 국외에서 근무하는 공무원

투기과열지구와
조정대상지역

    정부는 주택시장 안정화를 위해 주택시장이 과열되었다고 판단되자 지역을 규제지역으로 지정하여 대출, 청약, 세금 등에 대한 규제를 하고 있습니다.

    대표적으로 투기과열지구와 조정대상지역이 있는데, 중요한 규제를 살펴보면 다음 82페이지의 도표와 같습니다.

    조정대상지역인 경우에는 취득세, 종합부동산세, 양도세의 중과세율 적용 등에 차이를 두고 있는데, 이러한 세금 규제는 조정대상지역만을 대상으로 하고 있습니다. 따라서 투지과열지구인지 여부는 영향이 없습니다. 물론 투기과열지구가 대부분이 조정대상지역이기는 하나 그렇지 않은 경우도 있으니 주의해야 합니다.

투기과열지구 vs. 조정대상지역

구분	투기과열지구	조정대상지역
대출	• 무주택자는 6개월 이내 전입, 1주택자는 6개월 이내 기존주택 처분 및 전입 • 2주택 보유세대는 주택 신규 구입을 위한 주택담보대출 금지	
대출	• LTV: 9억 이하 40%, 9억 초과 20%, 15억 초과 0% • DTI : 40% ※ 무주택 세대주(소득, 가액 충족) • LTV: 6억 이하 60%, 6억~9억 50%	• LTV: 9억 이하 50%, 9억초과 30% • DTI : 50% ※ 무주택 세대주(소득, 가액 충족) • LTV: 5억 이하 70%, 5억~8억 60%
자금조달 계획서	• 자금조달계획서 • 자금조달에 대한 증빙	• 자금조달계획서
전매 제한기간	• 주택·분양권 전매제한 소유권이전 등기(최대 5년) 분양가상한제 적용주택 전매제한 강화	• 분양권 전매제한 [1지역] 소유권이전 등기 [2지역] 1년 6개월 [3지역] 공공택지 1년, 민간택지 6개월

조정대상지역 주요한 세금 규제

조정대상지역
• 조정대상지역내 주택 양도시 2주택 이상인 경우 중과세율 적용(2주택 +20%, 3주택 이상 +30%) 및 장기보유특별공제 배제 • 취득세 조정지역의 취득시 2주택부터 중과(비조정은 3주택부터) • 종합부동산세 조정지역내는 2주택부터 중과(그 외는 3주택부터)

즉 조정대상지역만 해제되면 세금에 규제는 사라지는 것이니 지정과 해제의 요건을 잘 확인하여 향후에 해제될 가능성 등을 따져보는 것도 필요합니다.

◈ 조정대상지역 지정 및 해제 요건

구분	조정대상지역
지정	① 주택가격상승률이 소비자물가상승률의 1.3배를 초과한 지역으로서 다음 각 목에 해당하는 지역(직전월부터 소급하여 3개월간) 가. 청약경쟁률(직전 2개월) - 5:1 초과 또는 - 85㎡ 이하는 10:1 초과 나. 분양권 전매거래량(직전 3개월) 직전 연도의 같은 기간보다 30퍼센트 이상 증가한 지역 다. 주택보급률 또는 자가주택비율이 전국 평균 이하인 지역
해제	② 주택가격상승률이 마이너스 1퍼센트 이하인 지역으로서 다음 각 목에 해당하는 지역(직전월부터 소급하여 6개월간의 평균) 가. 주택매매거래량 3개월 연속 이 직전 연도의 같은 기간보다 20퍼센트 이상 감소한 지역 나. 평균 미분양주택의 수(직전 3개월) 직전 연도의 같은 기간보다 2배 이상인 지역 다. 주택보급률 또는 자가주택비율이 전국 평균을 초과하는 지역

● 조정대상지역 지정 현황(2021년 8월 30일 이후)

구분	투기과열지구	조정대상지역
서울	전 지역	전 지역
경기	과천, 성남분당, 광명, 하남, 수원, 성남수정, 안양, 안산단원, 구리, 군포, 의왕, 용인수지·기흥, 동탄2	과천, 광명, 성남, 고양, 남양주, 하남, 화성, 구리, 안양, 수원, 용인, 의왕, 군포, 안성, 부천, 안산, 시흥, 오산, 평택, 광주, 양주, 의정부, 김포, 파주, 동두천
인천	연수, 남동, 서	중, 동, 미추홀, 연수, 남동, 부평, 계양, 서
부산	-	해운대, 수영, 동래, 남구, 연제, 서구, 동구, 영도구, 부산진구, 금정구, 북구, 강서구, 사상구, 사하구
대구	수성	수성, 중구, 동구, 서구, 남구, 북구, 달서구, 달성군
광주	-	동구, 서구, 남구, 북구, 광산구
대전	동, 중, 서, 유성	동, 중, 서, 유성, 대덕
울산	-	중구, 남구
세종	세종	세종
충북	-	청주
충남	-	천안동남, 서북, 논산, 공주
전북	-	전주완산·덕진
전남	-	여수, 순천, 광양
경북	-	포항남, 경산
경남	창원의창	창원성산

이렇게 쉬운데 왜 부동산 절세를 하지 않았을까

2장 정리 문제

1. 주택 관련 세금에 대한 설명 중 옳지 않은 것은?

① 취득세는 취득의 원인에 따라서 세율이 달라진다.

② 취득세의 중과세율은 주택수에 따라 8% 또는 12%이다.

③ 재산세와 종합부동산세는 6월 1일에 소유한 사람이 부담한다.

④ 주택임대소득은 1주택자에게는 부과되지 않는다.

⑤ 양도소득세는 누진세율 구조이다.

2. 증여와 상속에 대한 설명 중 옳지 않은 것은?

① 증여를 하는 사람을 증여자, 받는 사람은 수증자라고 한다.

② 사망한 사람을 피상속인, 상속받는 사람은 상속인이라고 한다.

③ 상속세는 상속인이 상속받은 재산에 대해서 각각 부과한다.

④ 증여세는 증여를 받는 사람이 납부한다.

⑤ 현재 유산세 방식을 장기적으로 유산취득세로 변경할 것을 계획하고 있다.

3. 세금 용어에 대한 설명 중 옳지 않은 것은?

① 다운계약서와 가공의 필요경비로 세금을 줄이면 탈세라고 부른다.

② 재산세는 국세의 일종이다.

③ 상속세와 증여세에는 부가세가 없다.

④ 취득세는 비례세율에 해당하고, 양도소득세는 누진세율 구조이다.

⑤ 탈세를 한 경우, 가산세도 부담해야 한다.

4. 부동산 가액과 관련된 용어 설명 중 옳은 것은?

① 증여 받은 부동산은 공시가격을 우선 적용한다.

② 양도소득세의 양도차익 계산 시 기준시가를 적용함이 원칙이다.

③ 기준시가는 지방세 부과 목적으로 사용된다.

④ 주택에 대한 기준시가와 지방세시가표준액은 공시가격으로 동일하다.

⑤ 주택과 토지의 공시가격 고시일자는 동일하다.

이렇게 쉬운데 왜 부동산 절세를 하지 않았을까

5. 세대와 특수관계자에 대한 설명 중 옳은 것은?

① 세대와 민법상 가족의 범위는 동일하다.

② 취득세의 1세대와 양도소득세의 1세대는 동일하다.

③ 형제자매의 배우자는 가족과 세대의 범위에 포함된다.

④ 직계존속은 이모, 고모, 삼촌을 포함한다.

⑤ 특수관계자 간의 거래에 대해서는 부당행위계산부인 규정이 적용된다.

6. 거주자와 비거주자에 대한 설명 중 옳은 것은?

① 국내에 주민등록상 주소만 있다면 거주자이다.

② 국적이 외국이면 무조건 비거주자이다.

③ 외국에서 근무하는 공무원은 거주자이다.

④ 내국법인의 국외 사업장에 근무하는 경우 비거주자이다.

⑤ 비거주자라도 양도소득세 1세대 1주택 비과세를 받을 수 있다.

정답: 1. ④ 2. ③ 3. ② 4. ⑤ 5. ⑤ 6. ③

3장

부동산 살 때 세금 아끼는 법

취득세의 기본구조

취득세 과세 대상

취득세는 법에 정한 특정한 재산을 취득하는 경우에 납부하는 세금인데, 그 대상으로 토지, 건축물, 차량, 기계장치, 항공기, 선박, 입목, 골프 회원권 등의 각종 권리로 한정하고 있습니다. 주택은 건축물과 부속토지가 있으므로 당연히 취득세 납부 대상입니다. 그리고 어떻게 취득한 것인지에 따라서도 나누게 되는데 그 취득 원인에 따라서 취득세율이 달라지기 때문입니다.

매매나 증여 또는 상속을 받는 경우를 승계취득이라 하고, 이와 반대로 건물의 신축과 같이 새롭게 만들어서 스스로 취득하는 것을 원시취득이라 하는데 모두 다 취득세 납부 대상입니다.

취득세의 계산식은 매우 단순하게 '과세표준×세율'로 계산됩니다.

◦ **취득세 계산구조**

주택 취득 유형 구분		과세표준	표준세율	중과세율
유상 승계취득	매매	실거래가	1~3%	8%, 12%
무상 승계취득	상속	시가표준액	2.8%	-
	증여	시가표준액	3.5%	12%
원시취득	신축	취득가액	2.8%	-

취득세 과세표준

과세표준은 매매로 인한 취득의 경우에는 실제 거래가액이 되고, 상속이나 증여를 받은 경우에는 시가표준액이 됩니다. 또한 2023년 이후 취득분부터 개정된 지방세법의 시행으로 증여로 인한 취득은 시가표준액보다 높은 시가상당액이 적용됩니다.

매매, 증여, 상속이 아니라 주택이나 건축물을 공사업체에 의뢰하여 직접 지었다면, 실제 건축에 소요된 취득가액이 과세표준이 되나 공사원가명세서 및 각종 공사 관련 계약서류 등을 첨부하여 과세표준 신고서를 제출해야 합니다.

취득세 세율

주택을 제외한 부동산을 매매로 취득하는 경우에는 4%의 세율이 적용

되는데, 주택은 주거 수단이므로 국민 주거안정을 위해 1~3%의 비교적 낮은 세율을 적용합니다. 매매가 아닌 상속과 원시취득은 2.8%, 증여의 경우 3.5%의 취득세율을 별도로 정하고 있습니다. 단, 매매의 경우 주택수에 따라 중과세율 8%나 12%가 될 수 있고 증여도 조정대상지역인 경우 12%의 중과가 될 수 있습니다. 다만, 상속과 원시취득인 경우에는 중과되지 않습니다.

또한 상속의 경우 1가구 1주택의 조건이 충족되면 0.8%의 세율이 적용되고 생애최초 주택 구입 조건을 충족하는 경우 취득세 감면제도가 있습니다.

취득세의 신고와 납부

취득세는 취득일로부터 60일 이내에 납부해야 합니다. 다만, 상속의 경우는 상속개시일(사망일)이 속한 달의 말일로부터 6개월 이내입니다. 여기서 취득일이 정해져야 납부기한이 정해지므로 취득일자를 아는 것이 매우 중요한데 각 취득 유형별로 달리 정하고 있습니다.

● **취득세의 유형별 취득일자**

주택 취득 유형 구분		취득일
유상 승계취득	매매	① 개인간 매매: 계약상 잔금일 ② 개인과 법인: 사실상 잔금일
무상 승계취득	상속	상속개시일(사망일)
	증여	증여계약일
원시취득	신축	사용승인일, 임시사용 승인일, 사실상 사용일 중에 빠른 날

매매의 경우, 개인 간의 매매는 실제 잔금지급일이 아닌 계약서상의 잔금일을 기준으로 한다는 점에 유의해야 합니다. 예외적으로 유상, 무상 승계 취득일보다 등기를 먼저 하는 경우에는 그 등기일자를 취득일로 봅니다.

하지만 실무적으로 부동산등기법에 따라,

① 등기를 접수하기 위해서는 취득세를 먼저 납부하도록 정하고 있고

② 등기를 잔금일로부터 60일 이내에 하지 않으면 과태료 납부 대상입니다.

따라서 등기 기한을 넘기지 않은 이상 취득세의 기한을 넘길 상황은 없다고 보면 되고, 일반적인 매매로 인한 취득 시에는 하루라도 빨리 등기접수하기를 매수자 측이 원하기 때문에 취득세 납부는 잔금 치르고 며칠 내에 이루어지게 됩니다.

또한 취득세는 지방세이므로 취득세를 납부할 곳은 본인 주소지의 시·군·구청이 아니라 그 부동산이 소재한 시·군·구청에 신고납부해야 합니다.

취득세의 1세대

취득세의 1세대는 '주택을 취득하는 사람과 세대별 주민등록표에 함께 기재되어 있는 가족(동거인은 제외한다)으로 구성된 세대'를 의미합니다.

가족의 범위는 이미 앞 장에서 살펴본 바가 있습니다. 이러한 가족 중 주민등록등본에 같이 전입되어 있는 사람이 동일한 세대라고 보면 됩니다.

배우자

배우자는 주민등록상 주소에 같이 전입되어 있든 따로 살고 있든 무조건 같은 세대입니다. 여기서 말하는 배우자는 혼인신고를 한 법률상의 배우자이며 혼인신고를 하지 않았거나 동거 중인 경우는 제외됩니다.

흔히 위장이혼이라고 말하는 경우로, 혼인신고 이후에 다른 목적으로

여전히 실제로는 부부이나 법적(서류상)으로만 이혼을 한 경우에는 동일세대로 봅니다.

미혼인 30세 미만 자녀

결혼을 하지 않은 30세 미만의 자녀는 원칙적으로 주민등록 주소지가 달라도 부모와 동일한 세대로 봅니다. 따라서 직장을 다니는 25세 자녀가 1주택자인 부모의 집에 거주하면서 집을 취득하는 경우는 1세대 2주택에 해당하여 조정지역이면 중과세율이 적용될 수 있습니다.

하지만 30세 미만 자녀라도 일정 수준 이상의 소득이 있고 부모 집에서 나와서 거주하게 되어 주민등록 주소지가 다른 경우에는 그 자녀는 별도 세대로 보게 됩니다. 여기서 소득은 취득일이 속하는 달의 직전 12개월 동안 자녀의 소득이 중위소득의 40% 이상이어야 하는데, 중위소득의 40% 이상은 2022년에는 777,925원/월이고 이를 연간 환산하면 933만 5,100원이 됩니다.

만약 주택 취득일에 일시적으로 이직 준비 중이거나 기존 사업을 폐업하고 다른 사업을 준비 중인 상태라면, 직전 24개월을 기준으로 소득 요건 충족 여부를 따지게 됩니다.

따라서 이러한 소득 요건을 충족하는 경우,

① 주택 취득일 기준 근로계약서나 사업자등록증과

② 소득을 증빙 서류인 소득금액증명원이나 지급명세서를 제출해야 합니다.

30세 미만 소득 기준

행정안전부는 2022년 1월 1일 30세 미만 별도세대의 소득 기준을 명확히 하고자 '주택 취득세 중과 관련 별도세대 판단 소득 기준'을 고시하였습니다.

소득의 범위에 대한 규정을 확인해보면,
① 사업소득은 비과세 및 필요경비를 제외
② 근로소득은 총급여에서 비과세를 제외
③ 기타소득은 비과세 및 필요경비를 제외
④ 이에 준하는 경상적·반복적 소득으로 정하고 있습니다.

예를 들면,
① 사업자의 경우, 매출이 3,000만 원인데 비용이 2,000만 원 발생했다면 소득은 1,000만 원이 됩니다.
② 근로자의 경우, 총급여가 3,000만 원인데 비과세인 자가운전수당이 월 20만 원(연간 240만 원)이 포함되어 있다면 소득은 2,760만 원이 됩니다.
③ 기타소득의 경우, 원고 집필로 1,000만 원이 발생했다면 필요경비를 60%로 인정하므로 소득은 400만 원이 됩니다.

경상적·반복적이라고 볼 수 있는 이자소득 등은 포함될 수 있지만, 기타소득 중 일시적이라고 볼 수 있는 유형(상금, 복권, 사례금 등)이거나 퇴직소득과 같은 소득은 제외됩니다.

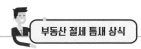

기준중위소득

2022년 기준중위소득 및 생계·의료급여 선정기준과 최저보장수준[시행 2022.1.1.] [보건복지부　고시 제2021-211호, 2021. 8. 5. 제정]

'국민기초생활보장법' 제2조 제11호에 따라 급여의 기준 등에 활용하는 '기준중위소득'을 다음과 같이 정한다.

구분	1인가구	2인가구	3인가구	4인가구
금액(원/월)	1,944,812	3,260,085	4,194,701	5,121,080
구분	5인가구	6인가구	7인가구	
금액(원/월)	6,024,515	6,907,004	7,780,592	

동거봉양합가

주택 취득일에 별도세대 요건이 충족되는 자녀가 만 65세 이상인 부모님과 합가된 상태라도 각각 별도세대로 봅니다. 이를 동거봉양합가라고 합니다.

실제 합가 목적이 부모님 봉양인지, 부모님의 손주 양육인지, 아니면 자녀가 편해서 부모님 집에 사는지 여부는 관계없이 나이 조건만 충족되면 됩니다. 만 65세 이상의 요건은 부모님 모두 충족할 필요는 없고 1명만 충족하면 됩니다.

당초에 분가 상태였다가 합가된 경우가 아니라 태어나서 계속 부모님과

같이 살았더라도 나이만 충족되면 동거봉양합가로 봅니다. 중요한 것은 부모님 나이 만 65세의 충족 여부는 주택의 취득일 기준이라는 것입니다.

취득일 60일 이내 전입

해당 규정은 2022년부터 새롭게 추가된 것으로, 기존에는 별도세대를 구성할 수 있는 자녀(예: 30세 이상)가 만 65세 미만의 부모와 동거 중에 독립을 위해 집을 매입하는 경우, 그 취득일인 잔금일에 부모와 동일 주소지이면 중과가 될 수 있는 상황이 있었는데 이를 해소하고자 만든 것입니다.

개정 내용은 해당 자녀가 취득 후 60일 이내에 그 주택으로 전입을 하는 경우에는 별도세대로 본다는 것입니다. 물론 60일 이후에 전입을 하거나, 전입하지 않고 투자 목적으로 사는 경우에는 해당이 안 되겠습니다.

해외 체류

세대 전원이 학업, 취업 등으로 90일 이상 해외에 체류할 때 주소지를 다른 가족의 주소로 둔 경우라도 별도세대로 봅니다.

양도소득세의 동거봉양합가

양도소득세에도 1세대 2주택 비과세 특례로 동거봉양합가 조항이 있습니다. 용어가 같아서 종종 헷갈리는 경우가 있는데, 차이점을 정리해보면 다음과 같습니다.

① 나이

　　취득세는 만 65세인데, 양도소득세는 만 60세 이상이어야 합니다.

② 합가 대상

　　취득세는 부모만 되는데, 양도소득세는 직계존속으로 부모뿐만 아니라 조부모와 외조부모도 포함이 됩니다.

③ 분가 여부

　　취득세는 분가 상태에서 합가가 아닌 경우도 인정되나, 양도소득세는 분가 상태에서 합가된 경우만 인정됩니다.

④ 중증질환

　　양도소득세는 직계존속이 중증질환(암, 난치병 등)인 경우에는 나이가 미충족되어도 인정이 되나, 취득세는 그런 조항이 없습니다.

⑤ 기준 일자

　　당연하나 취득세는 취득일 기준으로 만 65세를 따지고, 양도소득세는 합가일 기준으로 만 60세를 따지게 됩니다.

양도소득세의 동거봉양합가에 대한 보다 자세한 내용은 4장을 참고 바랍니다.

취득세의 주택

부동산을 상속, 증여, 원시취득이 아닌 유상거래로 취득한 경우에 적용되는 취득세율은 4%이나, 주택에 해당하면 국민 주거안정을 위해 이보다 낮은 세율인 1~3%를(다주택자 중과가 안 되는 경우) 적용해줍니다.

이때 낮은 1~3%의 세율을 적용받으려면 무엇을 주택으로 보는지가 중요한데, 법에서는 '주택법' 제2조 제1호에 따른 주택으로서 '건축법'에 따른 건축물대장·사용승인서·임시사용승인서 또는 '부동산등기법'에 따른 등기

● **주택법상의 주택**

구분	항목
단독주택	단독주택, 다중주택, 다가구주택
공동주택	아파트, 연립주택, 다세대주택

부에 주택으로 기재된 주거용 건축물과 그 부속토지로 정하고 있습니다.

여기서 오피스텔은 주택법상 주택이 아닌 준주택으로 분류되어 있으며, 설령 상시 주거가 가능하게 지어진 주거용 오피스텔이라고 할지라도 취득세에서는 주택이 아니고, 따라서 4%의 세율이 적용됩니다.

과거에는 주거용 오피스텔에 대한 취득세가 주택보다 높았으나, 다주택자에대한 취득세 8%와 12%의 중과세율이 도입되면서 오히려 주택보다 취득세가 낮아지게 되어 주거용 오피스텔에 대한 투자 열풍이 일시적으로 나타나기도 했습니다.

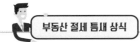

부동산 절세 틈새 상식

양도소득세의 주택

동일하게 주택이라는 용어를 사용하지만, 양도소득세에서 주택으로 보는 것과 취득세와는 차이가 있습니다.

양도소득세는 건축물대장 등 공부상의 주택인지보다는 사실상 주거용으로 사용하는지에 따라 주택으로 판단합니다. 따라서 오피스텔을 주거용으로 사용하고 있다면 양도소득세에서는 주택입니다. 반대로 단독주택을 상가, 음식점으로 사용한다면 양도소득세의 주택이 아닙니다.

주택을 매매로 취득 시

　　과거에는 매매로 주택을 취득하는 경우, 취득세의 계산은 매우 단순한 구조였습니다.

　　그러나 문재인 정부의 부동산 대책으로 다주택자에 대한 취득세율 중과세가 도입되어 주택수에 따라 8%나 12%의 중과세율이 적용될 수 있어 주택수 판단 등으로 취득세 계산도 복잡해진 상황입니다.

　　문재인 정부 들어 취득세율 관련하여 두 차례의 개정이 있었습니다.

문재인 정부 취득세 주요 개정

개정 시행 일자	개정 내용
2020.1.1	① 유상 취득세율 6억~9억 원 구간 개정 ② 1세대 4주택 이상은 주택 특례세율 배재(4%)
2020. 8.12	① 다주택자 취득세율 중과 전면 도입(8%, 12%)

◦ 2019.12.31 이전

취득가액	세율
6억 원 이하	1%
6억~9억 원	2%
9억 원 초과	3%

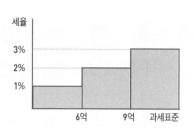

단순하게 구간별로 '취득가액 × 세율'을 하면 되었습니다.

주의할 점은 누진세율이 아니고 비례세율입니다. 7억 원이 취득가이면 7억 원 × 2%로 1,400만 원이고. 6억 원 × 1% + (7억 원 - 6억 원) × 2%인 800만 원이 아닙니다.

위 그림에서 보듯이 6억~9억 원의 구간에 되면 세율이 2배로 뛰는데, 6억 원이면 1%인데 6억 1,000만 원이면 전체 금액에 대해 2%를 적용하는 것은 불합리하다는 문제가 계속 제기되었습니다.

◦ 2020.1.1 이후

취득가액	세율
6억 원 이하	1%
6억~9억 원	1.01~1.99%
9억 원 초과	3%

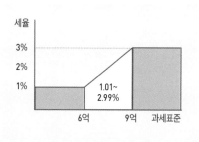

2019년 말 세법 개정으로 당초 불만이 많았던 6억~9억 원의 구간을 단순히 2%의 세율을 적용하지 않고, 금액이 올라감에 따라 비례하여 세율이 올라가는 구조로 변경하였습니다.

따라서 다음과 같은 수식을 적용하여 세율을 산출하게 됩니다.

$$\left(\frac{\text{해당 주택의}}{\text{취득당시가액}} \times \frac{2}{3\text{억 원}} - 3 \right) \times \frac{1}{100}$$

이 경우 7억 원이 취득가액이면 2%가 아닌 1.67%가 적용됩니다. 추가적으로 다주택자에 대한 제재를 목적으로 1세대가 4주택 이상을 취득하는 경우는 주택의 특례세율인 1~3%가 아닌 일반 건축물의 4%를 적용하도록 하였습니다.

하지만 20.7.10 대책으로 취득세율 중과세율을 전면 도입함에 따라 1세대 4주택 이상에 대한 4% 적용은 2020년 1월 1일부터 2020년 8월 11일까지의 한시적인 조항이 되었습니다.

다주택자에 대한 취득세 중과

　　정부는 20.7.10 대책으로 실수요자 보호를 위한 다주택자의 취득세 중과 제도를 도입하였으며 시행은 2020년 8월 12일부터 하였습니다.

　　취득세율표는 다음과 같이 적용됩니다.

　　① 취득할 주택이 조정지역인지 비조정지역인지와

　　② 취득하는 주택을 포함한 주택수가 얼마인지 계산하여

● **매매 취득세율**

구분	1주택	2주택	3주택	4주택 이상
조정지역	1~3%	8%[1]	12%	12%
비조정지역	1~3%	1~3%	8%	12%

1) 일시적 2주택의 경우 1~3%를 적용

8%와 12%의 중과세율을 적용하겠다는 것입니다.

즉 1세대 1주택자가 1주택을 추가로 취득할 때 그 주택이 조정지역에 있으면 8% 중과세를 한다는 것이나, 다만 일시적 2주택 요건을 충족하면 중과세율을 적용하지 않는다는 것입니다.

만약 1세대 2주택자가 1주택을 추가로 취득하는 경우에는 그 주택이 조정지역이면 12%, 비조정이면 8%로 중과를 한다는 의미입니다.

우선, 주택수를 계산할 때 본인이 소유한 주택수가 아니라 1세대가 보유한 주택수를 기준으로 계산합니다. 따라서 취득세에서 정한 1세대가 무엇인지부터 정확히 파악해야 합니다.

여기서 중요한 것은, 위의 다주택자 중과는 매매로 주택을 취득(유상 승계취득)하는 경우에만 적용된다는 것입니다. 따라서 다음과 같은 무상승계취득과 원시취득 등 원천적으로 적용 대상이 아닙니다. 다만, 증여의 경우는 별도로 중과 규정이 있습니다.

ⓐ 주거용 오피스텔: 4% → 주택법상 주택이 아님

ⓑ 신축주택: 2.8% → 원시취득임

ⓒ 조합원입주권에 의한 주택: 2.8% → 원시취득임

조합원입주권으로 인한 주택 취득은 원시취득이나, 분양권으로 인한 주택 취득은 유상 매매 취득으로 다름에 유의해야 합니다.

취득세가
중과되지 않는 주택

법에서는 투기라고 볼 수 없거나 공공성이 인정되는 주택에 대해서는 보유한 주택수와 무관하게 중과세율을 적용하지 않고 1~3%의 표준세율을 적용하는 주택을 지정하고 있습니다. 중과배제 주택 항목과 배제 사유는 다음 110페이지의 도표를 참고하고, 배제 항목 중 자주 발생하는 경우에 대해 살펴보겠습니다.

시가표준액 1억 이하

주택의 시가표준액, 즉 공시가격이 취득할 당시 1억 원 이하인 경우에는 주택수나 지역에 무관하게 표준세율이 적용됩니다. 공시가격이 1억 원이므로 실제 매매가격은 2억 원으로 주택을 매입했지만, 취득 당시 공시가격이

* 중과배제 주택

No.	항목	배제 사유
1	시가표준액 1억 이하 주택 (재개발·재건축 구역 제외)	투기 대상으로 보기 어려움
2	농어촌주택	
3	국가등록문화재 주택	
4	사원에 대한 임대용 주택	기업 활동 지원
5	가정어린이집	육아시설 공급 장려
6	노인복지주택	복지시설 운영
7	공공매입 임대주택	공공임대주택 공급 지원
8	저당권 실행 주택	정상적 금융업 활동으로 취득
9	환매조건부 취득 주택	
10	공공기관의 멸실 목적 취득 주택	주택공급을 위한 과정
11	주택시공자가 공사대금으로 받은 미분양주택	
12	리모델링 조합의 반대 조합원 매도청구로 취득	

1억 이하라면 취득세를 중과하지 않습니다. 다만, 다음의 재개발 및 재건축 지역에 해당하는 경우에는 중과 제외가 되지 않습니다.

ㄱ '도시 및 주거환경정비법'에 따른 정비구역으로 지정·고시된 지역

ㄴ '빈집 및 소규모주택 정비에 관한 특례법'에 따른 사업시행구역

당초의 취지는 저가주택은 서민이 거주하기 위해 취득할 주택이니 투기와 무관하다고 보아 중과를 배제하였으나, 오히려 다주택자가 취득세 중과세

한 꼭지 더!

 양도소득세의 공시가격 1억 이하 주택

양도소득세 다주택자 중과세율 적용 시 주택수에 제외되는 유사한 조항이 있어 혼동하는 경우가 많아 차이 위주로 살펴보겠습니다.

① 공시가격 3억 이하 + 수도권·광역시·세종시(군·읍·면 제외) 이외의 지역
⇒ 양도소득세를 중과하지 않고, 중과세율 판정 시 주택수에도 제외
- 수도권·광역시·세종시는 양도 당시에 공시가격이 3억 원 이하라도 중과 제외 대상이 아님
② 공시가격 1억 이하
⇒ 1세대 2주택인 경우에만 해당 주택의 양도 시에 중과세율 배제
- 모든 지역에 중과제외 되나, 중과세 판단 주택수가 2주택 이하인 경우 적용. 즉 1세대 3주택의 경우에는 적용되지 않음

☑ 예시

[상황 1]
2주택자가 일반시의 공시가격 1억 이하인 주택을 취득하여 2년 보유 후에 매도하였고, 당시 공시가격이 2억인 경우
⇒ 취득세: 1%, 양도소득세: 기본세율 적용

[상황 2]
2주택자가 광역시의 공시가격 1억 이하인 주택을 취득하여 2년 보유 후에 매도하였고, 당시 공시가격이 2억인 경우
⇒ 취득세: 1%, 양도소득세: 중과세율 적용(3주택자 +30% 가산)

상황 1은 일반시이고, 상황 2는 광역시임에 주의
단, 윤석열 정부의 다주택자 중과세율 한시적 배제 기간에는 중과세율이 적용되지 않음

를 피하기 위한 수단으로 활용되어 지방의 1억 이하 주택에 매수세가 몰려 집값이 급등하는 역효과도 발생하였습니다.

농어촌주택

특정 조건을 충족하는 농어촌주택도 중과를 배제하고 있으며 면적 가액과 지역 요건을 모두 충족해야 합니다.

농어촌주택이므로 지역에 대한 제한이 강한 편인데 서울·경기·인천과 광역시의 군 지역도 농어촌주택에서 제외되고, '국토의 계획 및 이용에 관한 법률'에 따른 도시 지역도 제외되므로 소재지가 지방의 농어촌 지역에 있어야 한다는 것입니다. 물론 고급 전원주택인 경우에도 제외되도록 면적과 건축물 가액도 제한이 있습니다.

취득세 중과배제 농어촌주택 요건

① 면적: 대지면적이 $660\,m^2$ + 건축물의 연면적이 $150\,m^2$ 이내

② 가액: 건축물 시가표준액이 6,500만 원 이내

③ 지역: 다음 지역에 있지 않을 것

가. 광역시에 소속된 군 지역 또는 수도권 지역(강화군, 옹진군은 제외)

나. 도시 지역 및 토지거래허가구역

다. '소득세법' 제104조의 2 제1항에 따라 기재부장관이 지정하는 지역

라. '관광진흥법' 제2조에 따른 관광단지

가정어린이집

아파트 1층 등에 가정어린이집을 운영하는 경우가 있는데, 육아시설 공급을 장려하기 위해 취득세를 중과하지 않습니다. 다만, 정당한 사유 없이 그 취득일부터 1년이 경과할 때까지 가정어린이집으로 사용하지 않거나, 해당 용도로 직접 사용한 기간이 3년 미만인 상태에서 매각 또는 증여하거나 다른 용도로 사용하는 경우에는 추징을 당하게 됩니다.

중과세율 적용 시 주택수 계산

취득하는 주택이 중과배제 주택이 아니라면, 조정지역인지 비조정지역인지 여부와 주택수에 따라 8% 또는 12%의 중과세율이 적용될 수 있습니다.

주택수 포함 대상

중과세율 판단 시 주택수 계산에 포함되는 것은 기존 보유 주택뿐만 아니라 취득하는 주택을 포함하여 계산합니다. 1주택 보유자가 조정지역 내에 1주택을 추가로 취득할 경우 주택수는 2주택으로 8% 중과세율 적용입니다 (일시적 2주택은 제외).

주택에 포함되는 항목 중에는 분양권과 조합원입주권 등 주택의 취득이 아닌 항목도 주택수에는 포함이 됨에 주의해야 합니다.

항목	포함 여부
주택	주택법상의 주택
조합원입주권	20.8.12 이후 취득분
주택 분양권	20.8.12 이후 취득분
주거용 오피스텔	20.8.12 이후 취득분
주택 공유지분	1주택으로 계산
주택 부속토지	1주택으로 계산
공동상속주택	최대 지분보유자 주택으로 봄

조합원입주권과 분양권은 그 자체는 주택이 아니지만, 주택수의 계산 시에는 포함이 되고 주거용 오피스텔도 그 자체를 취득할 때는 중과대상이 아니고 4%의 세율이 적용되지만 주택수에는 포함이 됨에 주의해야 합니다.

다만, 20.7.10 대책의 시행일인 2020년 8월 12일 이후에 취득한 입주권, 분양권, 주거용 오피스텔이 포함되고 그 이전에 취득한 것은 주택수 계산에 서는 제외됩니다.

참고로 주거용 오피스텔의 분양권은 주택 분양권이 아니므로 주택수에 포함되지 않습니다.

① 공유지분의 경우

주택의 일부 지분만 보유한 경우에도 원칙적으로 1주택으로 봅니다. 따라서 매우 작은 지분만 보유한 경우라도 주택수 계산 시는 1주택 보유입니다.

하지만 동일한 세대원이 공동으로 보유하고 있다면 주택수는 1세대 기

준으로 계산하므로 주택수는 늘어나지 않습니다. 즉 부부가 다른 주택의 지분을 50%씩 보유한 경우에는 1세대 2주택이나 동일한 주택의 지분을 나누어 보유한 경우에는 1세대 1주택입니다.

② 주택 부속토지의 경우

주택은 사지 않고 주택의 부속토지만 매매하는 경우는 흔치 않으나, 증여나 상속으로 인해 주택의 부속토지만 보유하게 되는 경우는 종종 있습니다.

이 경우는 주택이 아닌 주택의 부속토지만 보유해도 1주택 보유로 봅니다.

③ 공동상속 주택의 경우

주택, 입주권, 분양권, 주거용 오피스텔을 공동 지분으로 상속받은 경우에는 다음의 순으로 적용되는 상속인이 그 주택 등을 보유한 것으로 보고, 나머지 상속인의 보유 주택수에는 제외됩니다.

ⓐ 지분이 가장 큰 사람

ⓑ 그 주택 또는 오피스텔에 거주하는 사람

ⓒ 나이가 가장 많은 사람

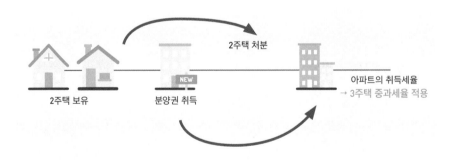

이렇게 쉬운데 왜 부동산 절세를 하지 않았을까

특히 분양권으로 주택을 취득하는 경우에는 그 분양권의 취득일(당첨의 경우 계약일)의 보유 주택수를 기준으로 계산합니다. 예를 들어 기존 2주택 보유자가 아파트 분양권을 취득하고 그 아파트가 완공되기 전에 기존에 보유하던 2주택을 모두 처분한 경우라 할지라도 분양권 주택의 취득세율은 12%(조정지역 3주택) 또는 8%(비조정지역 3주택)가 됩니다.

주택수 제외 대상

중과세율의 주택수 계산 시 별도로 제외되는 경우가 있는데 다음과 같습니다.

No.	항목
1	시가표준액 1억 이하 주택(재개발·재건축 구역 제외)
2	농어촌주택
3	국가등록문화재 주택
4	사원에 대한 임대용 주택
5	가정어린이집
6	노인복지주택
7	공공매입 임대주택
8	공공기관의 멸실 목적 취득 주택
9	주택시공자가 공사대금으로 받은 미분양주택
10	주택 건설업자가 신축한 주택

11	상속으로 취득한 주택, 입주권, 분양권, 오피스텔(상속개시일로부터 5년 이내)
12	시가표준액 1억 이하 주거용오피스텔

위의 1번에서 9번까지는 앞에서 살펴본 중과배제 주택에 해당하는 것으로 주택수에도 동일하게 제외되는 항목들입니다.

여기에 추가로,

① 주택 건설업자가 신축한 주택

이는 신축 후에 분양할 재고에 해당하는 주택이므로 제외합니다.

다만, 임대계약 여부에 불구하고 타인이 거주한 기간이 1년 이상이면 제외됩니다.

② 상속주택

상속을 받은 주택, 입주권, 분양권, 주거용 오피스텔은 상속개시일(사망일)로부터 5년간은 주택수에서 제외됩니다. 이 경우 2020년 8월 12일 이전에 이미 상속을 받은 경우에는 2020년 8월 12일로부터 5년간 제외합니다.

③ 시가표준액 1억 이하 주거용 오피스텔(2020년 8월 12일 이후)

주거용 오피스텔은 2020년 8월 12일 이후에 주택수에 포함됩니다.

다만, 주거용 오피스텔의 경우도 주택과 동일하게 시가표준액 1억 이하라면 제외됩니다.

일시적 2주택 중과배제

1주택자가 1주택을 추가로 취득하는 경우, 신규로 취득하는 주택이 비조정지역이라면 중과대상이 아니나 조정지역인 경우는 취득세가 8%로 중과됨이 원칙입니다. 그러나 다음과 같은 일정한 조건을 만족하면 1~3%의 세율을 적용하도록 하고 있습니다.

① 1세대가 종전주택 등을 보유한 상태에서 조정지역에 신규주택을 취득 후,

② 일시적 2주택 처분기한 이내에 종전주택 등을 처분하면 됩니다.

여기서 '종전주택 등'은 주택뿐만 아니라 입주권, 분양권, 주거용 오피스텔도 포함됨에 주의해야 합니다.

처분기한

원칙적으로 3년입니다. 다만, 신규주택의 취득일에 종전주택과 신규주택이 모두 조정지역인 경우에는 처분기한이 2년으로 단축됩니다.

조정지역 내 일시적 2주택인 경우 당초 처분기한은 1년이었으나 윤석열 정부 출범일인 2022년 5월 10일 이후 취득분부터 2년을 적용하도록 개정되었습니다. 그리고 이미 일시적 2주택인 상태인 경우에는 5월 10일 이후 처분하는 종전주택도 2년의 처분기한이 적용됩니다.

예외적으로 신규주택의 잔금일에는 종전주택이 조정지역이지만 조정지역 고시일 전에 신규주택의 매매계약(분양받은 경우 분양계약)이 체결된 경우

· 취득세 일시적 2주택의 처분기한

종전주택 등	신규주택	처분기한
비조정	조정	3년
조정	조정	2년[1]

1) 계약일에 종전주택 등이 비조정지역인 경우, 3년 적용

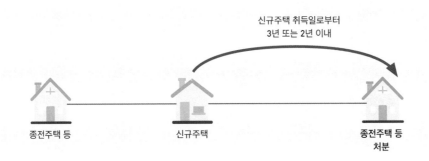

신규주택 취득일로부터
3년 또는 2년 이내

종전주택 등　　　　　　　신규주택　　　　　　　종전주택 등
처분

에는 처분기한을 3년으로 합니다. 단순히 계약서 작성일이 아닌 계약금의 송금 내역이 확인되어야 합니다.

주택이 아닌 입주권 또는 분양권을 보유하다 신규주택을 취득한 경우에는 해당 입주권 또는 분양권에 의한 주택을 취득한 날부터 일시적 2주택 기간을 적용합니다.

분양권, 입주권의 경우

일시적 2주택은 종전주택 등을 먼저 처분하는 게 원칙입니다만, 종전주택 등이 주택이 아닌 분양권이나 입주권인 경우이거나 신규주택이 분양권으로 취득하는 주택인 경우에는 신규주택을 처분 기한 내에 먼저 처분해도 적용이 가능합니다.

결국 이러한 경우에는 종전주택이나 신규주택 중에 선택해서 처분기한 내에 먼저 처분하면 된다는 것으로 선택권을 주겠다는 것입니다.

여기서 신규주택이 입주권의 완공으로 취득한 주택일 경우는 취득 유

● **분양권, 입주권 - 취득세 일시적 2주택**

종전주택 등	신규주택	일시적 2주택 적용
주택	주택	종전 주택을 먼저 처분
분양권, 입주권	주택	㉠ 완공된 종전주택 등을 먼저 처분 or ㉡ 신규주택을 먼저 처분
주택	분양권으로 취득한 주택	㉠ 종전주택을 먼저 처분 or ㉡ 완공된 신규주택을 먼저 처분

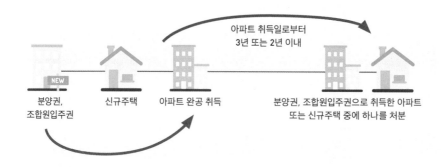

아파트 취득일로부터
3년 또는 2년 이내

분양권,
조합원입주권

신규주택

아파트 완공 취득

분양권, 조합원입주권으로 취득한 아파트
또는 신규주택 중에 하나를 처분

신규주택이 분양권으로 인한 주택

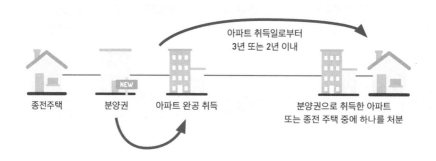

아파트 취득일로부터
3년 또는 2년 이내

종전주택

분양권

아파트 완공 취득

분양권으로 취득한 아파트
또는 종전 주택 중에 하나를 처분

형 자체가 원시취득이므로 중과대상이 아니라는 것에 주의해야 합니다.

재개발·재건축 주택이 종전주택

종전주택이 '도시 및 주거환경정비법'에 따른 관리처분계획의 인가 또는
'빈집 및 소규모주택 정비에 관한 특례법'에 따른 사업시행계획인가를 받은

주택인 경우에도 원칙적으로는 신규주택을 취득하면 종전주택을 기한 내 처분해야 합니다.

여기서 처분은 멸실도 포함하기 때문에 일반적으로 기한 내에 재개발·재건축 대상인 종전주택이 멸실되면 처분된 것이니 일시적 2주택 요건이 충족되지만, 사업이 지연되는 등 불가피하게 멸실이 기한 내에 안 될 수 있습니다.

법에서는 이러한 불이익을 방지하기 위해 이와 같은 경우에는 신규주택을 취득하고 그 주택으로 이주하는 경우에는 그 이주하는 날을 종전주택인 재개발·재건축 주택을 처분한 날로 보고 있습니다.

일시적 2주택 신고 방법

일시적 2주택을 적용받기 위해서는 두 가지 방법이 있습니다.

우선, 주택을 취득할 때 일시적 2주택의 적용을 받아 1~3%의 세율을 적용받고 처분기한 내에 처분하는 것입니다. 이 경우 해당 지자체에서 사후관리를 하게 되어 만약 처분기한을 준수하지 못한 경우에는 중과세 추징을 당하게 됩니다.

문제는 추가로 내야 할 세금이 단순히 중과세율 8%와 기존 납부세액의 차액만 내는 것이 아니고 과소신고가산세 10%와 납부지연가산세를 추가로 납부해야 한다는 것입니다.

만약 처분될지 불확실하여 처분기한의 미준수로 인한 가산세가 걱정되는 경우가 있습니다. 이런 경우는 먼저 8%로 납부하고 이후에 처분기한 내에 처분이 되면, 해당 시·군·구청에 경정청구 등의 환급절차를 통해 차액을 돌려받을 수 있습니다.

따라서 먼저 일시적 2주택 적용으로 표준세율을 적용받고 처분기한을 지키지 못하면 가산세를 낼지, 일단 중과세로 납부하고 추후 처분기한 충족 후에 환급받을지는 본인의 미래 상황을 고려하여 선택하시면 됩니다.

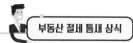

부동산 절세 틈새 상식

양도소득세의 일시적 2주택

양도소득세에도 일시적 2주택 비과세 특례 규정이 있습니다. 처분기한이 3년 또는 2년으로 유사하지만, 양도소득세는 종전주택을 취득하고 1년이 지난 후에 신규주택을 취득한 경우에 적용되나 취득세는 그런 조건이 없다는 점에서 차이가 있습니다.

생애최초 취득세 감면

　무주택자의 주택 구입 부담을 경감하고자 생애최초로 취득하는 경우에는 취득세를 전액 또는 50%를 감면해주는 제도가 있습니다. 다만, 특정한

● **생애최초 취득세 감면요건**

항목	요건
대상자	생애최초로 주택을 구입하는 경우(본인 및 배우자)
소득 기준	본인 및 배우자 합산소득이 7,000만 원 이하
주택가액	수도권 4억 이하, 비수도권 3억 이하
거주요건	① 3개월 이내 실제 거주(전입신고) ② 상시 거주 3년 이상
주택 추가취득	3개월 이내 다른 주택 취득 금지

요건을 충족하는 경우에만 적용이 됩니다.

본인과 배우자가 이전에는 주택을 구입한 적이 없는 생애최초 구입시에만 적용이 되며, 합산소득이 7,000만 원 이하인 경우에만 신청이 가능합니다.

주택의 취득가액이 수도권은 4억, 그 외 지역은 3억 원 이하여야 합니다. 여기서 주택만 그 대상이기 때문에 오피스텔을 취득하는 경우에는 적용 대상이 아닙니다.

감면은 취득가액이 1.5억 이하는 전액 감면, 그 외는 50%의 감면이 적용됩니다. 기한은 2023년 말까지로 정해져 있습니다.

그리고 이미 유주택자인 부모님과 동일세대원이라면 자녀가 1주택 취득 시에 중과세율이 적용될 수 있겠지만, 자녀가 생애최초 주택의 조건이 충족된다면 취득세 중과도 적용되지 않습니다.

예외적으로 생애최초 주택 취득으로 보는 경우

1. 상속으로 주택의 공유지분을 소유하였다가 그 지분을 모두 처분
2. 도시 지역 외 또는 면(수도권은 제외)의 주택으로서 다음 각 목의 어느 하나에 해당하는 주택을 소유한 자가 그 주택 소재 지역에 거주하다가 다른 지역(해당 주택 소재 지역인 특별시·광역시·특별자치시·특별자치도 및 시·군 이외의 지역을 말한다)으로 이주(감면대상 주택 취득일 전에 종전주택을 처분했거나 취득일부터 3개월 이내에 처분한 경우)

   가. 사용 승인 후 20년 이상 경과된 단독주택

   나. 85㎡ 이하인 단독주택

   다. 상속으로 취득한 주택

3. 전용면적 20㎡ 이하인 주택을 소유하고 있거나 처분한 경우(전용면적 20㎡ 이하 주택을 둘 이상 소유했거나 소유한 경우 제외)

이렇게 쉬운데 왜 부동산 절세를 하지 않았을까

4. 시가표준액이 100만 원 이하인 주택을 소유하고 있거나 처분한 경우

사후 추징

실제 거주 목적인 주택만 대상이고, 전세나 임대를 주기 위한 것은 인정되지 않기 때문에 3개월 이내 전입하여 거주해야 하고 상시 거주기간이 3년 이상을 충족해야 합니다. 만약 그 전에 주택을 처분하거나 증여(배우자는 가능) 또는 임대를 주면 안 됩니다.

다만, 다음과 같은 경우에는 3개월 이내 전입이 지연되는 정당한 사유가 있다고 보아서 예외로 인정을 해줍니다.

㉠ 기존에 살던 사람의 퇴거가 지연되는 경우로 이사를 하고 싶어도 할 수가 없는 경우입니다. 이 경우 법원에 해당 주택의 인도명령을 신청하거나 인도소송을 제기한 경우에만 인정됩니다.

㉡ 본인이 전월세를 살고 있었고 임대차기간도 종료되었는데 집주인이 보증금을 돌려주지 않아 주소를 유지하는 경우입니다. 단, 전세권 등을 설정해 놓은 경우에는 적용이 안 됩니다.

또한 취득 후 3개월 이내 상속 외에는 다른 주택을 취득해도 안 됩니다. 이러한 요건을 지키지 않은 경우에는 사후적으로 추징을 당하게 됩니다.

주택 증여와
상속 취득 시

증여는 3.5%, 상속은 2.8%의 세율이 적용됩니다. 다만, 적용할 금액은 시가가 아닌 시가표준액이 된다는 것과 증여의 경우는 2023년부터 시가인정액으로 개정 적용되어 취득세가 올라간다는 것은 앞서 살펴보았습니다.

증여 중과세율

상속의 경우 중과세율이 없으나, 증여는 중과세율이 적용되는 경우가 있습니다. 취지는 다주택자에 대한 보유와 양도에 대한 세부담이 강화되자 자녀에게 증여를 하는 경우가 증가되어 20.7.10 대책으로 나온 것입니다.

중과세율이 적용되는 경우는 조정대상지역에 시가표준액 3억 원 이상인 주택만 해당합니다. 중과세율은 12%를 적용합니다. 다만, 예외가 있는데

1세대 1주택자로부터 배우자나 직계존비속이 증여를 받는 경우는 중과세율을 적용하지 않습니다.

간혹 이 부분을 혼동하시는 경우가 있는데, 1세대 1주택자가 증여를 받는 경우가 아니고 증여를 해주는 자가 1세대 1주택자인 경우에만 중과세율 적용을 배제해주고 증여를 받는 사람의 주택수와는 무관합니다.

상속 감면

상속주택의 경우에도 감면 규정이 있습니다.

무주택인 1가구가 상속을 받아 1가구 1주택이 된 경우에는 취득세율을 2.8%세율이 아닌 0.8%의 취득세율을 적용합니다. 여기서 1가구란 상속인(상속받은 사람)과 주민등록표에 함께 등재된 가족을 의미하며, 등재되어 있지 않더라도 배우자와 상속인의 30세 미만의 자녀와 상속인이 30세 미만인 경우 직계존속을 포함합니다.

공동상속의 경우, 지분이 가장 큰 사람을 주택 소유자로 보나 지분이 동일하면 그 주택에 거주하는 사람과 나이가 많은 순으로 소유자를 정합니다.

부가세를 포함한 취득세율

취득세의 경우 부가되는 세금으로 지방교육세와 농어촌특별세(85㎡ 초과 시)가 있습니다. 이를 포함한 전체 취득세율을 정리해보면 다음과 같습니다.

☑ 주택 취득세율표

1-1) 유상취득 표준세율

과세표준	85㎡ 이하	85㎡ 초과	비고
6억 원 이하	1.1%	1.3%	- 85㎡ 초과 시 농어촌특별세 0.2% 추가
6억~9억 원	1.111~3.289%	1.311~3.489%	
9억 원 초과	3.3%	3.5%	

1-2) 유상취득 중과세율

구분	1주택	2주택	3주택	4주택 이상
조정지역	표준세율	8.4~9.0%	12.4~13.4%	12.4~13.4%
비조정지역	표준세율	표준세율	8.4~9.0%	12.4~13.4%

* 농특세: 8%인 경우, 0.6% 적용 및 12%인 경우, 1% 적용

2) 무상 취득세율

구분		85㎡ 이하	85㎡ 초과	비고
상속	일반	2.96%	3.16%	- 85㎡ 초과 시 농어촌특별세 0.2% 추가
증여	일반	3.8%	4.0%	
	중과	12.4%	13.4%	

* 상속 특례세율 적용 시 0.96%(0.8% + 지방교육세 0.16%) 적용됨

취득세 절세 비법

취득세의 계산은 '과세표준 × 세율'의 단순한 구조입니다. 따라서 취득세의 절세는 크게 두 가지로 과세표준을 가능한 적은 금액을 적용받는 것과 적용 세율을 최대한 낮게 적용받는 것입니다.

주택, 토지의 시가표준액 고시 전에 증여

매매로 인한 과세표준은 실제 거래금액을 기준으로 하기 때문에 연중에 언제 취득을 하든지 취득세의 차이가 없으나, 증여와 상속의 경우에는 시가표준액을 기준으로 하고 있습니다.

따라서 주택의 시가표준액인 공시가격은 4월 말 토지의 시가표준액인 공시지가가 5월 말에 고시되므로 그 이전에 증여를 하는 것이 유리합니다.

물론 새로운 공시가격이 작년보다 상승하는 경우입니다.

참고로 증여로 인한 취득일은 증여계약일이 되며, 부동산의 증여계약서는 관할 시·군·구청에 검인을 받아 등기 시 제출해야 합니다.

단, 2023년 이후부터는 증여로 인한 취득 시 과세표준은 시가인정액이 우선 적용되므로 시가인정액 중 하나인 매매사례가액이 적용될 여지가 높은 아파트 등은 공시가격의 의미가 없어지게 됩니다. 물론 시가인정액 적용이 어려울 토지나 단독주택 등은 여전히 유효할 것입니다.

2023년 이전에 증여

2023년부터 증여로 인한 취득 시 과세표준에 적용될 시가인정액은 취득일 이전 6개월에서 취득일 이후 3개월 이내의 기간에 매매·감정·경매 또는 공매가액이 있는 경우 해당 가액을 의미합니다.

따라서 비교적 유사매매사례의 적용이 용이한 아파트 등의 공동주택은 과거보다 증여로 인한 취득세가 대폭 올라갈 가능성이 높습니다. 따라서 조만간 증여할 계획이라면 시점을 앞당겨 2023년 이전에 증여를 하는 것이 취득세를 절감할 수 있습니다.

취득세 감면 규정의 활용

주택의 취득 시에 표준세율보다 낮은 취득세율을 적용받는 방법으로, 취득세 감면 규정을 활용해볼 수 있습니다.

상속주택 감면의 경우, 무주택인 1가구가 상속을 받아 1가구 1주택이 된 경우로 제한하고 있습니다. 따라서 상속인들이 상속재산을 배분할 때, 무주택자인 상속인이 있다면 우선적으로 상속받는 것이 취득세 측면에서는 유리합니다.

등록임대주택의 경우, 취득세 감면 조항이 있으나 매매나 증여 등으로 취득한 경우가 아닌 최초 분양 시에만 적용이 되고 면적과 가액 요건이 있어 적용 대상이 제한되어 있습니다(6장 참고).

생애최초 취득세 감면의 경우, 소득 및 가액 기준 등으로 대상자가 제한되어 있으니 감면대상인지 조건을 따져보고 사후추징에 해당하지 않도록 주의가 필요하겠습니다. 윤석열 정부는 생애최초 취득세 감면을 확대할 것을 국정과제로 제시한 바가 있어 개정 진행을 지켜보아야 할 것입니다.

중과 피하기, 표준세율 적용

주택의 경우에는 일반 건축물 등에 적용되는 4%가 아닌 1~3%의 낮은 세율이 적용되지만, 다주택자의 경우에는 8%와 12%의 중과세율이 적용됩니다.

따라서 중과세율이 적용되는지 여부를 따져보고 주택 매입 결정을 해야 합니다. 간혹 주택수 계산을 잘못하여 표준세율인 줄 알았다가 중과세율이 적용되어 당황하시는 경우가 있습니다. 대표적으로 지자체에 등록된 민간임대주택의 경우 종합부동산세는 과세제외 및 주택수 제외되나 취득세에는 주택수에도 포함되고 중과 제외 대상도 아닙니다. 간혹 주택수에 제외되는 줄 알고 착각하고 있다가 다른 주택의 취득 시 취득세 폭탄을 맞으시는 경우

도 있습니다.

중과세율 적용을 받지 않기 위해 주택수를 정확히 계산하는 것도 중요하고 조정대상지역 내 2주택인 경우 일시적 2주택이 적용될 수 있도록 향후 매도 계획을 잡고 취득해야 합니다.

또한 주택수 제외나 중과배제 대상인 주택들 중에 시가표준액 1억 원 이하는 주택수 제외와 중과배제도 되니 취득세 측면에서는 부담이 없는 편입니다. 단, 지역에 따라 양도소득세는 중과가 될 수도 있는 점은 유의해야 한다는 것과 단순 투자 목적이면 지방의 시가표준액 1억 이하 주택은 이미 많이 상승한 점도 고려해야 합니다.

입주권, 주거용 오피스텔 활용

주택이나 분양권의 유상취득은 중과세율 적용 대상입니다. 그러나 원시 취득에 해당하는 입주권은 취득세 중과대상이 아닌 점(2.8%)을 활용하면 취득세를 절감할 수 있습니다. 동일하게 신축 아파트에 입주하더라도 분양권인지 입주권인지에 따라 취득세가 달라진다는 점에 유의해야 합니다.

그리고 주택의 취득에 해당하지 않는 주거용 오피스텔의 경우도 중과세율이 적용되지 않고 4%의 세율이 적용됩니다. 이미 다주택자라서 추가 주택 매입 시 취득세가 8%나 12%가 적용되는 경우라면, 중과세율이 적용되지 않는 입주권이나 주거용 오피스텔의 매입을 대신 고려해볼 만합니다. 단, 주거용 오피스텔은 분양권 상태에서는 주택수에 포함되지 않으나, 주거용 오피스텔이 완공 후 주거용으로 사용되는 경우에는 주택수에 포함됨에 유의해야 합니다.

부담부증여를 고려

부담부증여는 주택을 증여 받을 때 전세나 담보대출이 있는 경우에 해당 채무를 증여를 받는 자가 인수하는 조건으로 하는 증여를 말합니다. 이때 채무 인수금액은 증여가 아닌 양도로 보고 양도소득세 과세 대상이 되고, 전체 주택평가금액 중에 채무를 제외한 부분만 증여로 보아 증여세 과세 대상이 됩니다(8장 '채무인수 부담부증여' 참고).

취득세의 경우도 동일하게 양도로 보는 채무인수 부분은 유상매매로 인한 취득세율(1~3% 또는 8%, 12%)이 적용되고, 증여로 보는 부분은 증여 취득세율(3.5% 또는 12%)이 적용됩니다.

즉 전체를 순수증여 방식으로 하는 경우 3.5%나 12%가 적용되는 데 반해 부담부증여로 하면 채무 부분은 1~3%가 적용되도록 낮출 수 있고, 양도 중과세율 8%가 적용되더라도 증여 중과세율보다는 낮은 취득세가 적용됩니다.

예를 들어 공시가격 6억 원인 주택을 자녀에게 증여하는 경우,

부채 인수 없이 순수증여 시
① 일반세율 대상인 경우: 2,100만 원(3.5%)
② 중과세율 대상인 경우: 7,200만 원(12%)

담보대출 3억 원 인수 부담부증여 시(수증자가 다주택자 아닌 경우)
• 양도분 3억 원 1% 적용: 300만 원
• 증여분 3억 원
① 일반세율 대상인 경우: 1,050만 원(3.5%)

② 중과세율 대상인 경우: 3,600만 원(12%)

부담부증여 시에 취득세가 대폭 낮아짐을 알 수 있습니다. 단, 취득세는 채무를 인수하는 경우에는 인수자의 소득증명이 증빙으로 확인되는 경우에만 인정되는 점에 주의해야 합니다.

1. 주택의 취득세에 대한 설명 중 옳지 않은 것은?

① 매매로 취득하는 경우, 실제 거래가액을 과세표준으로 적용한다.

② 부동산은 4% 세율을 적용하나, 주택은 특례세율로 1~3%이다.

③ 증여로 취득하는 경우에도 중과세율이 적용될 수 있다.

④ 상속으로 취득 시 상속개시일로부터 60일 이내에 신고납부해야 한다.

⑤ 주택의 취득일자는 매매인지, 증여와 상속인지 등에 따라 다르다.

2. 취득세의 1세대에 대한 설명 중 옳지 않은 것은?

① 배우자는 동일 주소에 전입되지 않더라도 동일세대이다.

② 미혼인 30세 미만의 자녀는 무조건 동일세대이다.

③ 취득 당시 만 65세 이상인 부모와 동거 중인 경우, 별도세대로 본다.

④ 취득세의 동거봉양합가와 양도소득세의 동거봉양합가는 다르다.

⑤ 주택을 취득하고 60일 이내 전입하는 경우, 별도세대로 본다.

3. 취득세의 세율에 대한 설명 중 옳지 않은 것은?

① 보유 주택수를 계산할 때 1세대를 기준으로 판단한다.

② 취득하는 주택이 조정대상지역이 아니면 중과세율이 적용되지 않는다.

③ 1세대 2주택인 경우, 조정대상지역이면 8%의 중과세율이 적용된다.

④ 조정지역이라도 일시적 2주택의 요건을 충족하면 중과되지 않는다.

⑤ 주거용 오피스텔은 보유 주택수와 무관하게 4%의 세율이 적용된다.

4. 취득세의 중과세율 적용에 대한 설명 중 옳은 것은?

① 취득 당시 시가표준액 1억 원 이하인 주택은 무조건 중과세율이 배제된다.

② 중과배제되는 1억 원 이하 주택은 다른 주택 취득 시 주택수에서 제외된다.

③ 일시적 2주택 처분기한 미준수 시 8%와의 차액만 납부하면 된다.

④ 조합원입주권과 분양권은 취득 시기와 무관하게 주택수에 포함된다.

⑤ 주택의 부속토지만 보유한 경우에는 주택수에 포함되지 않는다.

이렇게 쉬운데 왜 부동산 절세를 하지 않았을까

5. 취득세의 일시적 2주택에 대한 설명 중 옳은 것은?

① 취득세의 일시적 2주택은 양도소득세의 일시적 2주택과 동일하다.

② 비조정지역에 주택을 취득하는 경우에도 일시적 2주택이 적용된다.

③ 신규주택이나 종전주택의 계약 시점에 비조정지역이면 처분기한은 3년이다.

④ 종전주택 등이 분양권이라도 신규주택 취득 후 분양권을 3년 이내에 처분하는 경우에만 일시적 2주택이 적용된다.

⑤ 신규주택을 조합원입주권으로 취득하는 경우에도 일시적 2주택이 적용된다.

6. 증여로 인한 취득 시 과세표준을 시가표준액으로 적용하고 있으나, 2023년부터는 취득일 이전 6개월에서 취득일 이후 3개월 이내의 기간에 매매·감정·경매 또는 공매가액이 있는 경우 해당 가액을 적용하게 되는데 이를 _____ 이라고 한다.

정답 : 1. ① 2. ② 3. ② 4. ② 5. ③ 6. 시가인정액

4장

부동산 팔 때 세금 아끼는 법

양도소득세의 기본구조

양도소득세 과세 대상

양도소득세는 특정한 자산을 매매하여 발생한 차익에 대해 부과하는 세금입니다. 모든 자산이 대상이 아니고, 법에서 정한 토지·건물·부동산에 관한 권리, 주식·기타자산·파생상품·신탁이익을 받을 권리로 한정하고 있습니다. 예를 들어 비트코인 등 가상자산이 처음 등장했을 때 양도소득세 과세 대상에 열거되지 않았고 다른 세법의 과세 대상에도 열거되지 않아 차익에 대해 세금을 부과하지 못했습니다.

결국 세법 개정을 통해 양도소득이 아닌 기타소득으로 분류하여 과세를 하기로 결정되었습니다. 여기서 알 수 있는 것은 매매차익이 발생했지만, 열거되어 있지 않은 자산은 세금을 매길 수 없다는 것입니다.

부동산인 토지, 건물과 부동산을 취득할 수 있는 권리인 분양권과 입주

○ **양도소득세 계산구조**

산식	항목	비고
	양도가액	실제거래가액
(-)	취득가액	실제거래가액(미확인 시 사례가액 → 감정가액 → 환산가액) 취득세, 기타 부대비용
(-)	필요경비	자본적 지출, 양도비용 등
=	양도차익	
(-)	장기보유특별공제	보유기간 3년 이상(최대 30%, 1세대 1주택은 80%)
=	양도소득금액	
(-)	양도소득기본공제	연간 250만 원
=	과세표준	
(×)	세율	기본세율(6~45%) 또는 중과세율
=	산출세액	
(-)	세액공제·감면	전자신고세액공제, 외국납부세액공제, 조특법 감면 등
(+)	가산세	신고, 납부 등에 대한 가산세
=	납부세액	

권은 과세 대상으로 열거되어 있기 때문에 양도소득세가 과세되는 것입니다.

(1) 양도차익의 계산

우선, 양도차익을 계산해야 합니다. 각 항목별로 살펴보겠습니다.

1) 양도가액: 실제로 양도한 가액입니다.

이렇게 쉬운데 왜 부동산 절세를 하지 않았을까

2) 취득가액: 매입가액에 취득세와 기타부대비용을 더한 것입니다.

① 매입가액: 실제로 매입한 금액입니다.

② 취득세

매입에 발생한 취득세로, 2011년 취득세와 등록세의 통합 전에 발생한 등록세도 포함됩니다. 취등록세의 경우에는 납부영수증이 없어도 기타 증빙으로 납부 금액이 확인되면 인정됩니다.

③ 기타 부대비용

매입 과정에서 발생한 부대비용으로 일반적으로 부동산 중개수수료와 등기를 위한 법무사 수수료 등입니다.

부동산 실거래가 신고가 도입된 2006년 이전에 매입했는데, 너무 오래되어 매입 계약서나 어떠한 증빙도 찾을 수가 없는 경우가 종종 있습니다. 이런 경우에는 매매사례가액, 감정가액, 환산가액의 순으로 적용하고 필요경비도 실제 비용이 아닌 취득 당시 기준시가의 3%를 적용하게 됩니다.

3) 필요경비

① 자본적 지출

용어가 어려울 수 있으나, 주택을 보유하면서 발생한 비용 중에 용도변경, 냉난방장치 설치, 개량, 확장, 증설 등 이와 유사한 지출로 가치를 증가시키거나 내용연수를 연장하는 지출이 자본적 지출에 해당합니다.

이와 반대로 원상회복이나 현상유지를 위한 지출은 수익적 지출이라고 부르고 필요경비에 포함되지 않습니다. 구체적인 예시는 다음과 같습니다.

● 자본적 지출 vs. 수익적 지출

구분	자본적 지출	수익적 지출
예시	1) 베란다 샷시 2) 홈오토 설치비 3) 건물 난방교체 4) 방, 거실 확장 5) 내부시설개량공사비 6) 보일러 교체	1) 벽지, 장판 2) 싱크대, 주방기구 3) 외벽 도색 4) 문짝·조명 교체 5) 보일러 수리 6) 옥상 방수공사 7) 하수도관 교체 8) 오수정화조 교체 9) 타일변기 공사 10) 파손 유리·기와 교체

② 양도비용 등

주택을 양도하는 과정에서 발생한 비용으로 부동산 중개수수료, 세무사 신고대행 수수료 등이 이에 해당합니다.

(2) 장기보유특별공제

보유기간이 3년 이상인 경우에는 양도차익의 일정 비율을 공제해주는데 이를 장기보유특별공제라고 합니다. 대상은 토지, 건물과 기존에 보유 중이던 주택이 재개발된 원조합원입주권도 포함됩니다. 다만, 다주택자가 조정대상지역 주택을 양도하여 중과세율이 적용된 경우는 공제를 해주지 않고 미등기하고 양도한 경우도 대상에서 제외됩니다.

윤석열 정부 출범 이후 1년간 한시적으로 중과세율 적용이 배제됨에 따라, 장기보유특별공제도 적용이 가능하게 되었습니다.

공제율은 일반적인 경우에는 보유기간에 따라 최대 30%를 적용하나, 1세대 1주택이고 보유기간 중 거주기간이 2년 이상인 경우에는 최대 80%를

이렇게 쉬운데 왜 부동산 절세를 하지 않았을까

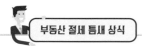

지출 증빙

자본적 지출과 중개수수료 등을 인정받기 위해서는 적격 증빙인 신용카드 매출전표, 현금영수증, 세금계산서, 계산서를 수취하여 보관해야 합니다. 하지만 이를 종종 분실하는 경우가 있는데 이러한 경우에는 실제 지출 사실이 금융거래 증빙(계좌이체 내역)으로 확인되면 필요경비 인정이 가능합니다. 예를 들어 부동산 중개수수료를 지급하고 받은 적격 증빙을 분실한 경우라도 은행 이체 내역이 있고 중개수수료 지급액에 대한 근거 문서가 있다면 인정됩니다.

다만, 자본적 지출의 경우에는 지출 시점에 따라 개정 전의 규정이 적용되니 주의가 필요합니다.

㉠ 2016년 2월 17일 이전의 지출분
적격 증빙이나 이체 내역이 없어도 공사대금 내역서, 견적서, 계약서 등으로 확인이 되어도 인정됩니다.

㉡ 2016년 2월 17일~2018년 2월 12의 지출분
계좌이체 내역은 인정되지 않고, 적격 증빙을 수취한 경우에만 인정됩니다.

㉢ 2018년 2월 13일~현재
적격 증빙을 수취한 경우와 계좌이체 내역으로 지출 사실이 확인되는 경우에는 인정됩니다.

적용하게 됩니다. 다만, 최대 80%의 계산은 보유기간과 거주기간에 따른 공제율을 각각 최대한도 40% 이내의 비율을 계산하여 합산하는 방식을 적용하고 있습니다.

여기서 1세대 1주택은 일시적 2주택 등 1세대 2주택이지만 1주택으로

◦ 일반적인 경우

보유기간	3년	4년	5년	6년	7년	8년	9년	10년	11년	12년	13년	14년	15년
공제율	6%	8%	10%	12%	14%	16%	18%	20%	22%	24%	26%	28%	30%

◦ 1세대 1주택인 경우

구분		보유기간							
		3년	4년	5년	6년	7년	8년	9년	10년
거주기간	2년	20%	24%	28%	32%	36%	40%	44%	48%
	3년	24%	28%	32%	36%	40%	44%	48%	52%
	4년		32%	36%	40%	44%	48%	52%	56%
	5년			40%	44%	48%	52%	56%	60%
	6년				48%	52%	56%	60%	64%
	7년					56%	60%	64%	68%
	8년						64%	68%	72%
	9년							72%	76%
	10년								80%

보는 경우에도 적용되는 것입니다. 또한 1세대 1주택이면 비과세가 되지 않는 경우에도 장기보유특별공제 80% 표가 적용됩니다.

상속의 경우에는 상속개시일(사망일)부터 보유기간을 계산하게 되며 이는 세율 적용 시 피상속인(사망자)의 취득일로부터 계산하는 것과 차이가 있습니다. 예를 들어 5년간 보유한 주택을 상속받고 1년 후에 양도하는 경우에

세율은 6년간 보유기간이므로 단기 세율 60%를 적용하지 않고 기본세율이 적용되나 장기보유특별공제는 보유기간 1년으로 공제액은 없습니다.

(3) 양도소득기본공제

장기보유특별공제를 차감하여 양도소득금액이 계산되면, 여기에 연간 1회 250만 원의 양도소득기본공제를 차감해줍니다. 1년에 2건 이상의 주택을 양도한 경우에는 양도세 감면이 적용되는 경우가 아니면 먼저 판 주택에 공제금액이 적용됩니다. 이때 연간 1회는 자산 그룹별로 적용하는데 토지, 건물, 부동산에 관한 권리, 기타자산은 동일한 그룹이라 이들 중에 먼저 처분한 것에 대해 기본공제 250만 원이 적용되고 나중에 처분한 것은 적용이 안 됩니다.

만약 해외주식의 매매로 인한 양도차익이 있다면, 이는 부동산 등과 다른 자산 그룹이므로 별도로 250만 원의 기본공제가 적용됩니다.

(4) 세율

양도소득금액에 기본공제 250만 원을 차감하면, 과세표준이 계산되고 여기에 세율을 적용하여 산출세액을 계산하게 됩니다.

주택과 조합원입주권 그리고 분양권의 세율은 보유기간이 2년 이내인 단기매매의 경우에는 60%, 70%의 높은 단일세율을 적용하고, 2년 이상인 경우 기본세율을 적용합니다. 그러나 분양권은 2년 이상이라도 60% 세율이 적용됨에 유의해야 합니다. 그리고 양도세의 10%를 주민세로 부과함에 따라 실제 부담세율은 1.1을 곱한 세율이 됩니다.

기본세율의 구조는 종합소득세에 적용되는 세율과 동일하며, 각 구간별로 세율을 적용한 금액을 더하고 세율은 점점 올라가는 누진세율 구조로 되

◦ **부동산 양도세율**

보유기간	주택, 조합원입주권	분양권
1년 미만	70%	70%
1~2년	60%	60%
2년 이상	기본세율	60%

어 있습니다. 따라서 산출된 과세표준에 세율을 곱하고 누진공제액을 차감하여 계산합니다.

　다주택자가 조정대상지역의 주택을 양도하는 경우에는 2주택은 기본세율에 20%를 세율 가산하고 3주택 이상은 기본세율에 30%를 가산하도록 되어 있습니다.

◦ **기본세율과 중과세율**

과세표준	기본세율	2주택 중과세율	3주택 이상 중과세율	누진공제액
1,200만 원 이하	6%	26%	36%	-
1,200만~4,600만 원	15%	35%	45%	108만 원
4,600만~8,800만 원	24%	44%	54%	522만 원
8,800만~1.5억 원	35%	55%	65%	1,490만 원
1.5억~3억 원	38%	58%	68%	1,940만 원
3억~5억 원	40%	60%	70%	2,540만 원
5억~10억 원	42%	62%	72%	3,540만 원
10억 원 초과	45%	65%	75%	6,540만 원

만약 다주택자가 조정대상지역의 주택을 2년 이내 양도하는 경우에는 단기세율이 중과세율보다 낮으면 둘 중에 부담이 더 큰 것을 적용합니다.

산출세액 계산 예시

사례 1 기본세율 적용 사례
- 2주택자의 비조정지역의 보유기간 10년인 1주택 양도로 양도차익 3억 원

산식	항목	금액
	양도차익	30,000만 원
(-)	장기보유특별공제	30,000만 원 × 20% = 6,000만 원
=	양도소득금액	24,000만 원
(-)	양도소득기본공제	250만 원
=	과세표준	23,750만 원
(×)	세율	23,750만 원 × 38% - 1,940만 원
=	산출세액	7,085만 원

사례 2 중과세율 적용 사례
- 2주택자의 조정지역의 보유기간 10년인 1주택 양도로 양도차익 3억 원 다주택자의 조정대상지역 양도로 20% 중과세율이 적용되고 장기보유

산식	항목	금액
	양도차익	30,000만 원
(-)	장기보유특별공제	-
=	양도소득금액	30,000만 원
(-)	양도소득기본공제	250만 원
=	과세표준	29,750만 원
(×)	세율	29,750만 원 × 58% - 1,940만 원
=	산출세액	15,315만 원

특별공제가 배제되었습니다.

사례 3 조정대상지역 단기매매 사례

- 사례 2와 동일하나, 보유기간이 1~2년인 경우

㉠과 ㉡ 중에 큰 금액을 적용하므로 17,850만 원

㉠ 단기세율 적용 시: 29,750만 원 × 60% = 17,850만 원

㉡ 중과세율 적용 시: 15,315만 원

양도소득세의 신고와 납부

양도소득세 신고는 예정신고와 확정신고로 나누어지는데, 예정신고는 양도 발생 시 해야 하고 1년에 2건 이상의 양도가 발생한 경우에는 상황에 따라 별도의 확정신고를 해야 합니다.

신고납부는 양도자의 주민등록상의 주소지를 관할하는 세무서에 해야 합니다. 방식은 직접 방문, 우편뿐만 아니라 인터넷의 홈택스를 통해 전자신고를 해도 됩니다. 취득세는 지방세라 부동산이 소재하는 시·군·구청에 신고납부해야 하는 것과 다름에 주의해야 합니다.

예정신고 및 납부

부동산의 양도일이 속하는 달의 말일로부터 2개월 이내에 신고해야 합

니다. 예를 들어 3월 15일에 주택을 양도했다면 5월 말까지 예정신고를 해야 합니다. 만약 매매 손실이 발생하여 내야 할 세금이 없는 경우에도 예정신고를 해야 합니다.

납부기한도 신고기한과 동일하나, 납부세액이 1,000만 원을 초과하는 경우에는 2회로 분납이 가능합니다. 분납은 당초 기한보다 2개월 후로 가능하며 분납할 수 있는 금액은 납부세액에 따라서 다음과 같이 달라집니다.

㉠ 납부세액이 1,000만~2,000만 원: 1,000만 원 초과액

㉡ 납부세액이 2,000만 원 초과 시: 납부세액의 50%

분납은 별도의 신청서를 제출하는 것이 아니라 신고서에 분납할 금액을 기입하면 됩니다. 그리고 분납하는 금액에 대해 별도로 이자가 붙지 않으니 분납 대상이면 신청하는 것이 유리합니다.

분납 예시

① 양도일 3월 15일, 납부세액이 1,400만 원

⇒ 1차 납부: 5월 31일 1,000만 원, 2차 납부: 7월 31일 400만 원

② 양도일 3월 15일, 납부세액이 2,400만 원

⇒ 1차 납부: 5월 31일 1,200만 원, 2차 납부: 7월 31일 1,200만 원

확정신고 및 납부

양도소득세 과세기간은 1년 단위입니다. 따라서 1년간 1건만 양도하고 예정신고를 했다면, 확정신고를 할 필요가 없지만 2건 이상을 양도하였고 다

음의 경우 중 하나에 해당하면 다음 연도 5월 1일부터 5월 31일까지 확정신고를 해야 합니다.

① 누진세율 적용 부동산을 2회 이상 양도하고 예정신고 시 합산 신고 하지 않은 경우로, 합산신고 시에 세액이 달라지는 경우

합산신고 사례 1년 중에 주택과 상가를 양도한 경우

동일한 누진세율의 적용 자산의 양도소득금액은 합산하여 누진세율 적용을 한다는 취지입니다.

산식	항목	예정신고		확정신고
		주택(6월)	상가(9월)	
	양도소득금액	20,000만 원	5,000만 원	25,000만 원
(-)	양도소득기본공제	(-) 250만 원	-	(-) 250만 원
=	과세표준	19,750만 원	5,000만 원	24,750만 원
(×)	세율	38% 기본세율	24% 기본세율	38% 기본세율
=	산출세액	5,565만 원	678만 원	7,465만 원

주택과 상가의 양도소득금액을 합산하여 누진세율을 적용한 금액이 더 큰 경우가 되므로 확정신고를 해야 하고 1,222만 원을 추가 납부해야 합니다.

* 확정신고 시 추가 납부할 세액 = 7,465 − (5,565 + 678) = 1,222만 원

② 비교 산출세액 결과 납부할 세액이 달라지는 경우

비교과세 사례 1년 중에 중과세율과 기본세율 대상을 양도한 경우

비교산출세액은 다른 세율이 적용되는 자산을 양도한 경우, 최소한 양도소득금액을 합하여 기본 누진세율을 적용한 금액보다는 많이 내야 한다는 취지입니다.

산식	항목	예정신고		확정신고
		주택(6월)	주택(9월)	
	양도소득금액	4,000만 원	15,000만 원	19,000만 원
(-)	양도소득기본공제	(-) 250만 원	-	(-) 250만 원
=	과세표준	3,750만 원	15,000만 원	18,750만 원
(×)	세율	2주택 중과세율 35%	기본세율 35%	기본세율 38%
=	산출세액	1,204만 원	3,760만 원	5,185만 원

예정신고 시 납부한 양도소득세보다 합산한 양도소득금액에 누진세율을 적용한 금액이 더 큰 경우로 확정신고를 해야 하고 221만 원을 추가로 납부해야 합니다.

* 확정신고 시 추가 납부할 세액 = 5,185 − (1,204 + 3,760) = 221만 원

③ 감면대상 주택이 있는 경우(기본공제 적용 순서로 세액이 달라지는
　　경우)

감면대상이 있는 경우, 감면 외의 주택부터 양도소득기본공제를 적용하도록 되어 있는데, 이에 따라 공제 순서가 변경되어 세액이 달라지면 확정신고를 해야 합니다.

양도차손익의 통산

부동산을 처분하여 손실이 나는 경우가 있을 수 있는데, 이때 다음의 동일한 자산유형 그룹에 해당하면 그룹 내에서 통산이 됩니다.

① 유형 1: 토지, 건물, 부동산에 관한 권리, 기타자산

② 유형 2: 주식

③ 유형 3: 파생상품

④ 유형 4: 신탁수익권 소득

즉 동일한 연도에 토지 매매로 손실이 발생하였으면 주택의 양도차익과 통산하여 세금이 줄어들게 되나, 만약 해외주식에서 손실이 났다고 하여 주택의 양도차익과 통산해주지는 않습니다.

◦ 양도차손익 통산 예시

산식	항목	예정신고		확정신고
		주택(6월)	토지(9월)	
	양도차익(차손)	20,000만 원	(-) 5,000만 원	15,000만 원
(-)	장기보유특별공제	-	-	-
=	양도소득금액	20,000만 원	-	15,000만 원
(-)	양도소득기본공제	(-) 250만 원	-	(-) 250만 원
=	과세표준	19,750만 원	-	14,750만 원
(×)	세율	38% 기본세율		35% 기본세율
=	산출세액	5,565만 원		3,672만 원

그리고 그 손실은 차년도로 이월도 되지 않고 당해 연도의 양도차익과 통산만 가능합니다.

토지의 양도차손을 동일 자산그룹인 주택의 양도차익과 통산하여 결과적으로 1,893만 원의 양도소득세를 환급받게 됩니다.

추가적으로 동일자산 유형 1에는 기타자산에 해당하는 골프, 콘도 회원권도 포함되는데, 만약 회원권 등에서 양도손실이 발생했다면 주택 양도차익과 통산하여 세금을 절감할 수 있습니다.

양도소득세의 1세대

　　보유 주택수를 계산할 때는 주택을 양도한 1인을 기준으로 하지 않고 그 사람이 속한 1세대를 기준으로 주택수를 산정합니다. 따라서 1세대의 범위가 어디까지 인지를 정확하게 아는 것이 양도소득세 절세의 출발점입니다.

　　1세대는 소득세법에서 '거주자 및 배우자가 그들과 같은 주소 또는 거소에서 생계를 같이하는 자와 함께 구성하는 가족 단위를 의미하며, 거주자 및 배우자의 직계존비속(직계존비속의 배우자 포함) 및 형제자매'라고 정의하고 있습니다. 그리고 동일세대에 속한 자가 취학, 질병의 요양, 근무상 또는 사업상의 형편으로 일시 퇴거한 경우도 동일세대로 포함됩니다.

　　양도소득세 세대의 범위를 이해할 때, 중요하고 많이들 자주 헷갈리는 부분을 정리해보겠습니다.

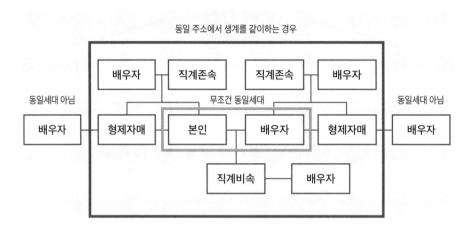

① 배우자

배우자는 같은 주소에서 살지 않아도 무조건 동일세대입니다.

② 본인과 배우자의 직계존비속, 직계존비속의 배우자, 형제자매

동일한 주소에서 생계를 같이하는 경우에만 동일세대이므로 동일 주소에 살지 않거나, 동일 주소에 살더라도 생계를 달리하면 별도세대입니다.

③ 형재자매의 배우자는 제외

배우자의 형제자매는 생계를 같이하면 같은 세대로 포함되나, 형제자매의 배우자는 세대의 범위에 포함되지 않습니다. 이는 민법상 가족의 범위에도 포함되지 않습니다. 예를 들어 처남은 동일 주소에서 생계를 같이하면 동일세대이지만 매형은 동일 주소에서 생계를 같이해도 별도세대입니다.

따라서 본인과 배우자가 1주택을 보유하고 같이 사는 처남이 1주택을

● 배우자의 형제자매 vs. 형제자매의 배우자

세대의 범위 포함 여부	구분	예시
포함	배우자의 형제자매	처형, 처제, 처남, 시누이, 시숙, 시동생
제외	형제자매의 배우자	형수, 제수, 매형, 매제, 형부, 제부, 올케

보유하면 1세대 2주택이나, 매형이 1주택을 보유하면 1세대 1주택입니다.

배우자가 없어도 1세대로 보는 경우

배우자는 세대 구성의 기본요소로 배우자가 없다면 별도의 1세대를 구성할 수가 없습니다. 다만, 다음의 경우는 배우자가 없어도 예외적으로 인정됩니다.

㉠ 만 30세 이상인 경우

㉡ 배우자가 사망하거나 이혼한 경우

㉢ 중위소득의 100분의 40 이상으로서(2022년 기준 78만 원) 소유하고 있는 주택 또는 토지를 관리·유지하면서 독립된 생계를 유지할 수 있는 경우(단, 미성년자는 제외)

30세 이상인 경우에는 배우자가 없더라도 독립세대로 본다는 의미입니다. 하지만 30세 이상이라도 부모님과 같이 거주하며 생계를 같이한다면 동일세대입니다.

30세가 되지 않아도 부모님 집에서 나와 독립하여 근로소득, 사업소득

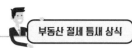

배우자의 형제자매 vs. 형제자매의 배우자

동일 주소에 생계를 같이하는 배우자의 형제자매는 세대 포함인데, 형제자매의 배우자는 제외되는 것이 헷갈릴 수 있습니다.

이는 양도하는 사람의 입장에서 판단하게 되는 것입니다. 예를 들어 본인의 입장에서 매형은 형제자매의 배우자이니 세대에서 제외되나 매형의 입장에서 본인은 배우자의 형제자매이므로 세대에서 포함됩니다.

즉 본인이 주택 매각 시 매형 주택은 1세대의 주택수에서 제외되나 매형이 주택을 처분하는 경우에는 본인의 주택이 1세대의 주택수에 포함됩니다.

등이 있을 수 있습니다. 이런 경우에는 중위소득 40% 이상의 소득 기준을 충족한다면 별도세대로 인정이 된다는 것입니다.

위장전입하는 경우

양도소득세 1세대 보유 주택수는 양도 시점을 기준으로 판단합니다. 따라서 양도 시점에 별도세대 요건을 충족하는 자가 다른 주소에 거주하고 있다면 별도세대입니다. 예를 들어 30세 이상의 1주택자인 자녀가 편의상 1주택자인 부모님 집에서 계속 살고 있는데 부모님 집을 팔려고 하면 1세대 2주택이 되어 비과세가 안 되니 자녀가 독립하여 나가고 이후 주택을 처분하면 부모님이 비과세를 받을 수 있습니다.

하지만 실제로는 자녀가 계속 부모님 집에 살고 있으면서 자녀의 주소

이지만 지인이나 친척의 집에 잠깐 옮겨놓은 위장전입을 한 경우에는 별도세대로 인정되지 않습니다. 실제로 이렇게 하시는 경우가 많은데, 걸리면 가산세까지 추징당하게 됩니다.

이와 반대로 실제로는 같이 살고 있지 않은데 다른 사정 때문에 동일한 주소에 전입된 경우도 있습니다. 세무서에서는 우선 주민등록표로 판단할 수밖에 없기 때문에 추후 실제로 같이 거주하지 않음을 해명하거나 불복하는 절차를 취해야 하는 번거로움이 있습니다.

가능한 주민등록표 주소지와 실제 주소는 일치시켜놓아야 불이익을 받지 않을 수 있습니다.

생계를 달리함을 인정

양도소득세의 1세대는 생계를 같이하는지 여부를 중요한 기준으로 판단합니다. 따라서 실제로 같은 주소지에서 살고 있더라도 별도세대 요건을 충족하는 2세대가 생계를 달리하고 있음을 입증하면 별도세대로 인정받을 수 있습니다. 참고로 취득세의 경우 1세대는 생계를 같이하는지를 고려하지 않습니다. 예를 들어 1주택을 보유한 부모와 1주택을 보유한 자녀가 동일 주소에 거주하는 경우 1세대 2주택에 해당하며 1주택의 처분 시 비과세를 받을 수 없으나, 생계를 같이하지 않음이 입증되면 각자 1세대 1주택으로 비과세를 받을 수 있는 것입니다.

여기서 생계를 달리한다는 것은 각자 세대의 소득이 있고 생활비 등의 지출은 각자 세대의 소득으로 부담하는 등 단지 같은 주소지에만 살 뿐, 경제적으로는 완전히 분리된 상태임이 입증되는 상황을 말합니다.

구체적으로 어떠한 경우에 생계를 달리한 것으로 인정되었는지 사례를 살펴보면 다음 표와 같습니다.

이 사례들과 같은 경우, 동일 주소에 거주해도 별도세대로 인정받을 수 있습니다. 다만, 세무서에서는 1차적으로 주민등록표를 기준으로 동일세대 여부를 판단하여 조세불복 등의 절차를 통하는 번거로움이 있습니다.

● 조세불복 사례

구분	생계를 달리한 것으로 인정받은 경우
사례 1	1주택자인 만 38세인 자녀가 1주택자인 부모와 동거(다가구주택 동일 호수에 거주) ① 자녀는 직장을 다니며 소득이 있음 ② 부모도 국민연금과 임대수입으로 독립 생계가 가능 ③ 부모-자녀 간 생계비를 지원한 이체 내역이 없음 ④ 일부 이체 내역은 생활비를 분담한 것으로 인정
사례 2	1주택자인 만 37세의 자녀가 1주택자인 부모와 동거(아파트 동일 호수에 거주) ① 자녀는 직장을 다니며 소득이 있음 ② 부모도 국민연금과 임대수입으로 독립 생계가 가능 ③ 신용카드 사용 내역을 볼 때 각자 소득으로 생활비를 지출하여 생계가 분리된 것으로 인정 ④ 부모의 병환으로 불가피하게 합가한 정황 인정
사례 3	1주택자인 사위 가족이 1주택자인 부모와 동거(아파트 동일 호수에 거주) ① 사위는 직장을 다니며 소득이 있음 ② 부모도 직장을 다니며 소득이 있음 ③ 각자의 통장, 신용카드로 생활비를 지출
사례 4	1주택자인 만 42세 자녀가 1주택자인 부모와 동거(아파트 동일 호수에 거주) ① 자녀는 직장을 다니며 소득이 있음 ② 부모도 직장을 다니며 소득이 있음 ③ 건강보험 부양가족에도 등재되지 않음 ④ 의료비, 교통비, 통신비도 각자가 부담하고 있음

양도소득세의 주택

양도소득세의 주택은 건축허가 여부나 공부상(건축물대장 등)의 용도 구분과 관계없이 사실상 주거용으로 사용하는 건물을 의미합니다. 용도가 불분명한 경우에는 공부상의 용도를 따르나 공부상의 용도와 사실상의 사용이 다른 경우에는 사실상 사용 현황을 따르게 되어 있습니다.

따라서 주택이 아닌 업무용으로 건축물대장에 등재되어 있어도 실제로 상시 주거용으로 사용하고 있다면 이는 주택에 해당하며, 이와 반대로 공부상에는 주택으로 되어 있으나 실제로는 음식점이나 사무실로 사용하고 있다면 이는 주택이 아닙니다.

또한 건축허가를 받지 않았거나 미등기인 경우라도 주택에 해당합니다.

사례별로 살펴보겠습니다.

항목	양도소득세 주택 여부	비고
주거용 오피스텔	○	사실상 현황이 상시 주거용이면 주택이고, 업무용이면 주택이 아님
업무용 오피스텔	×	
무허가주택	○	건축허가를 받지 않았거나, 미등기도 주택
별장	×	상시 주거용이 아님(단, 아파트는 주택)
펜션	×	상시 주거용이 아님(단, 건물 일부에 상시 주거 시 겸용주택)
가정어린이집	○	본래 용도인 주택으로 언제든 변경 가능 (조건 충족시 양도세 중과배제)

오피스텔

일반적으로 가장 흔히 접하고 혼동하는 부분이 오피스텔입니다. 오피스텔은 취득 시에는 주택이 아니므로 일반 부동산에 대한 취득세인 4%의 세율을 적용 받습니다. 그리고 재산세 부과시 업무용으로 부과됩니다.

다만, 실제로 주거용으로 사용하고 있다면 '재산세 과세대상 변동신고서'를 6월 1일부터 10일 이내에 관할 시·군·구청에 제출하면 주택분 재산세가 부과되며 공시가격이 5억 이하인 경우 주택분 재산세가 덜 나오기 때문에 유리합니다.

하지만 문재인 정부의 다주택자 중과세율 시행으로 주거용 오피스텔이 주택수에 포함되어 양도소득세와 취득세가 중과되어 재산세 절감액보다 훨씬 더 큰 금액이 불리해지는 결과가 나올 수 있으니 주의해야 합니다.

재산세 [납세의무자( ) 과세대상(√)] 변동 신고서	처리기간
	즉 시

납세 의무자	①성명(법인명)		②주민(법인)등록번호	
	③상호(대표자)		④사업자등록번호	
	⑤주소(영업소)			
	⑥휴대번호 (휴대전화:)		⑦전자우편주소	

⑧재산소재지	⑨ 재산 종류	⑩용도/구조 (지목)		⑪ 면적 (수량)	⑫ 취득 일자 (분양/매매)	⑬변동사유		⑭소유자	
		공부상	현황			연월일	사유	사실상	공부상
	상가용 오피 스텔	상가용 오피 스텔	주거용 오피 스텔	㎡	년 월 일 (분양/매매)	년 월 일	해당지번 오피스텔을 취득하여 신고자인 본인이 거주를 목적으로 사용하고 있기 때문에 주거용 오피스텔로 변경요청 합니다.		

「지방세법」 제120조제1항에 따라 위와 같이 재산세 [납세의무자( ) 과세대상(∨)] 변동사항을 신고합니다.

20 년 월 일

신고인   (서명 또는 인)

(연락처)   –   –

시 장 귀하

| ※ 첨부서류
   납세의무자 또는 과세대상 재산의 변동 내용을 입증할 수 있는 증거자료
※ 무허가건축물 등재, 용도변경, 멸실 등 과세대상에 변동이 있을 경우(현장 사진 + 각종 용도변경 증빙자료)
※ (사무용)오피스텔→(주거용)오피스텔으로 변경할 경우(현장 사진_호실,현관,주방,방,화장실 등 + 주거용 전기
   요금납부서, 분양자 또는 매매자의 해당 주소 거주등록되어 있는 등본 등)
※ (주거용)오피스텔→(사무용)오피스텔으로 변경할 경우(현장 사무실 사진 + 해당주소지로 등록된 사업자등록증) | 수수료

없 음 |

210mm×297mm(일반용지 60g/㎡(재활용품))

세무상담 의뢰인들 중에는 오피스텔의 재산세를 업무용으로 납부하고 있지만, 실제 주거용으로 임대를 주면서 임차인이 전입신고 등을 못 하게 협의하여 주택수에서 제외되도록 하는 방법을 쓰는 분들이 종종 계십니다.

하지만 이것도 원칙적으로는 탈세에 해당하니 적발된다면 양도소득세와 취득세의 중과세율과의 차액과 가산세도 물어야 하니 조심해야 할 부분입니다.

별장

별장이라면 흔히 경치 좋은 곳에 지은 고급 별장을 생각하는데, 수십억의 고급 별장이 아니더라도 시골에 주말이나 휴가용으로 사용하기 위해 산집도 별장에 해당할 수 있습니다.

별장은 상시 주거용이 아니기 때문에 주택으로 보지 않습니다. 따라서 양도소득세에도 주택수에서 제외되고 종합부동산세에도 과세 대상이 아닙니다.

그렇다면 주택수에도 제외되니 시골에 집을 사서 별장이라고 하면 되지 않나 싶겠지만, 별장에 해당하면 취득세와 재산세가 중과됩니다. 취득세는 8%를 가산 적용하도록 되어 있는데, 8%의 세율이 적용되는 게 아니라 주택분 취득세에 8%를 더해서 내야 하기 때문에 최대 20%(중과세율 12% + 가산세율 8%)의 세율이 부과될 수 있습니다.

또한 재산세도 4%의 세율이 적용됩니다. 일반주택의 재산세가 0.1~0.4%임을 고려하면 수십 배가 높은 것입니다.

이러한 이유로 과거에는 실제로는 별장으로 사용하였지만, 취득세 신고

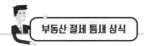

별장에서 제외되는 농어촌주택

다음의 요건을 충족하는 읍 또는 면에 소재하는 농어촌주택은 상시 주거용이 아닌 별장의 용도로 사용하더라도 별장으로 보지 않습니다.

1. 면적: 대지면적이 660㎡ + 건축물의 연면적이 150㎡ 이내
2. 가액: 건축물 시가표준액이 6,500만 원 이내
3. 지역: 다음 지역에 있지 않을 것
    가. 광역시에 소속된 군 지역 또는 수도권 지역(강화군, 옹진군은 제외)
    나. 도시 지역 및 토지거래허가구역
    다. '소득세법' 제104조의 2 제1항에 따라 기재부장관이 지정하는 지역
    라. '관광진흥법' 제2조에 따른 관광단지

와 재산세 납부 시에 별장으로 신고하지 않고 일반주택으로 세금을 덜 내는 경우가 많았고, 시·군·구청에서 조사가 나와 상시 주거용이 아님이 적발되어 추징당하는 경우도 있었습니다.

다만, 최근에는 다주택자에 대한 양도세율 중과로 양도세 중과금액이 취득세와 재산세의 별장 중과세액과 가산세를 합한 금액보다 많아지는 경우도 있어, 반대로 주택을 별장이라고 주장하는 경우도 종종 있습니다.

겸용주택

하나의 건물에 주거용으로 사용하는 부분과 점포, 사무실, 공장 등 주

거 이외의 용도로 사용하는 부분이 혼재된 경우를 말하고, 각각이 구분 등기가 되지 않은 경우를 말합니다.

일반적으로 3층 건물에 1층과 2층은 상가로 임대를 주고 3층은 주택으로 사용하는 경우가 이에 해당합니다.

겸용주택은 주택과 주택 외의 면적에 따라 주택 여부를 판단하게 됩니다.

ⓐ 주택 연면적 > 주택 외의 연면적

: 전체를 주택으로 봄(단, 양도가액이 12억 원을 초과하는 경우에는 주택 부분만 주택으로 봄)

ⓑ 주택 연면적 ≤ 주택 외의 연면적

: 주택 부분만 주택으로 봄

당초 주택 연면적이 더 큰 경우에는 전체를 주택으로 보았으나, 2022년부터 개정 세법의 시행으로 2022년 1월 1일 이후 양도가액이 고가주택(12억 원)을 초과하면 주택 부분만을 주택으로 보게 되었습니다.

◦ 예시

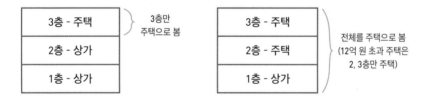

공동소유 주택

1주택을 여러 사람이 공동으로 소유한 경우가 자주 있습니다. 이런 경

우 원칙적으로는 각각 1주택을 보유한 것으로 봅니다. 즉 1주택을 보유하고 다른 주택의 50% 지분을 보유한 경우에는 1.5주택이 아니라 2주택입니다.

다만, 1주택을 공동소유한 자들이 동일한 세대라면 양도소득세의 주택은 1세대를 기준으로 계산하므로 1주택이 됩니다. 예를 들어 부모와 자녀가 같이 살고 있는데 1주택을 공동명의로 보유하면 1주택에 해당하나, 결혼해서 따로 사는 별도세대인 자녀와 공동명의로 보유하면 부모와 자녀가 각자 1주택씩을 보유한 것으로 봅니다.

다만, 상속주택을 상속인들이 공동명의로 보유한 경우에는 선순위 상속주택의 소수지분은 다른 1주택의 양도 시에 1세대 1주택으로 보고, 다주택자 중과세율 판단 시는 상속주택의 소수지분은 주택수에서 제외되고 중과 배제됩니다. 이 부분은 상속주택 부분에서 별도로 살펴보겠습니다.

◦ **공동소유 주택수 계산**

공동소유자	주택수 계산
별도세대	공동소유자 각자 1주택을 보유
동일세대	1세대가 1주택을 보유

다세대주택, 다가구주택

다세대주택과 다가구주택은 유사하게 보이지만, 건축법상 분류에 따르면 다음의 요건을 충족해야 합니다.

다세대주택은 호실별 구분등기가 된 것이고, 다가구주택은 구분등기가 되지 않은 것입니다. 주택수를 판단할 때, 다세대주택은 각 호실별 소유자가

구분	세부 내용
다세대주택	바닥면적의 합계가 660㎡ 이하이고, 층수가 4개 이하
다가구주택	다음의 요건을 모두 충족 ㉠ 층수가 3개 이하 ㉡ 층별 바닥면적의 합계가 660㎡ 이하 ㉢ 19세대 이하가 거주

있으니 호실당 1주택입니다.

다가구주택은 한 가구가 독립하여 거주할 수 있도록 구획된 부분을 1주택으로 봅니다. 다만, 예외가 있는데 구획된 부분을 분리양도하지 않고 다가구주택 전체를 양도하는 경우에는 단독주택으로 보아 1주택으로 봅니다.

조합원입주권과 분양권

조합원입주권과 분양권은 법적으로는 부동산을 취득할 수 있는 권리에 해당하고 주택이 아닙니다. 그러나 조합원입주권의 경우 2006년부터 분양권은 2021년 이후 취득분부터 1세대 1주택 비과세 판정 시와 다주택자 중과세율 판정 시에 주택수에 포함하도록 하고 있습니다.

따라서 1주택과 조합원입주권 또는 분양권을 보유한 상태에서 1주택을 양도하는 경우에는 비과세가 되지 않습니다. 다만, 1주택 1조합원입주권 비과세 특례와 1주택 1분양권 비과세 특례를 두어 조건을 충족하는 경우에는 해당 주택 양도 시 비과세를 해주게 됩니다.

이 부분에 대해서는 7장의 '조합원입주권과 분양권'을 참고 바랍니다.

다가구주택의 옥탑방

건축법의 다세대주택과 다가구주택의 차이를 보면, 다가구는 3층 이하여야 합니다. 여기서 옥상에 옥탑방이 있으면 이를 3층으로 보는지 4층으로 보는지에 따라 다가구주택이 될 수도 있고, 다세대주택이 될 수도 있어 주의가 필요합니다.

옥탑방을 만들어 월세 좀 더 받으려다 양도소득세 폭탄을 맞게 될 수 있습니다. 예를 들어 3층에 옥탑방이 있는 다가구주택을 일괄 매각하고 1주택의 양도로 신고하였으나, 세무서에서 옥탑방이 별도로 1층에 해당하여 총 4층이니 다가구주택에 해당하지 않는다고 보면, 4세대가 거주한다면 주택수가 1채가 아닌 4채가 되어 비과세도 못 받고 양도소득세 중과가 될 수도 있습니다.

4층인지 여부의 판단

건축법에 따르면, 옥탑방의 수평투영면적의 합계가 건축물 건축면적의 8분의 1을 초과하는 경우에는 1개의 층으로 봅니다. 즉 옥탑방의 면적에 따라서 다가구주택에 해당할 수도, 아닐 수도 있다는 것입니다.

주택의 보유기간 계산 방법

　　보유기간은 주택을 매입한 날로부터 매도한 날까지 일수를 계산하면 간단한 것 아닌지 생각할 수 있는데, 의외로 본인의 주택 보유기간을 제대로 알지 못해 잘못 계산하여 이로 인해 양도소득세 폭탄을 맞는 경우를 종종 보게 됩니다.

◦ 주택의 취득일과 처분일

구분	비고
매매	㉠ 잔금청산일 ㉡ 소유권 이전등기 접수일 중에 빠른 날
상속	상속개시일(사망일)
증여	증여 받은 날(증여 등기 접수일)
원시취득 (자가건설)	㉠ 사용승인서 교부일 ㉡ 사용승인서 교부 전에 사실상 사용, 임시사용승인을 받은 경우에는 사실상 사용일과 임시사용승인일 중 빠른 날

매매의 경우는 잔금지급일로 보면 되나, 등기를 먼저 하는 경우가 가끔 발생하는데 이런 경우에는 등기 접수일을 취득일과 처분일로 봅니다.

상속을 받은 경우에는 상속개시일인 사망일부터 보유기간이 계산되고, 증여를 받은 경우에는 증여일인 등기 접수일로부터 시작됩니다. 만약 시공업체를 선정해서 본인이 직접 짓는 경우에는 사용승인일이 됩니다.

다음의 경우에는 보유기간 계산에 특히 주의해야 합니다.

분양권, 조합원입주권으로 주택 취득

분양권으로 인한 주택 취득은 매매로 인한 취득일 기준을 따르면 되고, 따라서 분양대금 잔금일이 됩니다.

하지만 입주권으로 주택 취득 시에는 달라지게 되는데,

㉠ 승계취득인 경우(매매로 조합원입주권을 취득)

: 원시취득으로 보아, 사용승인서 교부일 등을 적용합니다.

㉡ 원조합원인 경우(기존 보유 주택이 재건축·재개발된 경우)

: 재건축·재개발된 기존주택을 취득한 날을 기준으로 보유기간을 계산합니다.

주택이 조합원입주권으로 변환되는 시점은 관리처분인가일을 기준으로 합니다. 따라서 관리처분인가일 이전에 주택을 취득한 원조합원의 경우에는 그 주택의 취득일부터 보유기간을 계산하나, 관리처분인가일 이후 주택이 조합원입주권으로 변환된 다음에 취득한 경우에는 사용승인서 교부일부터 보유기간이 시작됨에 주의해야 합니다.

● **분양권과 조합원입주권의 주택 취득일**

구분	주택의 취득일
분양권	㉠ 잔금청산일 ㉡ 소유권 이전등기 접수일 중에 빠른 날
원조합원 입주권	기존 재개발·재건축 주택의 취득일
승계조합원 입주권	㉠ 사용승인서 교부일 ㉡ 사용승인서 교부 전에 사실상 사용, 임시사용승인을 받은 경우에는 　사실상 사용일과 임시사용승인일 중 빠른 날

예를 들어 재개발 주택의 관리처분인가일이 2019년 5월 1일이고 이후 2019년 11월 1일에 주택이 멸실되고 공사 이후 2022년 8월 1일에 사용 승인이 난 경우,

㉠ 주택을 2019년 4월 1일에 취득(원조합원)

　: 신축 아파트의 취득일은 2019년 4월 1일부터 계산

㉡ 주택을 2019년 6월 1일에 취득(승계조합원)

　: 신축 아파트의 취득일은 2022년 8월 1일부터 계산

따라서 2022년 10월 1에 신축 아파트를 매각한다면 원조합원은 2년 이상 보유로 양도소득세가 기본세율이 적용되나 승계조합원은 단기매매로 70% 세율이 적용됩니다.

● **원조합원**

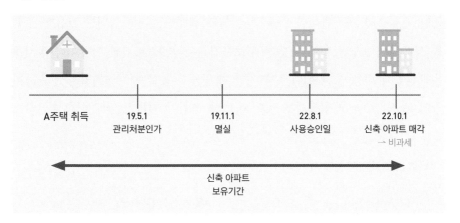

● **승계조합원**

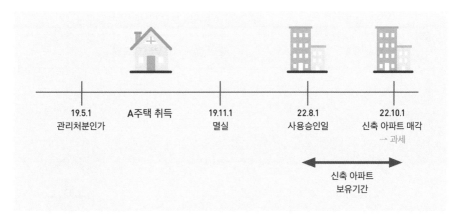

상속과 증여

상속과 증여의 보유기간 기산일은 상속개시일과 증여일이나, 1세대 1주택 비과세 판단 시와 상속주택의 세율 적용 시는 달리함에 주의해야 합니다.

그리고 상속을 받은 경우 세율 적용 시에는 당초 피상속인이 주택을 취득한 날로부터 계산합니다. 예를 들어 별도세대인 부친이 5년간 보유한 주택을 상속받아 9개월 후에 처분하면 보유기간은 9개월로 3년 미만이라 장기보유특별공제 적용이 안 됩니다. 하지만 세율을 적용할 때는 9개월을 보유하여 단기세율인 70%가 적용되는 것이 아니라 부친이 취득한 날로부터 계산하므

● 1세대 1주택 비과세 판단 시

구분		보유 및 거주기간 계산
상속	동일세대	피상속인과 상속인의 보유 및 거주기간을 통산
	별도세대	상속개시일로부터 양도일
증여	동일세대	증여자와 수증자의 보유 및 거주기간을 통산
	별도세대	증여 받은 날로부터 양도일

● 상속주택

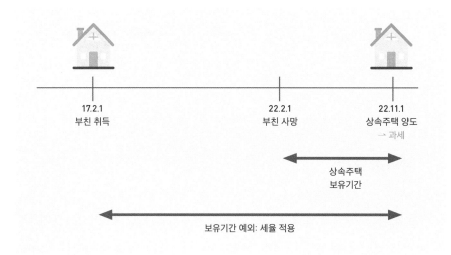

로 2년 이상 보유인 기본세율이 적용됩니다.

증여의 경우, 별도세대로부터 증여를 받았다면 증여를 받은 날로부터 보유기간을 계산하나, 배우자와 직계존비속에게 증여한 후 5년 이내 양도 시 적용되는 이월과세에 해당하면 당초 증여자의 취득일로 하게 됩니다. 이월과세에 대해서는 8장에서 자세히 살펴보겠습니다.

용도변경

당초 주택이 아닌 건물을 주택으로, 용도변경을 하는 경우에는 용도변경을 한 날로부터 보유기간을 계산합니다. 업무시설을 주택으로 변경하는 경우도 있으나, 업무용 오피스텔을 주거용 오피스텔로 변경한 경우에도 해당하는 사항입니다. 만약 주거용에서 업무용으로 다시 주거용으로 변경을 반복한다면, 전체 보유기간 중에 주거용으로 보유한 기간만을 통산하여 보유기간을

● **용도변경 사례**

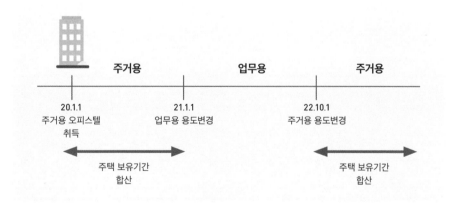

계산합니다. 예를 들어 오피스텔 매입 후 1년간 주거용 오피스텔로 사용하다 이후 1년간은 업무용으로 용도변경하고 다시 이후 1년간을 주거용으로 한다면 총 3년 중 2년간의 주택 보유기간이 됩니다. 해당 기간은 장기보유특별공제의 계산 시에도 동일하게 적용됩니다.

1세대 1주택 비과세 받는 방법

양도소득세에서 1세대 1주택 비과세는 주거생활 안정과 헌법상 주거 이전의 자유를 보장하기 위한 제도입니다. 1세대 1주택뿐인데 그 집을 처분하고 동일한 가격의 집으로 이사를 갈 때 세금을 내야 한다면, 이사가 불가능하므로 주거이전의 자유가 침해될 수 있기 때문입니다.

1세대 1주택 비과세를 받기 위해서는 다음의 조건을 준수해야 합니다.

㉠ 1세대가

㉡ 양도일 현재 1주택을 보유

㉢ 그 주택의 보유기간이 2년 이상

㉣ 취득 당시 조정대상지역인 경우, 거주기간이 2년 이상

비과세는 해당 1주택뿐만 아니라 주택의 부수토지도 포함됩니다. 부수토지는 건물 정착면적의 다음 지역별 배율을 곱한 면적을 의미합니다.

- 1세대 1주택 비과세 주택 부수토지

지역		수도권(서울·경기·인천)	수도권 밖
도시 지역 내	주거·상업·공업 지역	3배	5배
	녹지 지역	5배	
도시 지역 밖		10배	

그리고 양도가액 12억 원을 초과하는 경우에는 고가주택에 해당하여 전액 비과세가 되지 않고 양도차익 중 12억 원을 초과하는 부분은 양도소득세를 내야 합니다.

1세대와 1주택의 개념에 대해서는 앞서 살펴보았으니, 비과세 요건의 보유기간과 거주기간에 대해 추가적으로 살펴보겠습니다.

(1) 보유기간 요건: 2년 이상 보유

문재인 정부는 다주택자를 규제하기 위해 1세대 1주택 비과세를 적용할 때의 보유기간은 일반적인 보유기간을 적용하지 않고, 2021년 이후 양도

- 개정 전

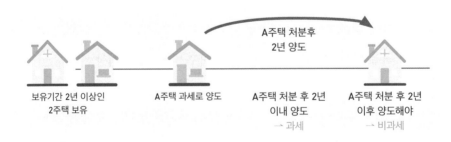

• 개정 후

보유기간 2년 이상인   A주택 과세로 양도   A주택 처분 후 2년
2주택 보유   이내 양도해도
                                                     → 비과세

• 1세대 1주택 비과세 보유기간 산정

구분	2021.12.31 이전	2021.1.1 이후	2021.2.17 이후	2022.5.10 이후
1세대 1주택 비과세 보유기간 시작일	취득일부터	1주택 이외의 주택을 모두 양도한 날	1주택 이외의 주택을 모두 처분(양도, 증여, 용도변경)한 날	취득일부터

분부터 최종 1주택이 된 날로부터 다시 보유기간을 계산하도록 하였습니다. 그러나 윤석열 정부가 출범하면서 2022년 5월 10일 이후 양도하는 주택부터는 이러한 보유기간 재산정과 무관하게 실제 주택의 보유기간과 거주기간을 적용하도록 세법이 개정되었습니다.

따라서 현재는 2주택 보유자가 1주택을 과세로 처분한 경우, 남은 1주택이 2년 보유기간 및 거주기간(필요시)을 충족하면 바로 다음 날 처분해도 비과세가 됩니다.

(2) 거주기간 요건: 2년 이상 거주

1세대 1주택에 대한 거주기간 요건은 가장 강력한 조치 중 하나입니다.

왜냐하면 1주택자라도 실제로 그 집에 거주하지 않으면 비과세를 안 해주겠다는 것이니 실수요자가 아닌 갭투자 목적의 매입을 주저할 수밖에 없습니다.

따라서 거주요건은 항상 있는 제도가 아니고 부동산 급등 시기인 노무현 정부 때에 존재하였고, 다시 문재인 정부는 17.8.2 대책으로 도입하였습니다.

거주요건 적용 대상

2년 거주기간 요건은 모든 주택이 대상이 아니고, 해당 주택의 '취득 당시 조정대상지역'인 경우에만 해당합니다.

ⓐ 취득 당시

거주요건은 취득 당시를 기준으로 판단합니다. 따라서 취득 당시에는 조정지역이었으나 추후 해제되어 양도할 때는 비조정지역이 된 경우에도 2년 거주요건은 적용됩니다.

ⓑ 조정대상지역인 경우

취득 당시 조정대상지역만 대상이고, 비조정 대상이라면 거주요건은 없습니다. 따라서 취득 시 비조정이었으나 양도할 때는 조정대상지역이 되더라도 거주요건은 없습니다.

거주요건 적용 예외

다음 중 하나에 해당하면, 거주요건의 적용이 되지 않습니다.

㉠ 2017년 8월 2일 이전에 취득한 주택

거주요건이 2017년 8월 2일 대책으로 나온 것이므로 그 전에 취득(잔금일)한 경우에는 적용 대상 자체가 아닙니다.

㉡ 2017년 8월 2일 이전에 매매계약을 체결한 무주택 세대

2017년 8월 2일 이후에 취득을 했으나, 대책 발표 전에 이미 조정대상지역의 주택 매입 계약을 체결한 경우에는 계약 체결 당시에 무주택 세대에 해당하면 거주요건을 적용하지 않습니다. 단지 계약서가 아닌, 계약금 지급이 증빙으로 확인되는 경우에만 해당합니다.

일반적인 예외 규정들은 대책 발표일 이전에 계약을 하였으면 예외로 인정을 해주는 데 반해 거주요건의 경우에는 무주택 세대라는 조건이 추가됨에 유의해야 합니다.

이때 무주택이란, 조합원입주권이나 분양권을 보유한 경우에는 무주택

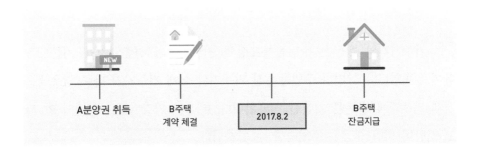

으로 보나 공동상속주택의 소수지분 등을 보유한 경우에는 유주택으로 보게 됩니다.

예를 들어 A분양권을 보유한 상태에서 2017년 8월 2일 이전에 신규주택 계약을 한 경우에는 조정지역이라도 대책 발표일 이전 계약으로 분양권은 무주택이기 때문에 거주요건이 없습니다.

ⓒ 조정대상지역 공고일 이전에 매매계약을 체결한 무주택 세대

위의 ⓛ과 동일한 취지로, 조정지역으로 지정되기 전에 이미 매입 계약을 하였는데 잔금일에는 조정지역이 된 경우입니다. 이때도 동일하게 계약일에 무주택 세대인 경우에는 거주요건이 적용되지 않습니다.

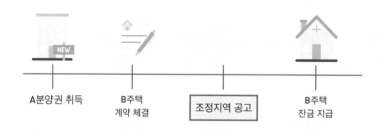

거주기간 계산

거주기간의 계산은 주민등록표상의 전입일자와 전출일자를 기준으로 함이 원칙입니다. 그러나 주민등록상 거주지와 실제 거주지가 다른 경우에는 실제 거주지에 거주한 기간을 적용합니다. 따라서 위장전입은 인정이 안 되고 적발이 되면 세금을 추징당할 수 있습니다.

◦ **개정 전**

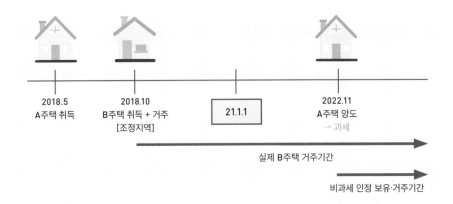

◦ **개정 후**

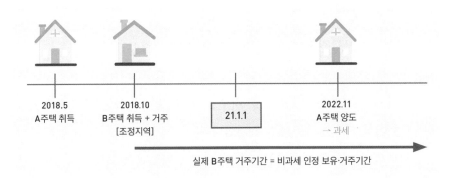

거주기간은 양도 당시의 세대원 전원이 거주한 기간을 의미합니다. 다만 취학, 근무, 사업상 형편 등의 부득이한 사유로 일부 세대원이 같이 거주하지 못하는 경우에는 세대원이 전원이 거주한 것으로 인정을 해줍니다.

2021년 이후 다주택자가 다른 주택을 처분하여 최종 1주택이 되어 보유기간이 재산정되는 경우에는 거주기간도 다시 산정되었으나, 윤석열 정부

출범 이후 최종 1주택 보유기간 재산정 조항이 삭제되어 거주기간도 실제 거주한 기간을 적용하여 비과세를 판단하게 됩니다.

보유·거주요건의 예외

이러한 보유기간과 거주기간 요건이 적용되지 않는 예외 규정이 존재하는데, 다음과 같습니다.

① 건설임대주택(세대 전원 임차일부터 양도일까지 5년 실거주)

② 법률에 의한 협의매수, 수용

③ 해외 이민

④ 1년 이상 근무상 형편 등으로 해외 출국

⑤ 취학, 근무, 질병, 학교폭력(1년 이상 거주한 경우)

위의 ①~④의 경우에는 보유 거주를 하지 않아도 가능하나, ⑤의 경우에는 1년 이상 거주한 경우에만 해당합니다.

실무적으로 자주 발생하는 유형에 대해 살펴보겠습니다.

:: 1년 이상 근무상 형편 등으로 해외 출국

부득이하게 근무나 학업을 위해 출국하게 되어 보유기간과 거주기간을 채우지 못하는 경우로, 일반적으로 외국에 발령받아 근무를 하기 위해 또는 유학을 위해 가족이 다 같이 출국하는 경우가 이에 해당합니다.

세부 조건은,

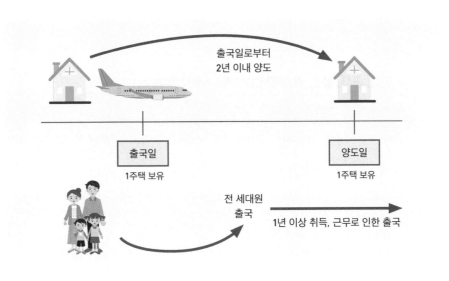

출국일로부터
2년 이내 양도

출국일
1주택 보유

양도일
1주택 보유

전 세대원
출국

1년 이상 취득, 근무로 인한 출국

㉠ 1년 이상 국외 거주를 필요로 하는 취학 또는 근무상의 형편

여기서 취학은 고등학교 이상을 의미하고 유치원, 초등학교, 중학교는 제외됩니다. 그리고 근로자로 근무상 출국하는 경우에만 해당하지, 본인의 사업상 형편으로 출국하는 경우는 인정되지 않습니다.

㉡ 세대 전원이 출국

세대 전원이 출국해야 하므로 세대 일부가 남는 경우에는 원칙적으로는 해당이 안 되나, 별도세대를 구성 가능한 세대원이 세대분리하여 남는 경우나 군복무 등 특별한 경우에는 국내에 남아도 가능합니다.

㉢ 출국일과 양도일 현재 1주택자

양도일 뿐만 아니라 출국일에도 1주택만 보유한 경우에만 적용이 되며, 출국일 2주택자는 비과세가 적용이 안 됩니다.

㉣ 출국일로부터 2년 이내 양도

양도기한은 출국일로부터 2년으로, 2년 이내에 양도하지 못하면 비과

세가 적용되지 않습니다.

∷ 취학, 근무, 질병, 학교폭력(1년 이상 거주한 경우)

㉠ 1년 이상 거주한 주택

취득 이후 실제 거주한 기간이 1년 이상인 주택의 경우에만 해당합니다.

㉡ 네 가지 부득이한 사유 발생

다음의 네 가지의 부득이한 사유로 인한 이사의 경우에만 인정됩니다.

• 취학

: 통학이 불가능한 다른 시군으로 이전하는 경우에만 해당합니다.

이때 초등학교, 중학교는 해당이 안 되고 고등학교 이상만 가능합니다.

• 근무상 형편

: 통근이 불가능한 다른 시군으로 이전하는 경우를 말하는 것입니다.

이때 근무상 형편은 직장 내 전근뿐만 아니라 새로운 직장으로 이직하는 경우도 포함이 되나, 본인의 사업상 형편은 대상이 아닙니다.

즉 자영업자가 사업장 소재지를 이전하는 경우에는 해당하지 않지만, 법인의 대표이사로 재직 중에 법인의 사업장을 이전하는 경우에는 적용이 가능합니다.

• 질병의 치료 요양

: 1년 이상을 질병의 치료나 요양을 위해 다른 시도로 이전이 필요한 경우에 적용이 가능합니다.

• 학교폭력 피해로 인한 전학

: 학교폭력 피해자로 전학을 가기 위한 경우도 인정이 됩니다.

다만, 학교폭력대책자치위원회에서 피해 학생에게 전학이 필요하다고 인정한 경우에만 적용이 가능합니다.

ⓒ 다른 시군으로 주거이전

: 다른 시군으로 이전하는 경우에만 해당하며, 동일한 시군 내에서
취학, 근무 등으로 이사 가는 경우는 해당하지 않습니다. 그리고
다른 시군이라도 통근, 통학이 가능하면 인정이 안 됩니다.

ⓓ 부득이한 사유 해소 전 양도

: 본래의 취지에 따라 당초 발생하였던 부득이한 사유가 해소된 이
후에 주택을 양도하면 적용을 배제하고 있습니다.

간혹 보유·거주기간의 예외 조건에 해당함에도 불구하고, 이러한 제도
가 있는지도 모르고 2년 보유나 거주기간이 채워지지 않았으니 비과세가 안
된다고 판단해서 양도소득세를 이미 낸 경우가 있는데, 조건에 해당한다면
경정청구 및 불복절차를 통해 돌려받을 수 있습니다.

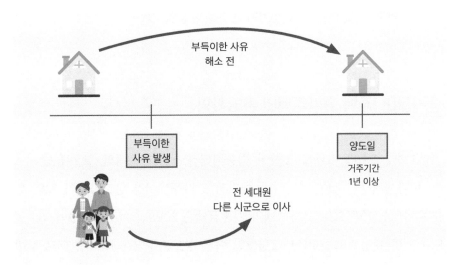

상생임대차계약 거주기간 인정

거주기간 요건 때문에 집주인이 거주기간을 채우기 위해 임대차계약 종료 이후 세입자를 내보내고 이사를 가는 경우가 문제가 되어, 2021년 12월 20일부터 2022년 12월 31일까지 체결된 임대차계약이 다음의 상생임대차계약에 해당하는 경우에는 1년간의 거주기간으로 인정해줍니다.

- ㉠ 상생임대차계약에 따른 임대개시일 당시 1주택을 소유한 1세대가 임대하는 주택일 것
- ㉡ 상생임대차계약에 따른 임대개시일 당시 그 주택 및 이에 부수되는 토지의 기준시가의 합계액이 9억 원을 초과하지 않을 것
- ㉢ 직전 임대차계약에 따라 임대한 기간이 1년 6개월 이상일 것
- ㉣ 임대보증금 또는 임대료의 증가율이 5%를 초과하지 않는 임대차계약을 체결하고 임대한 기간이 2년 이상일 것

1세대 1주택 고가주택의 양도차익

1세대 1주택 비과세 조항이 적용되더라도 고가주택의 경우에는 전액을 비과세해주는 것이 아닙니다. 여기서 고가주택이란 양도가액이 12억 원을 초과하는 주택으로 고가주택의 기준금액은 2008년 이후에는 9억 원이었으나 세법 개정으로 2021년 12월 8일 이후 양도분부터는 12억 원으로 상향하였습니다.

물론 서울 지역의 중위가격 주택이 12억 원 수준임을 감안하면 고가주택이 맞냐는 불만이 많은 것도 사실입니다.

고가주택 중에 과세 대상이 되는 부분은 전체 양도차익에 양도가액 중 12억 원을 초과하는 부분의 비율을 곱한 것이 됩니다. 이를 산식으로 표현하면 다음과 같습니다.

전체 양도차익 × (양도가액 – 12억 원) / 양도가액

예를 들어 취득가액 5억 원인 주택을 15억 원에 처분한 경우 과세 대상인 양도차익은 2억 원이 됩니다.

계산식: (15억 원 - 5억 원) × (15억 원 - 12억 원) / 15억 원 = 2억 원

1세대 2주택 비과세 받는 방법

원칙적으로 1세대 1주택 비과세는 1주택인 경우에만 적용하나, 특례를 두어 1세대 2주택이지만 국민의 주거생활 안정을 위한 1세대 1주택 비과세의 입법 취지를 반하지 않으면, 1주택으로 보아 비과세가 가능하도록 하고 있습니다.

즉 1세대 2주택 상태는 원칙적으로 1주택은 과세로 처분하고 남은 1주택만 비과세가 되나, 특례가 적용되는 경우에는 2주택 상태라도 비과세를 적용해준다는 것입니다.

1주택 비과세 처분 후에 남은 1주택도 1주택 비과세 적용이 가능하므로 결국 2주택이 모두 비과세가 될 수 있는 것입니다. 물론 각 주택의 보유·거주기간 등의 요건은 충족을 해야 합니다.

그리고 1주택과 1조합원입주권, 1주택과 1분양권의 경우에도 비과세가 되는 조건이 있는데 이 부분에 대해서는 7장에서 살펴보도록 하겠습니다.

● 1세대 2주택 비과세

No.	항목	입법 취지
1	일시적 2주택	주거이전의 자유를 보장
2	상속 2주택	상속으로 인한 부득이한 2주택
3	동거봉양합가 2주택	동거봉양 장려 및 주거안정 보호
4	혼인합가 2주택	혼인으로 인한 불이익 방지 및 주거안정
5	문화재주택 2주택	문화재주택 소유에 대한 불이익 방지
6	농어촌주택 취득 2주택	농어촌주택 소유로 인한 불이익 방지
7	부득이한 사유로 수도권 밖 주택의 취득 2주택	부득이한 사유로 인한 일시적 2주택
8	장기임대주택으로 인한 거주주택	장기임대주택 공급 지원
9	장기어린이집으로 인한 2주택	육아시설 공급 장려
10	조특법상 농어촌주택, 고향주택	농어촌주택, 고향주택 취득 장려
11	조특법상 미분양주택	특정 시기의 미분양 물량 해소

각 항목별로 요건을 간단히 살펴보면 다음과 같습니다.

① 일시적 2주택

㉠ 종전주택의 취득일로부터 1년 이후 신규주택 취득

㉡ 신규주택 취득일로부터 종전주택을 3년 이내 처분(신규주택 취득일에
종전주택과 신규주택이 조정대상지역인 경우에는 2년 이내 처분)

② 상속 2주택

㉠ 상속개시일 현재 일반주택을 보유 중에 별도세대인 피상속인으로부
  터 주택을 상속(2채 이상이면 소유기간, 거주기간, 피상속인 거주, 기준시
  가 순으로 정해진 1주택)

㉡ 일반주택을 상속주택보다 먼저 양도하는 경우

③ 동거봉양합가 2주택

㉠ 1주택 보유한 1세대가 1주택을 보유한 만 60세 이상인 직계존속과
  합가(중증질환이 있는 직계존속은 연령요건을 적용하지 않음)

㉡ 합가일로부터 10년 이내에 양도하는 1주택

④ 혼인합가 2주택

㉠ 1주택을 보유하는 자가 1주택을 보유하는 자와 혼인

㉡ 합가일로부터 5년 이내에 양도하는 1주택

⑤ 문화재주택 2주택

㉠ 지정·등록 문화재주택과 일반주택을 보유한 경우

㉡ 일반주택의 양도

⑥ 농어촌주택 취득 2주택

㉠ 일반주택 보유자가 수도권 밖 읍·면 지역의 농어촌주택(상속, 이농, 귀
  농)을 취득

㉡ 일반주택의 양도(귀농의 경우 5년 이내 양도)

⑦ 부득이한 사유로 수도권 밖 주택의 취득 2주택

㉠ 일반주택 보유자가 취학, 근무상의 형편, 질병의 요양, 그 밖에 부득이한 사유로 수도권 밖에 소재하는 주택을 취득

㉡ 부득이한 사유가 해소된 날부터 3년 이내에 일반주택을 양도

⑧ 장기임대주택으로 인한 거주주택

㉠ 지방자치단체 및 세무서에 등록된 장기임대주택으로 법에 정한 조건을 준수

㉡ 양도일 현재 임대주택 외 2년 이상 거주한 1주택만 보유(생애최초 1회만 적용)

⑨ 장기어린이집으로 인한 2주택

㉠ 영유아보육법에 따라 인가를 받아 등록한 어린이집으로 법에 정한 조건을 준수

㉡ 양도일 현재 장기어린이집 외 2년 이상 거주한 1주택만 보유

⑩ 조특법상 농어촌주택 등

㉠ 일반주택 보유자가 농어촌주택과 고향주택(지역, 가액 요건에 해당하는)을 취득

㉡ 농어촌주택을 3년 이상 보유하고 일반주택을 양도

⑪ 조특법상 특정 미분양주택 특례 등

㉠ 미분양물량 해소를 위해 특정 시기와 지역의 미분양주택을 취득한 경우

ⓛ 1세대 1주택 비과세 여부 판단 시 주택으로 보지 않음

1세대 2주택 비과세 특례 중에 실무적으로 가장 흔히 발생하는 항목에 대해 세부적으로 살펴보겠습니다.

일시적 2주택

1세대 2주택 비과세 규정 중에 가장 흔하게 접할 수 있는 것이 일시적 2주택에 대한 비과세입니다. 법의 취지는 이사를 갈 때 기존 집을 팔고 나서 이사를 갈 수 없으니, 먼저 신규주택을 취득하고 이사를 가고 난 후 종전주택을 처분하면 비과세를 해주겠다는 것입니다.

구체적인 조건을 살펴보겠습니다.

① 신규주택은 종전주택의 취득 후 1년 이상 지나고 취득해야 합니다. 이는 신규주택과 종전주택의 취득 텀이 짧은 경우에는 투기 목적이라고 보기 때문입니다. 신규주택을 1년 이내 취득했다면, 종전주택을 3년 이내 양도하면 비과세는 안 되나 중과세율 적용은 배제됩니다.

② 종전주택이 보유기간과 거주기간 등의 비과세 요건은 충족해야 합니다. 당연히 종전주택이 2년 보유기간이나 거주기간 요건 자체가 충족이 안 되었다면 비과세 대상 자체가 아닙니다.

③ 종전주택의 처분기한을 준수해야 합니다. 신규주택 취득일에 종전주택과 신규주택이 조정대상지역인지 비조정대상인지 여부에 따라서 종전주택 처분기한 등의 요건이 달라집니다.

● 종전주택 처분기한

종전주택	신규주택	처분기한	전입요건
비조정지역	비조정지역		
비조정지역	조정지역	3년	없음
조정지역	비조정지역		
조정지역	조정지역	2년	없음

당초에는 신규주택 취득일에 종전주택과 신규주택이 모두 조정대상지역에 소재한 경우(조정대상지역 내의 일시적 2주택), 신규주택 취득일(잔금일)에 따라 처분기한과 전입 여부가 다음과 같이 달라졌으나, 윤석열 정부 출범일인 2022년 5월 10일 이후에 주택을 양도하는 조정지역 내 일시적 2주택자는 전입요건 없이 2년 이내의 처분기한만 적용됩니다.

● 개정 전

신규주택 취득일	2018.9.13 이전	2018.9.14~ 2019.12.16	2019.12.17 이후
처분기한	3년	2년	1년
전입요건	없음	없음	1년 이내

만약 2018년 9월 13일 이전에 주택이나 분양권, 입주권의 매매계약을 한 경우라면 3년이 적용됩니다.

비조정지역 일시적 2주택

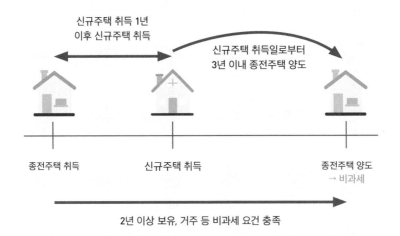

신규주택 취득 1년
이후 신규주택 취득

신규주택 취득일로부터
3년 이내 종전주택 양도

종전주택 취득   신규주택 취득   종전주택 양도
                                                 → 비과세

2년 이상 보유, 거주 등 비과세 요건 충족

조정지역 내 일시적 2주택

[개정 전]

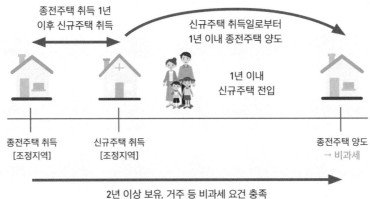

종전주택 취득 1년
이후 신규주택 취득

신규주택 취득일로부터
1년 이내 종전주택 양도

1년 이내
신규주택 전입

종전주택 취득   신규주택 취득   종전주택 양도
[조정지역]   [조정지역]   → 비과세

2년 이상 보유, 거주 등 비과세 요건 충족

[개정 후]

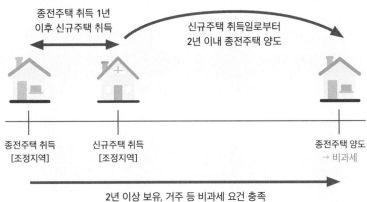

종전주택 취득 1년
이후 신규주택 취득

신규주택 취득일로부터
2년 이내 종전주택 양도

종전주택 취득
[조정지역]

신규주택 취득
[조정지역]

종전주택 양도
→ 비과세

2년 이상 보유, 거주 등 비과세 요건 충족

● **조정지역 내 일시적 2주택, 18.9.13 이전 분양권 경우**

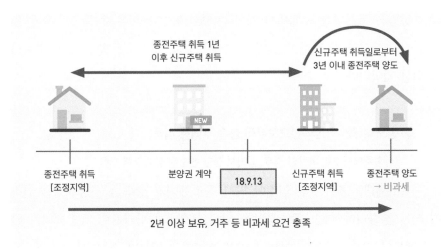

종전주택 취득 1년
이후 신규주택 취득

신규주택 취득일로부터
3년 이내 종전주택 양도

종전주택 취득
[조정지역]

분양권 계약   18.9.13

신규주택 취득
[조정지역]

종전주택 양도
→ 비과세

2년 이상 보유, 거주 등 비과세 요건 충족

상속으로 인한 2주택

법의 취지를 살펴보면, 기존의 1주택 보유자가 본인 의지와 무관하게 부모님 등이 돌아가셔서 주택을 상속받아 다주택자가 되었는데, 상속주택 때문에 기존주택이 비과세가 안 되는 것은 불합리하여 도입된 것입니다.

이때 상속주택을 비과세해주는 것으로 잘못 아시는 분들이 종종 계신데, 상속주택이 아닌 기존에 본인이 보유하던 1주택을 비과세해주는 것입니다. 구체적인 조건을 살펴보겠습니다.

① 상속개시일(사망일) 당시 보유한 주택

상속개시일에 보유하고 있던 주택만 해당합니다. 즉 사망 이후에 취득한 주택은 대상이 아닙니다(2013년 2월 15일 이후 적용).

그리고 상속개시일 전 2년 이내에 증여를 받은 주택이나 조합원입주권 및 분양권은 특례대상 주택에서 제외(2018년 3월 13일 이후 증여분부터 적용)됩니다. 돌아가시기 전에 미리 증여를 받아 2주택 비과세를 받는 것을 방지하기 위한 것입니다.

② 별도세대인 피상속인으로부터 상속 주택을 취득
(상속주택이 2채 이상인 경우, 법에서 정한 선순위 상속주택 1채)

별도세대인 경우에만 인정이 되지, 동일세대가 상속받는 경우에는 인정이 되지 않습니다. 다만, 동거봉양을 위해 부모님과 합가하여 동일세대가 된 경우에는 동거봉양함으로 인해 오히려 불이익을 받으면 안 되기 때문에, 동거 봉양으로 합가하기 전에 기존에 보유한 주택은 비과세 대상입니다. 합가 이후 취득한 주택은 비과세 대상이 아닙니다.

상속주택이 여러 채인 경우, 1주택만 특례대상인 상속주택이 되는데 이를 선순위 상속주택이라고 하고 나머지를 후순위 상속주택이라고 합니다.

이때 선순위 상속주택의 선정기준은 다음과 같습니다.

- 1순위: 피상속인의 최장 소유 주택
- 2순위: 피상속인의 최장 거주 주택
- 3순위: 피상속인 사망 시 거주하던 주택
- 4순위: 기준시가 높은 것
- 5순위: 임의로 선택

③ 일반주택(기 보유한 주택)을 상속주택보다 먼저 양도

상속주택보다 기존에 보유하던 일반주택을 먼저 양도하는 경우, 그 일반주택은 양도 당시에 2주택을 보유한 상태이지만 1세대 1주택으로 보아 비과세를 적용해줍니다.

물론 일반주택 자체의 보유기간과 거주기간 요건을 충족해야 함은 당연합니다.

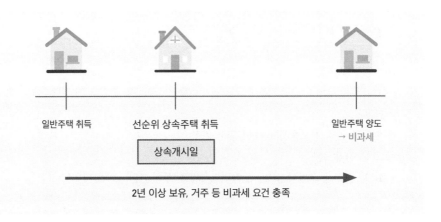

일시적 2주택의 경우와 같이 상속으로 인한 2주택의 경우도 처분 순서가 중요합니다. 참고로 동거봉양이나 혼인합가 등의 경우에는 처분 순서가 무관하다는 차이점이 있습니다.

상속주택을 여러 상속인이 공동으로 취득하는 경우를 살펴보겠습니다.

이러한 공동상속주택의 경우에는 가장 지분이 많은 자가 상속주택을 보유한 것으로 봅니다. 지분이 동일하다면 다음의 순서를 따릅니다.

㉠ 지분이 가장 큰 사람

㉡ 그 주택에 거주하는 사람

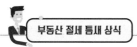

부동산 절세 틈새 상식

취득세와 종합부동산세의 상속주택

상속주택에 대해 세법마다 규정이 달라 종종 헷갈리는 경우가 있어 다시 정리해봅니다.

① 취득세
- 상속주택의 취득세율은 2.8%입니다.
- 상속을 받은 주택, 입주권, 분양권, 주거용 오피스텔은 상속개시일(사망일)로부터 5년간은 주택수에서 제외됩니다. 이 경우 2020년 8월 12일 이전에 이미 상속을 받은 경우에는 2020년 8월 12일로부터 5년간 제외합니다.

② 종합부동산세
- 상속개시일부터 다음의 기간 이내의 상속주택은 중과세율 판단 시에 주택수에는 제외됩니다.
㉠ 수도권, 광역시, 세종시(군·읍·면 제외): 2년
㉡ 그 외 지역: 3년
- 그러나 종부세 과세 대상에는 포함되고, 1세대 1주택 판단 시에도 포함됩니다.

이렇게 쉬운데 왜 부동산 절세를 하지 않았을까

ⓒ 나이가 가장 많은 사람

그리고 나머지 소수지분자의 경우에는 1세대 1주택 비과세 판단 시에 주택수에서 제외됩니다. 따라서 소수지분자는 상속받은 이후 새롭게 1주택을 취득해도 1세대 1주택 비과세의 적용이 가능합니다.

만약 상속주택이 2주택 이상인 경우는 선순위 상속주택의 소수지분만 1세대 1주택 비과세 판단 시 주택수에서 제외됩니다.

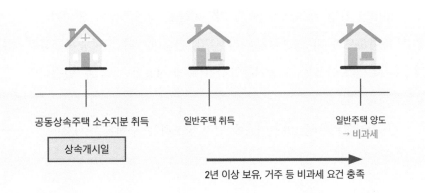

동거봉양합가로 인한 2주택

동거봉양합가로 인한 2주택에 대한 비과세의 취지는 연로하신 부모님을 모시기 위해 합가를 했는데 2주택이라고 비과세를 해주지 않는 것은 효에 대한 차별이라고 하여 만들어진 규정입니다.

그러나 요즘에는 부모님의 봉양보다는 손주 양육을 도와줄 목적이거나 자녀가 편하려고 합가하는 경우도 있지만, 실제 목적과는 무관하게 나이 등

조건만 충족한다면 적용이 가능합니다.

구체적인 조건을 살펴보겠습니다.

① 1주택을 보유한 1세대가 1주택을 보유한 직계존속과 합가

② 합가일 현재 직계존속의 1인이 만 60세 이상

세대합가일에 만 60세 이상이어야 하며, 직계존속 중 1인만 60세 이상이면 적용이 가능합니다. 직계존속에는 배우자의 직계존속도 포함됩니다. 또한 직계존속이므로 부모님뿐만 아니라 조부모와 외조부모도 포함됩니다.

2019년 세법 개정으로 60세 미만이라도 직계존속이 중증질환자인 경우는 포함하도록 하였습니다. 따라서 암, 난치병, 결핵 등 중증질환을 가진 경우는 60세가 안 되어도 동거봉양합가 특례 적용을 받을 수 있습니다.

③ 합가일로부터 10년 이내에 먼저 양도하는 주택은 비과세

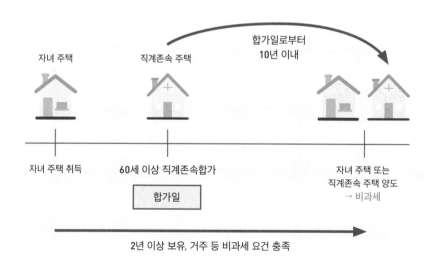

합가일로부터 10년 이내에 양도하는 1주택은 보유·거주요건 충족시 비과세 됩니다. 그리고 남은 1주택도 1세대 1주택이니 비과세가 가능합니다.

혼인합가로 인한 2주택

혼입합가로 인한 2주택 비과세도 혼인 전에 보유한 1주택은 보유기간과 거주기간 요건을 충족하면 비과세가 가능한데, 오히려 결혼으로 1세대 2주택이 되어 비과세가 안 되는 불합리한 점을 해소하기 위한 것입니다.

구체적인 조건을 살펴보겠습니다.

① 1주택을 보유하는 자가 1주택을 보유하는 자와 혼인

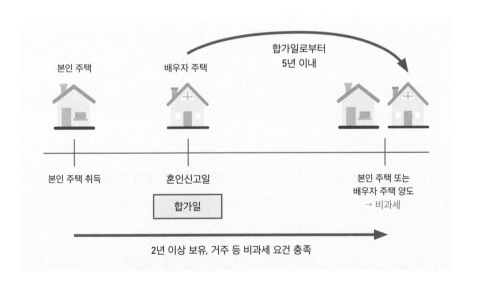

② 1주택을 보유한 60세 이상의 직계존속과 동거하는 무주택자가 1주택자 혼인하여 같이 사는 경우

예를 들어 1주택자인 부모님 집에서 사는 무주택자가 1주택자와 결혼하고 부모님과 동거하는 경우, 부모님 주택과 배우자의 주택으로 1세대 2주택이 되는데 이런 경우에도 적용이 됩니다.

③ ① 또는 ②에 해당하는 경우, 혼인한 날부터 5년 이내에 먼저 양도하는 1주택을 비과세

혼인합가일로부터 5년 이내에 양도하는 1주택은 보유·거주요건 충족 시 비과세됩니다. 그리고 남은 1주택도 1세대 1주택이니 비과세가 가능합니다.

부득이한 사유로 수도권 밖 주택의 취득 2주택

학업이나 직장 문제로 부득이하게 지방에 주택을 취득하게 되어 2주택이 된 경우에 적용될 수 있는 조항입니다. 일반적인 일시적 2주택 비과세의 조건이 적용 안 되는 경우라도 본 조건을 만족하는 경우이면 비과세가 될 수도 있습니다.

구체적인 조건을 살펴보겠습니다.

① 일반주택을 보유한 자가 부득이한 사유로 수도권 밖의 주택을 취득

첫째, 수도권 밖의 주택을 취득한 경우에만 대상이지만 광역시도 수도권 밖이므로 적용 가능합니다.

둘째, 부득이한 사유가 발생하여 취득하는 경우에만 적용됩니다. 부득

이한 사유도 법에 정해져 있는 네 가지의 경우에만 가능합니다.

부득이한 사유

㉠ 취학(초등학교, 중학교는 안 됨)

㉡ 이직, 전근 등 근무상 형편(사업상 형편은 안 됨)

㉢ 1년 이상 치료나 요양이 필요한 질병 치료

㉣ 학교폭력 피해에 의한 전학

② 다른 시군으로 세대원 전원이 이사

수도권 밖의 주택이라도 다른 시군으로 전 세대원이 이사를 가야 합니다.

③ 부득이한 사유가 해소된 날로부터 3년 이내에 일반주택 양도

부득이한 사유 해소일로부터 3년 이내에 일반주택을 양도해야만 적용
이 되고, 수도권 밖에 새롭게 취득한 주택을 양도하는 경우에는 적용이 되지

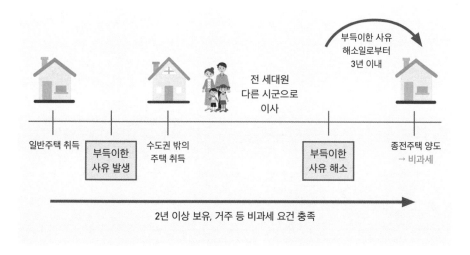

않습니다. 물론 사유 해소일 전에 양도를 해도 가능합니다.

일반적인 일시적 2주택은 중복 보유기간이 최대 3년인데, 이 경우에는 사유가 해소된 날로부터 3년 이내이므로 중복 보유기간이 길어질 수 있습니다.

가장 흔히 발생하는 경우는 다른 지방으로 전근이나 이직을 하게 되는 경우인데 조건을 잘 따져 적용 가능성이 있는지 확인해봐야 합니다.

다주택자에 대한
양도소득세 중과

    윤석열 정부 출범에 따라, 당초 대통령 공약이었던 다주택자 양도소득세 중과는 한시적으로 유예되었습니다. 유예기간은 2022년 5월 10일부터 2023년 5월 9일까지가 됩니다. 해당 기간에는 다주택자가 조정대상지역의 주택을 양도하더라도 중과세율이 적용되지 않습니다.

    따라서 현재는 중과세율의 적용이 일시적으로 유예된 상태라 과거에 비해 중요도나 관심도가 떨어진 상태이지만, 유예기간 종료 후 다시 중과세율이 적용될 수 있고 주택의 매매는 장기적인 관점에서 봐야 하므로 미래를 대비하는 차원에서 기본적인 내용을 숙지하고 있어야 하겠습니다.

    2주택 이상을 보유한 다주택자가 조정대상지역의 주택을 양도하는 경우, 주택수에 따라 기본세율에 20% 또는 30%를 가산하는 것이 기본구조입니다. 앞서 살펴본 표와 같으며, 여기에 장기보유특별공제의 적용도 배제를 하므로 그 영향은 더 크게 됩니다.

● 기본세율과 중과세율

과세표준	기본세율	2주택 중과세율	3주택 이상 중과세율	누진공제액
1,200만 원 이하	6%	26%	36%	-
1,200만~4,600만 원	15%	35%	45%	108만 원
4,600만~8,800만 원	24%	44%	54%	522만 원
8,800만~1.5억 원	35%	55%	65%	1,490만 원
1.5억~3억 원	38%	58%	68%	1,940만 원
3억~5억 원	40%	60%	70%	2,540만 원
5억~10억 원	42%	62%	72%	3,540만 원
10억 원 초과	45%	65%	75%	6,540만 원

따라서 양도하는 주택이 조정대상지역이 아니라면 중과세율 적용 대상 자체가 아닙니다. 이때 조정대상지역 여부는 양도하는 시점이 기준이기 때문에 취득 당시에 조정대상지역인지 여부와는 무관합니다.

2주택 이상을 보유한 경우에 조정대상지역의 주택을 양도한다면,

1단계 본인의 주택수를 판정합니다.

주택수에서 제외되는 것을 제외한 보유 주택수를 계산합니다.

주택수가 3주택 이상인지 2주택 인지에 따라 중과세율이 배제되는 주택이 다르고, 중과배제 대상이 아니라면 30% 가산될지 20% 가산될지가 주택수에 따라 결정되기 때문입니다.

2단계 중과배제 대상인지 확인합니다.

3주택 이상에 적용되는 중과배제 대상과 2주택에 적용되는 중과배제

● 조정대상지역 양도 시 중과세율 판정 흐름

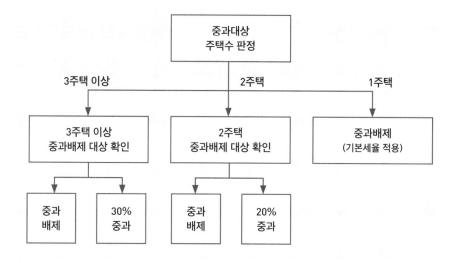

대상이 다르니 1단계에서 판정된 보유 주택수에 따라 중과배제 여부를 확인합니다.

3단계 중과배제 대상이 아니라면 가산세율을 적용합니다.

우선, 중과대상 주택수를 판정해야 합니다.

중과대상 주택수 = 보유 주택수 - 중과 판정 시 주택수 제외 항목

① 보유 주택수는 본인이 보유한 전체 주택수를 의미합니다.

: 중과대상 주택수 판정 시 조합원입주권과 21년 이후 취득한 분양권도 주택수에 포함됩니다.

② 중과 판정 시 주택수 제외 항목

: 수도권(경기도 읍·면 제외)과 광역시(군 제외) 및 세종시(읍·면 제외) 외의 지역에 소재하는 주택으로서 해당 주택 및 이에 부수되는 토지의 기준시가의 합계액이 해당 주택 또는 그 밖의 주택의 양도 당시 3억 원을 초과하지 않는 주택입니다.

따라서 수도권과 광역시 및 세종시에 소재한 주택이라면 공시가격 3억 원 이하라도 주택수에 포함됩니다. 반면 일반시에 소재하거나 경기도나 세종시의 읍·면 지역, 광역시의 군 지역에 소재한 주택의 경우 공시가격 3억 원 이하라면 주택수에서 제외됩니다.

이때 주의해야 할 것은 중과판정 시 주택수가 제외되는 것이지, 비과세 판정 시에 주택으로 안 보는 것이 아닙니다.

그리고 주택수 계산 시,

① 다가구주택

: 독립적으로 구획된 부분을 각각 1주택으로 보나, 하나의 매매 단위로 양도 시 1주택으로 봄(소유자가 선택함에 따라)

② 공동상속주택

: 상속 지분이 가장 큰 상속인의 소유 주택으로 함. 따라서 공동상속주택 소수지분은 중과 판정 시 주택수에서 제외됩니다.

③ 부동산매매업자 보유 주택

: 주택수에 포함됩니다.

지역	서울	부산	창원
기준시가	5억 원	2억 원	2억 원
중과 판정 주택수 포함	○	○	×

중과대상 주택수 계산에 많은 분들이 헷갈리시는 편입니다. 보유 주택의 사례를 들어 설명해보겠습니다.

사례 1의 경우 보유 주택수는 3채이나 창원은 광역시가 아닌 일반시이고 기준시가가 3억 원 이하이므로 주택수에서 제외됩니다.

하지만 부산의 기준시가 2억 원 이하인 주택은 주택수에 포함됩니다. 따라서 중과대상 주택수는 2채이고 2주택 중과배제에 해당하는지 확인하여 배제 대상이 아니라면 20%의 중과세율이 적용됩니다.

사례 2의 경우 보유 주택수는 3채이나 창원과 김해는 일반시에 기준시가 3억 원 이하이므로 주택수에서 제외됩니다. 따라서 중과대상 주택수는 1채이고 이 경우에는 기본세율이 적용됩니다.

하지만 간혹 비과세가 되는 줄 착각하는 경우가 계신데 비과세는 대상

● 사례 2

지역	서울	김해	창원
기준시가	5억 원	2억 원	2억 원
중과 판정 주택수 포함	○	×	×

지역	서울	김해 분양권	창원 주거용 오피스텔
기준시가	5억 원	분양가격 3억	4억 원
중과 판정 주택수 포함	○	×	○

이 아닙니다. 중과 판정 시 주택수 제외와 1세대 1주택 비과세 판정 시 주택수 계산은 다릅니다.

사례 3의 경우 보유 주택수는 3채이나 분양권의 경우에는 분양가격(옵션 제외)을 기준으로 판정하므로 김해 분양권은 일반시 3억 원 이하이므로 주택수에서 제외됩니다. 그러나 창원에 주택으로 보는 주거용 오피스텔의 기준시가가 3억 원이 초과되므로 포함되고, 따라서 중과대상 주택수는 2주택입니다.

중과세율 주택수 제외 항목에 대해 종종 혼동하시는 것이, 기준시가 3억 원 이하라는 것은 양도할 당시의 가액이지 취득할 시점의 가액이 아니라는 것입니다. 즉 주택을 살 때는 기준시가 2억 원인 주택이라도 나중에 처분할 때 기준시가 3억 원이 넘으면 중과대상 주택수에 포함됩니다.

● 사례 4

지역	서울	부산 공동상속주택 소수지분	울산
공시가격	5억 원	2억 원	4억 원
중과 판정 주택수 포함	0	X	0

사례 4의 경우 보유 주택수는 3채이고 부산 소재 주택은 기준시가와 무관하게 주택수에 포함되나, 공동상속주택의 소수지분인 경우이므로 주택수에서 제외되어 중과대상 주택수는 2주택입니다.

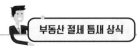

취득세 중과세율 주택수 제외

간혹 양도소득세와 취득세를 혼동하여 취득세에서 지방세시가표준액 1억 원 이하로 주택수에서 제외되는 것은 양도소득세 중과세율에서도 주택수에서 제외되는 것으로 착각하시는 경우가 있습니다.

주택 공시가격이 1억 원 이하(재개발·재건축 제외)라면 취득세는 지역 구분 없이 주택수가 제외되나, 양도소득세는 수도권, 광역시, 세종시(읍·면·군 제외)의 기준시가 1억 원 이하인 주택은 주택수에 포함됨에 주의해야 합니다.

양도소득세가 중과되지 않는 주택

중과대상 주택수 계산 결과 주택수가 3주택 이상인지, 2주택인지가 결정되면, 이에 따라 양도하는 주택이 중과배제 대상이 아닌지 확인을 해야 합니다.

중과배제 대상은 3주택 이상인 경우와 2주택인 경우에 적용되는 항목이 각각 다르기 때문에 주의가 필요합니다.

3주택 이상인 경우

실무적으로 중요하고 자주 헷갈리는 항목 위주로 살펴보겠습니다.

● 양도소득세 중과세율 적용배제

1세대 3주택 이상	1세대 2주택
㉠ 지역기준, 가액기준 충족 주택 (수도권 등 외의 지역 기준시가 3억 이하 주택)	ⓐ 1세대 3주택 이상의 ㉠~㉗의 주택
㉡ 소득세법상 장기임대주택	ⓑ 부득이한 사유로 취득한 주택
㉢ 조특법상 감면대상 장기임대주택	ⓒ 부득이한 사유로 수도권 밖의 취득 주택
㉣ 장기사원용 주택	ⓓ 동거봉양 주택
㉤ 조특법상 미분양·신축주택 등	ⓔ 혼인 주택
㉥ 문화재주택	ⓕ 소송 진행 중이거나 소송으로 취득한 주택
㉦ 상속주택(소득세법 시행령 155조 ②) (상속일로부터 5년 이내)	ⓖ 일시적 2주택
㉧ 저당권 등의 주택	ⓗ 기준시가 1억 이하 주택 (재개발·재건축 지역 제외)
㉨ 장기가정어린이집(5년 이상 어린이집 사용)	ⓘ ⓐ~ⓕ 외 1개 주택만 소유하고 있는 경우의 해당 주택
㉩ ㉠~㉨ 외 1개 주택만 보유 시 해당 주택	ⓙ 조정대상지역 공고일 이전 양도계약 주택
㉪ 조정대상지역 공고일 이전 양도 계약 주택	ⓚ 상속주택 특례 적용 일반주택
㉫ 소득세법 및 조특법상 1세대 1주택 특례 적용 주택	ⓛ 장기임대주택 특례 적용 거주주택
㉬ 보유기간 2년 이상인 주택을 2023년 5월 9일까지 양도하는 주택(시행일 2022년 5월 10일)	ⓜ 보유기간 2년 이상인 주택을 2023년 5월 9일까지 양도하는 주택(시행일 2022년 5월 10일)

① 주택수 제외 주택(지역 기준, 가액 기준 충족)

앞서 살펴본, 기준시가 3억 원 이하인 주택으로 수도권(경기도 읍·면 제외)과 광역시(군 제외) 및 세종시(읍·면 제외) 외의 지역에 소재하는 주택으로

중과대상 판정 시 주택수에 제외되는 경우에는, 다른 주택의 양도 시 주택수 계산에서 제외되면서 해당 주택을 양도할 때도 중과가 되지 않습니다.

예를 들어보면,

지역	서울	부산	창원
기준시가	5억 원	2억 원	2억 원
중과 판정 주택수 포함	○	○	×

일반시인 창원의 주택은 기준시가 3억 원 이하로 주택수를 산정할 때도 제외되지만, 창원 주택이 조정대상지역에 있더라도 주택수에서 제외되는 주택을 처분하면 중과세율이 적용되지 않습니다.

② 상속주택

앞서 1세대 2주택 특례 중 상속주택으로 인한 2주택을 살펴보았는데, 비과세 조항은 선순위 상속주택을 취득한 경우에 기존 보유한 일반주택을 양도하는 경우에 비과세해주는 것입니다.

선순위 상속주택을 먼저 양도하는 경우, 상속개시일로부터 5년 이내에 양도하는 경우 중과되지 않습니다. 만약 상속받은 주택이 여러 채라면 선순위 상속주택만 대상이고 후순위 상속주택은 중과배제 대상이 아닙니다.

다만, 공동상속주택의 소수지분자의 경우에는 선순위 상속주택뿐만 아니라 후순위 상속주택도 중과배제 대상이고 5년의 양도기한도 없습니다.

2주택인 경우

우선 3주택 이상 중과배제 대상 중에 ㉠~㉣에 해당하는 9개 항목은 동일하게 적용되고, 2주택인 경우 추가적인 중과배제 항목들이 있습니다.

실무적으로 중요하고 자주 헷갈리는 항목 위주로 살펴보겠습니다

① 부득이한 사유로 취득한 주택

취학, 근무상의 형편, 1년 이상 질병 치료, 학교폭력으로 인한 전학의 부득이한 사유가 발생하여 다른 시군으로 주거를 이전하기 위해 취득한 주택이 해당합니다.

추가적으로,

㉠ 취득하는 주택이 학교, 직장 또는 질병 치료·요양하는 장소와 같은 시군에 소재

㉡ 취득 당시 기준시가 3억 원 이하

㉢ 취득 후 1년 이상 거주

㉣ 해당 사유가 해소된 날부터 3년 이내에 양도

의 조건을 충족해야 한다면, 중과세율을 적용하지 않습니다.

② 부득이한 사유로 수도권 밖의 취득 주택

앞서 1세대 2주택 비과세 특례에 해당하는 경우로 비과세는 기존에 보유한 일반주택의 처분 시 적용되나, 만약 수도권 밖의 주택을 먼저 처분해야 할 경우가 있는데 이러한 경우에도 중과세율을 적용하지는 않습니다.

③ 동거봉양, 혼인합가 주택

동거봉양합가의 경우에는 합가일 10년 이내 양도 시 혼인합가의 경우에는 5년 이내 양도 시에 먼저 처분하는 주택을 비과세 적용합니다.

하지만 주택이 12억 원을 초과하는 고가주택이거나 거주요건 등을 충족하지 못하여 비과세를 받지 못할 수도 있는데, 이러한 경우에도 중과세율을 적용하지는 않습니다.

④ 일시적 2주택

1세대 2주택 비과세 특례의 일시적 2주택과 유사한 듯 보이지만, 다른 개념입니다. 중과배제 일시적 2주택의 조건은,

ㄱ 종전주택을 보유한 자가 신규주택을 취득

ㄴ 3년 이내에 종전주택을 양도

하는 경우입니다.

조정대상지역인지, 비조정대상지역인지 따지지 않고, 신규주택과 종전주택의 취득 시기 1년의 간격이 없어도 됩니다.

일시적 2주택 비과세와 중과배제 규정을 비교하면 다음과 같습니다.

● **일시적 2주택 비과세 vs. 중과배제**

구분	일시적 2주택 비과세	일시적 2주택 중과배제
신규주택 취득일	종전주택 취득일로부터 1년 이후에 취득	취득 시기 제한 없음
종전주택 양도기한	3년 이내 (조정지역내는 2년 이내)	3년 이내 (조정지역 내라도 3년)
전입요건	없음	없음

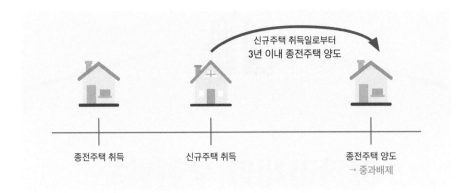

신규주택 취득일로부터
3년 이내 종전주택 양도

종전주택 취득　　　　신규주택 취득　　　　종전주택 양도
　　　　　　　　　　　　　　　　　　　　　　　→ 중과배제

⑤ 기준시가 1억 이하 주택

양도 시점에 기준시가가 1억 이하인 주택은 재개발·재건축 지정 고시된 지역이 아니라면 중과세율 적용이 되지 않습니다. 따라서 수도권, 광역시, 세종시라도 적용이 됩니다.

여기서 종종 헷갈리시는 것이 기준시가 1억 이하이면 무조건 중과배제로 알고 계시는 경우가 있습니다. 해당 규정은 중과대상 주택수가 3주택 이상인 경우에는 적용이 안 되고, 2주택인 경우에만 적용됨에 주의해야 합니다.

이월과세와 우회양도

부동산을 증여로 취득한 경우에는 취득가액이 증여재산평가액이 됩니다. 이를 이용하면 매우 좋은 절세 수단이 될 수 있습니다. 예를 들어 남편이 2억 원에 취득한 주택이 현재 시가가 6억 원이라면 남편이 처분할 경우에는 양도차익이 4억 원이지만 배우자에게 증여하고 양도하면 양도차익은 없습니다.

● **증여 후 양도 절세효과**

사례	남편이 양도	배우자 증여 후 양도
양도금액	6억 원	6억 원
(-) 취득가액	2억 원	6억 원
= 양도차익	4억 원	없음

증여로 취득가액을 올리는 방식으로 양도소득세를 절세할 수 있는 방법인데, 이를 무제한 허용한다면 문제가 될 수 있습니다. 따라서 이렇게 증여 후 양도하는 방식으로 세금을 줄이는 것을 막고자, 이월과세라는 규정을 만들어 제한하고 있습니다.

그리고 이월과세와 유사한 부당행위계산 우회양도에 대한 규정도 같이 살펴보겠습니다.

이월과세

이월과세의 적용 조건은,
① 배우자 또는 직계존비속에게
② 부동산, 시설물 이용권, 부동산을 취득할 수 있는 권리를 증여하고
③ 증여를 받은 날로부터 5년 이내에 양도

하는 경우, 취득가액을 당초 증여자가 취득한 금액으로 합니다. 세율 및 장기보유특별공제 적용을 위한 취득일도 당초 증여자의 취득일을 적용합니다.

구체적으로 조건을 살펴보면, 우선 증여를 하는 사람과 받는 사람의 관계가 배우자나 직계존비속인 경우에만 적용이 됩니다. 이때 배우자와 증여 이후에 이혼을 하여 양도 당시에는 부부관계가 아닐지라도 증여 당시에 배우자이면 이월과세 규정이 적용됩니다.

다음으로, 대상 자산은 토지, 건물, 시설물 이용권(회원권 등)과 분양권, 입주권입니다. 따라서 국내외 주식 등은 적용 대상이 아닙니다.

마지막으로, 증여일로부터 5년 이내에 양도하는 경우에만 적용되는 것이므로 5년 이후에 양도한다면 적용 대상이 아니므로 고려하지 않아도 됩

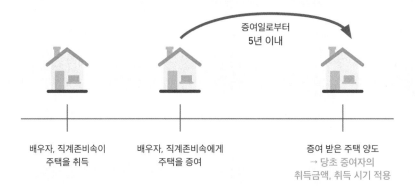

증여일로부터
5년 이내

배우자, 직계존비속이
주택을 취득

배우자, 직계존비속에게
주택을 증여

증여 받은 주택 양도
→ 당초 증여자의
취득금액, 취득 시기 적용

니다.

단, 다음에 해당하면 이월과세 적용이 배제됩니다.

① 이월과세를 적용함으로 인해 1세대 1주택 비과세가 적용되는 경우

② 이월과세를 적용한 양도소득세가 적용하지 않은 경우보다 적은 경우

예를 들어 부모가 2년 이상 보유한 주택을 별도세대인 무주택인 자녀에게 증여하고 이를 몇 개월 내에 처분하는 경우 이월과세를 적용하게 되면 오히려 비과세가 되므로 이런 경우에는 이월과세를 적용하지 않겠다는 것입니다.

물론 해당 무주택인 자녀가 증여를 받고 2년 이상 보유하여 1세대 1주택 요건을 충족한다면 비과세 대상입니다.

이월과세 적용 시에는 기존에 납부하였던 증여세 상당액은 필요경비로 산입하여 양도차익을 계산하게 됩니다. 그리고 이월과세로 인한 세금의 납세의무는 증여자가 아닌 수증자가 지게 됩니다.

우회양도(부당행위계산부인)

세부담을 줄이기 위해 특수관계자에게 증여를 한 후에 양도를 하는 경우에는 부당행위계산부인 중에 우회양도가 적용될 수 있습니다.

우회양도의 적용 조건은,

㉠ 특수관계자에게

㉡ 양도소득세 과세 대상인 자산을 증여하고

㉢ 증여를 받은 날로부터 5년 이내에 양도

한 경우에 적용이 되는데, 다음에 해당하면 우회양도를 적용하지 않습니다.

㉠ [증여세+수증자의 양도소득세] > 증여자가 양도한 것으로 본 양도소득세

㉡ 단, 양도소득이 수증자에게 실질적으로 귀속되는 경우는 제외

우회양도의 조건을 세부적으로 살펴보면,

① 특수관계자에 해당해야 합니다.

이는 배우자와 직계존비속에 한정하는 이월과세보다는 훨씬 대상이 넓은 것입니다. 특수관계자 범위는 2장을 참고하시기 바랍니다.

② 양도소득세 과세 대상 자산 전체가 대상이 됩니다.

이월과세는 토지, 건물, 분양권, 입주권 등이 대상인 데 반해 그 대상 자산의 범위가 더 넓습니다. 따라서 이월과세와 우회양도가 중복되는 경우가

있는데, 이러한 경우에는 이월과세 규정이 적용됩니다.

③ 우회양도를 함으로 인해 전체적인 세금이 줄어드는 경우에 적용합니다.

즉 기존 증여세와 수증자의 양도소득세 합이 증여자가 직접 양도하였다고 본 경우보다 적은 경우에만 적용됩니다. 우회양도는 특수관계자를 통해 증여를 한 후에 양도하여 세금을 줄이는 것을 막기 위한 것이므로 더 세금이 커진다면 굳이 적용할 이유가 없습니다.

④ 양도한 소득이 증여를 받은 자에게 귀속되면 적용하지 않습니다.

다시 말하면, 증여자가 특수관계를 통해 명의만 빌려 증여하고 양도하는 것을 막기 위한 것이니, 실제로 그 소득이 증여자한테 가는 경우에만 적용된다는 의미입니다.

따라서 우회양도가 적용되는 경우에는 이월과세와 달리 납세의무를 지는 사람이 증여를 받은 사람이 아닌 증여를 한 사람입니다.

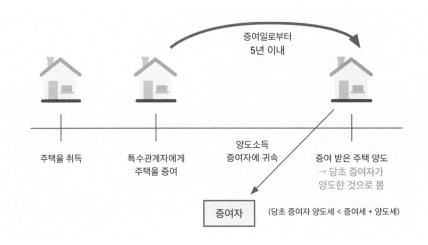

우회양도와 이월과세를 비교해보면, 다음과 같습니다.

우회양도(부당행위계산부인) vs. 이월과세

구분	우회양도	이월과세
증여 시 관계	특수관계자	배우자, 직계존비속
납세의무자	증여자	수증자
대상자산	양도소득세 과세 대상 자산 전체	토지, 건물 부동산을 취득할 수 있는 권리, 특정 시설물 이용권
양도 시점	증여 받은 후 5년 이내	
기타 조건	• 증여세+수증자의 양도세 　< 증여자의 양도세 • 양도소득이 증여자에게 실질 　귀속되어야 함	• 이월과세로 1세대 1주택 비과세가 　적용되는 경우는 배제 • 이월과세로 양도소득세가 줄어드는 경우 　적용배제
취득가액	증여자의 취득가액 적용	
보유기간	세율, 장기보유특별공제 적용: 당초 증여자의 취득 시부터	

양도소득세 절세 비법

　　주택 양도소득세의 최선의 절세 방안은 1세대 1주택 비과세 조건이나 2주택 비과세 특례 조건을 충족하여 1주택 또는 2주택 모두 비과세를 적용받는 것입니다.

　　양도소득세 비과세 조건에 대해서는 앞서 자세히 살펴보았으므로, 여기서는 비과세 조건이 충족이 안 되어 과세되는 경우에 절세할 수 있는 방안 위주로 살펴보도록 하겠습니다.

　　양도소득세 계산구조를 활용한 대표적인 절세 방법을 알아보면 다음과 같습니다.

- 양도차익 줄이기
- 장기보유특별공제 최대한 받기
- 높은 누진세율 피하기
- 양도차손익 통산 규정 활용

양도차익을 줄이기 위해서는 양도가액을 낮추든지, 취득가액이나 필요경비 금액이 올라가야 합니다.

특수관계자 저가 양도

일반적인 매매인 경우, 양도차익을 줄이기 위해 양도가액을 낮추는 것은 결국 더 싸게 파는 것이니 의미가 없겠지만 매수자가 특수관계자라면 더 싸게 팔 유인은 있습니다.

일반적으로 가족 간에 시세보다도 낮게 매매하는 경우가 이에 해당합니다. 하지만 양도소득세는 시가의 5%와 3억 원보다 적은 금액의 이내로 특수관계자에게 낮게 파는 경우에는 그 양도가액을 인정하지만, 그 금액을 초과하면 시가를 양도한 가액으로 보아 양도차익을 계산합니다. 예를 들어 시가 10억 원인 주택이라면 양도금액이 9억 5,000만 원을 초과하는 경우에는 인정이 되나, 그 이하라면 10억 원에 양도한 것으로 봅니다.

취득가액 6억 원이고, 시가 10억 원인 주택을 자녀에게 양도하는 경우,

사례	양도가: 9억5천5백만 원	양도가: 9억 원
세법인정 양도금액	9억 5,500만 원	10억 원 (부당행위계산부인)
(-) 취득가액	6억 원	6억 원
양도차익	3억 5,500만 원	4억 원

이와 같이 법에서 인정되는 범위 내에 특수관계자에게 저가 양도를 하면 양도차익을 줄여 양도소득세를 절세할 수 있습니다.

이때 시가의 5%와 3억 원 중 적은 금액 이내의 저가 양도이면 증여로도 보지 않기 때문에 증여세도 없습니다(8장의 '저가양수와 고가양도로 인한 증여' 참고).

증여로 취득가액 높이기

증여를 받은 자산의 취득가액은 증여재산 평가액이 됩니다. 따라서 주택의 시가가 많이 올라 양도차익이 많은 경우에는 배우자나 자녀에게 증여를 한 이후에 영도를 하면 세금을 줄일 수 있습니다. 단, 이러한 방법으로 세부담을 회피하는 것을 막기 위해 이월과세라는 조항을 만들어 배우자나 직계존비속에게 증여하고 5년 이내에 양도하면, 당초 증여자의 취득가액을 적용합니다. 그 말은 반대로 5년 이후 양도하면, 취득가액이 증여재산가액으로 인정이 된다는 것이고 매우 좋은 절세 방안이 된다는 것입니다.

이월과세에 대한 내용은 본 장의 이월과세와 우회양도 부분을 참고해 주시기 바랍니다.

증빙 보관은 철저히

양도차익의 계산 시 필요경비를 차감해주는데 대표적인 것이 중개수수료, 취득 시 법무사 비용, 보유 중에 발생한 공사비 중 자본적 지출에 해당하

는 경우 등입니다.

　고객분들 중에 많은 분이 수년 전에 취득 당시의 증빙을 분실하신 경우가 많습니다. 그나마 증빙 대신 은행 송금 내역이라도 있으면 다행인데, 현금으로 직접 지급한 경우에는 해당 비용들을 필요경비로 인정받기 어렵습니다.

　특히 공사비의 경우 공사는 했는데 공사의 성격이 자본적 지출이라고 주장할 근거 증빙이 부족하다든지, 아예 공사 증빙 자체를 분실하여 없다든지 하는 경우가 종종 있습니다.

　가공의 증빙을 필요경비로 적용하는 탈세가 아닌, 최소한 법에서 인정되는 실제 지출한 필요경비는 인정받을 수 있도록 적격 증빙으로 수령하여 보관을 철저히 해야 합니다. 가장 기본적인 것에서 절세가 시작됩니다.

부부공동명의로 양도차익 분산

　요즘은 부동산을 매입할 때부터 부부공동명의로 하는 경우가 많습니다. 양도소득세 절세 측면에서는 부부공동명의가 유리합니다.

　공동명의가 유리한 이유는, 양도소득세는 양도차익이 높을수록 세율이 올라가는 누진세율 구조인데 부부공동명의를 하면 양도차익이 분산되어 보다 낮은 세율이 적용되기 때문입니다. 예를 들어 취득가액 2억 원인 주택을 6억 원에 양도하는 경우 단독명의이면 양도차익이 4억 원이지만 공동명의이면 부부 각각 2억 원씩입니다.

　주택을 단독명의 보유 시 양도소득세보다 부부공동명의 시의 양도소득세가 2,230만 원이 절감되었습니다(필요경비, 장기보유특별공제 무시).

　이는 양도차익이 분산됨으로 인한 효과입니다.

사례	단독명의	공동명의	
		남편	부인
양도차익	4억 원	2억 원	2억 원
기본공제	250만 원	250만 원	250만 원
과세표준	3억 9,750만 원	1억 9,750만 원	1억 9,750만 원
산출세액	13,360만 원	5,565만 원	5.565만 원

이처럼 양도소득세 측면에선 공동명의가 유리합니다.

그러나 다음과 같은 경우이면 차이가 없거나 다른 문제로 인해 불리해질 수 있으니 종합적인 유불리를 따져보고 공동명의 여부를 결정해야 합니다.

- 어차피 1주택이고 고가주택이 아니라 전액 비과세인 경우
- 이미 단독명의인 주택을 공동명의로 변경 시 취득세 증여세 문제 발생
- 계약 시 공동명의인 경우, 취득자금 출처에 대한 증여세 문제
- 조정지역의 다주택을 공동명의 보유 시 종합부동산세 중과세율 적용 문제
- 월세가 발생하여 소득 기준으로 건강보험 피부양자 탈락 문제
- 공동명의 지분으로 인해 재산 기준으로 건강보험 피부양자 탈락 문제

연도를 나누어서 처분

양도소득세는 1년간 발생한 양도소득에 대해 과세하는 것으로, 1년에 여러 건의 부동산 등을 양도한 경우에는 합산하여 세율을 적용합니다.

그리고 누진세율의 구조이므로 차익이 합산되어 늘어날수록 보다 높은 세율이 적용됩니다. 따라서 연도를 나누어서 처분하는 경우에는 절세를 할 수 있습니다.

예를 들어 다음과 같이 주택 2채를 처분한 경우,

주택 A: 양도차익 2억 원, 주택 B: 양도차익 6,000만 원

같은 연도에 처분한 경우와 각각 다른 연도에 처분한 경우의 세금을 비교해보면(장기보유특별공제 등은 무시, 일반세율 적용 가정),

㉠ 각각 다른 연도로 나누어서 처분한 경우, 산출세액이 6,423만 원입니다.

구분	2021년	2022년
	주택 A	주택 B
양도소득금액	2억 원	6,000만 원
기본공제	250만 원	250만 원
과세표준	1억 9,750만 원	5,750만 원
세율	38%	24%
산출세액	5,565만 원	858만 원

㉡ 동일한 연도에 처분하면, 소득금액이 합산되고 기본공제 250만 원도 1회만 적용되어 산출세액은 7,845만 원이 됩니다.

결국 연도를 나누어서 처분하는 경우보다 같은 연도에 처분하는 경우에는 1,422만 원의 세금을 더 납부해야 합니다.

구분	2022년		확정신고
	주택A	주택B	
양도소득금액	2억 원	6,000만 원	2억 6,000만 원
기본공제	250만 원	-	250만 원
과세표준	1억 9,750만 원	6,000만 원	2억 5,750만 원
세율	38%	24%	38%
산출세액	5,565만 원	918만 원	7,845만 원

이때 합산 대상은 주택만 해당하는 것이 아니고 누진세율이 적용되는 토지, 건물, 부동산에 관한 권리 및 회원권 등 기타자산도 합산 대상에 포함됨에 주의해야 합니다.

양도차손익의 통산 활용

토지, 건물, 부동산에 관한 권리, 기타자산의 양도소득은 합산되므로, 만약 손실이 발생한 경우에는 손실과 이익의 통산이 가능합니다.

이를 활용하면 기타자산인 회원권 매매에서 손실이 발생한 경우, 주택 거래로 발생한 차익과 통산하여 세금이 줄어들게 됩니다. 물론 같은 연도 내에 처분한 경우에만 적용이 됩니다.

당초 주택을 5월에 처분하고 예정신고로 5,565만 원의 세금이 발생했지만, 손실 중인 회원권을 처분하여 양도차손익을 통산하여 확정신고하면 세액이 3,323만 원으로 줄어들고 2,242만 원을 환급받을 수 있습니다.

구분	2022년		확정신고
	주택(5월)	회원권(11월)	
양도소득금액	2억 원	(-)6,000만 원	1억 4,000만 원
기본공제	250만 원	-	250만 원
과세표준	1억 9,750만 원	-	1억 3,750만 원
세율	38%	-	35%
산출세액	5,565만 원	-	3,323만 원

만약 회원권을 내년에 손실 보고 처분하였다면 환급을 받을 수 없습니다.

따라서 이미 1건의 부동산 매매에서 양도차익이 난 경우에 다른 부동산이나 분양권 또는 회원권 등의 시세가 하락하여 손실 중인 상태이고 조만간 정리할 계획이라면 가능한 같은 연도에 양도차손이 발생하도록 하여 세금을 줄일 수 있습니다.

헷갈리지 말아야 할 것은, 해외주식 등의 주식은 다른 자산 그룹이므로 매매로 손실이 난 경우에도 부동산 등과 양도차익의 통산 대상이 아니라는 것입니다.

보유기간 계산에 주의

매매의 경우 처분일자는 잔금청산일과 소유권 이전 등기 접수일 중에 빠른 날이고 이에 따라 보유기간이 최종 결정됩니다.

보유기간에 따라 2년 이내인 경우 단기매매로 고율의 세율이 적용될 수

도 있고 비과세 조건인 2년의 기간 충족 여부도 달라질 수 있습니다. 그리고 장기보유특별공제도 보유기간에 따라 달라지게 됩니다.

따라서 매매계약을 할 시점에 몇 주만 더 채우면 세율 적용이 달라지거나 장기보유특별공제를 더 받게 된다면 매수자와 협의하여 보유기간을 고려한 잔금일자의 조정이 필요합니다.

잔금일을 조정하는 것이 일반적이지만, 등기 접수일을 먼저 하는 경우도 있습니다. 실례로 다주택자 중과세율이 2021년 6월 1일 이후 양도분부터는 10%가 올라가게 되었는데, 일부에서는 잔금은 6월 중에 치르더라도 등기만 6월 1일 이전에 먼저 하도록 해주어서 보다 낮은 세율을 적용받은 경우도 있었습니다.

이혼 시 재산분할

이혼을 하고 부부의 재산을 나누는 경우, 재산분할인지 위자료인지에 따라서 양도소득세가 달라집니다.

재산분할은 부부 공동의 노력이 형성된 재산으로 보기 때문에 양도로 보지 않고 양도소득세도 발생하지 않지만, 위자료는 대물변제에 해당하는 양도로 보아 양도소득세가 발생합니다.

취득일이나 취득금액에서도 차이가 발생하는데, 재산분할의 경우에는 당초 이혼한 배우자가 취득한 날과 취득금액이 적용되는데, 이에 반해 위자료는 증여 등기 접수일이 취득일이 되고 위자료(대물변제)가 취득가액이 됩니다.

참고로 재산분할이나 위자료 모두 증여로 보지 않기 때문에 증여세 문

제는 발생하지 않습니다. 취득세는 모두 납부 대상이나, 위자료에 해당하면 무상 취득세율인 3.5%가 적용되고 재산분할의 경우에는 이보다 낮은 1.5% 의 세율을 적용하게 됩니다.

1. 양도소득세 계산 방식에 대한 설명 중 옳지 않은 것은?

① 양도차익의 계산은 실제 거래가액을 기준으로 함이 원칙이다.

② 취득가액의 미확인 시 매매사례가액, 감정가액, 환산가액 순으로 적용한다.

③ 1세대 1주택인 경우에는 장기보유특별공제가 최대 80% 적용된다.

④ 양도소득기본공제 250만 원은 연중 여러 건을 양도해도 매번 공제된다.

⑤ 벽장, 장판비용은 양도차익 계산 시 자본적 지출로 인정되지 않는다.

2. 양도소득세의 세대에 대한 설명 중 옳지 않은 것은?

① 배우자와 법적으로 이혼을 했으나, 생계를 같이하는 경우에는 동일세대로 본다.

② 형제자매의 배우자는 동일 주소에서 생계를 같이해도 별도세대이다.

③ 자녀가 만 30세 이상이면 무조건 별도세대이다.

④ 주민등록표와 실제 주거가 다른 경우, 실제 주거에 따라 동일세대를 판단한다.

⑤ 동일한 주소에 거주하더라도, 생계를 달리함이 입증되면 별도세대로 인정될 수 있다.

3. 양도소득세의 주택에 대한 설명 중 옳지 않은 것은?

① 공부상의 용도와 사실상의 용도가 다른 경우, 사실상 현황에 따른다.

② 오피스텔이 상시 주거용으로 사용되는 경우에는 주택이다.

③ 무허가 주택이라도 주택수에 포함된다.

④ 공동으로 소유한 주택은 예외적인 경우를 제외하고는 각자가 1주택을 소유한 것으로 본다.

⑤ 별장도 주택으로 본다.

4. 주택의 보유기간 계산에 대한 설명 중 옳은 것은?

① 소유권이전 등기 접수일이 잔금청산일보다 빠른 경우라도 잔금청산일을 취득일로 본다.

② 양도소득세 계산 시 증여로 인한 취득일은 증여계약일을 취득일로 본다.

③ 원조합원입주권을 보유하여 아파트를 취득하는 경우에는 기존주택의 취득일로부터 보유기간을 계산한다.

④ 별도세대로부터 증여를 받은 경우, 보유기간을 통산한다.

⑤ 상속을 받은 경우, 세율 적용 시에도 상속개시일로부터 보유기간을 계산한다.

5. 1세대 1주택 비과세에 대한 설명 중 옳은 것은?

① 1세대가 2년간 1주택만을 보유한 경우에 적용된다.

② 취득 시 비조정지역이나 양도 시 조정 대상인 경우 2년 거주요건이 필요하다.

③ 계약 당시 비조정이었으나 잔금 시점에 조정지역이 된 경우 거주요건은 무조건 적용받지 않는다.

④ 취학, 근무상 형편 등으로 일부 세대원이 거주하지 못한 경우에는 거주한 것으로 인정을 해준다.

⑤ 조정지역 내 일시적 2주택은 1년 이내에 신규주택으로 전입해야 한다.

6. 1세대 2주택 비과세에 대한 설명 중 옳은 것은?

① 종전주택의 취득일로부터 1년 이내에 신규주택을 취득해도 일시적 2주택 비과세는 적용된다.

② 조합원입주권을 보유한 상태에서 신규주택을 취득해도 일시적 2주택 비과세가 적용된다.

③ 여러 상속주택 중 아무 상속주택이나 보유한 경우에도 상속으로 인한 2주택 비과세 특례가 적용된다.

④ 동거봉양합가는 합가일 현재 직계존속 중 1인이 만 60세 이상인 경우에도 적용된다.

⑤ 혼인합가는 합가일로부터 10년 이내에 양도하는 경우에 적용된다.

7. 부동산을 배우자나 직계존비속에게 증여하고, 5년 이내에 양도하는 경우에 취득가액과 취득일을 당초 증여자의 취득가액과 취득일을 적용하게 된다. 이를 _____ 라고 한다.

5장

부동산 갖고
있을 때
세금 아끼는 법

재산세와 종합부동산세의 기본구조

재산세와 종합부동산세 과세 대상

재산세와 종합부동산세는 6월 1일 과세 대상을 소유한 경우에 부과되는 것은 동일하지만, 그 대상과 계산 방식이 다릅니다. 주택을 보유한 경우 재산세는 저가주택이라도 피할 수 없으나, 종합부동산세는 일정 수준 이상의 금액을 보유한 경우에만 납부 대상입니다.

부동산에 대한 재산세와 종합부동산세를 비교해보면, 재산세는 예외 없이 과세되나 종합부동산세는 건축물 중에 주택만 대상이고 상가, 공장, 업무용 빌딩 등 일반건축물은 과세 대상 자체가 아닙니다.

그리고 토지 중에서도 따로 저율이나 고율로 재산세를 매기는 농지, 임야, 골프장, 고급 오락장 등의 분리과세 대상 토지도 종합부동산세 대상이 아닙니다.

구분		재산세	종합부동산세
건축물	주택	○	0 (별장은 제외)
	일반건축물	○	×
토지	종합합산	○	○
	별도합산	○	○
	분리과세	○	×

정리하면, 종합부동산세의 과세 대상은 주택과 토지(종합합산, 별도합산)이고 재산세는 부동산 외에도 선박과 항공기에 대해서도 과세를 합니다.

주의할 것은 매년 6월 1일 기준 소유권자에게 부과되는 것이니, 주택을 6월 1일 이전에 처분하면 그 연도의 재산세와 종합부동산세는 내지 않는다는 것입니다.

반면 6월 2일에 주택을 처분했다면 세금을 납부할 시점(재산세 7월/9월, 종합부동산세 12월)에는 이미 주택의 소유권은 다른 사람에게 넘어갔지만 본인이 세금을 납부해야 한다는 것입니다.

재산세 계산구조

재산세의 계산구조는 비교적 단순합니다.

'시가표준액 × 공정시장가액비율 × 세율'의 구조입니다.

시가표준액은 주택의 경우, 단독주택은 개별주택공시가격을 적용하고

⊚ 재산세 계산구조

구분		시가표준액	공정시장 가액비율	세율
건축물	주택	개별(공동)주택가격	60%	0.1~0.4%
	일반건축물	법정 산정금액	70%	0.25~4%
토지	종합합산	개별공시지가	70%	0.2~0.5%
	별도합산			0.2~0.4%
	분리과세			0.07%, 0.2%, 4%

아파트 등의 공동주택은 공동주택공시가격을 적용합니다. 그리고 토지는 개별공시지가를 적용합니다.

다만, 일반건축물의 경우 신축가액, 구조, 용도, 위치, 경과 연수, 잔가율 등을 고려하여 다음과 같이 산정합니다.

기준가격 × 구조별·용도별·위치별 지수 × 잔존가치율 × 가감산율

공정시장가액비율은 시가표준액 전체 금액이 아닌 일정 비율을 곱하여 조정해준다는 의미로, 주택의 경우 일반건축물이나 토지에 비해 낮은 60%를 적용해주고 있습니다. 용어는 같지만, 종합부동산세의 공정시장가액비율과는 다른 것입니다.

주택분의 세율은 과세표준(시가표준액 × 60%)의 금액에 따라서 세율이 올라가는 누진세율 구조입니다. 1세대 1주택자가 보유한 공시가격 9억 원 이하인 주택의 경우에는 보다 낮은 특례세율을 적용하게 되는데 2023년까지

과세표준 (공시가격 × 60%)	표준세율	1세대 1주택 (공시가격 9억 원 이하)
6,000만 원 이하	0.1%	0.05%
6,000만~1.5억 원	6만 원 + 6,000만 원 초과분 0.15%	3만 원 + 6,000만 원 초과분 0.1%
1.5억~3억 원	19만 원 + 1.5억 원 초과분의 0.25%	12만 원 + 1.5억 원 초과분의 0.2%
3억~5.4억 원	57만 원 + 3억 원 초과분의 0.4%	42만 원 + 3억 원 초과분의 0.35%
5.4억 원 초과		해당 없음

한시적으로 적용하고 있습니다. 추가적으로 1세대 1주택의 경우에는 공정시장가액비율을 60%가 아닌 45%로 하향 조정할 것임을 2022년 6월 16일 '새 정부 경제정책방향'으로 발표한 바 있으니 향후 개정 방향을 살펴보아야 할 것입니다. 참고로 상시 주거용이 아닌 휴양, 피서 목적인 별장의 건물과 부속토지는 4%의 고율의 세율이 적용됩니다. 단, 농어촌주택의 요건에 해당하면 별장에서 제외됩니다.

종합부동산세 계산구조

종합부동산세는 2005년 노무현 정부 시절에 도입된 제도입니다. 재산세와는 과세 대상이 다른데 주택과 토지에 대해서만 과세를 합니다. 따라서 일반 상가나 빌딩 등은 그 대상이 아닙니다.

여기서는 주택에 대한 계산구조 위주로 살펴보겠습니다.

재산세의 토지 과세

토지는 종합합산, 별도합산, 분리과세의 세 가지 유형으로 구분하여 각각 다른 세율을 적용합니다. 그리고, 인별 보유한 종합합산과 별도합산 유형의 토지는 해당 유형별로 합산하여 과세를 하게 됩니다.

① 종합합산

: 별도합산, 분리과세 대상이 아니면 모두 여기에 해당합니다.

② 별도합산

: 공장용 건축물의 부속토지, 차고용 토지 등 업무나 경제활동에 사용되는 토지는 별도합산 대상입니다.

③ 분리과세

: 특별히 낮은 세율로 과세하거나 높은 세율을 부과하기 위한 토지입니다.

- 저율(0.07%): 농지(전, 답, 과수원), 목장용지, 임야
- 일반(0.2%): 공장 토지로, 읍·면 지역이나 산업단지·공업단지에 소재
- 고율(4%): 회원제 골프장, 고급 오락장용 토지

● **종합부동산세 계산구조**

산식	항목	비고
	인별 주택 공시가격의 합산	
(-)	6억 원(1세대 1주택은 11억 원)	1세대 1주택자만 11억 원 적용
×	공정시장가액비율(2022년: 60% 예정)	2021년: 95%
=	과세표준	
×	세율(6단계 초과누진세율)	일반: 0.6%~3%, 중과: 1.2%~6%
=	종합부동산 세액	
(-)	재산세 상당액	
=	산출세액	
(-)	세액공제(연령, 보유기간)	1세대 1주택자만 적용(최대 80%)
(-)	세부담 상한 초과액	일반:150%, 중과:300%
=	납부할 세액	

① 인별 주택 공시가격의 합산

종합부동산세는 인별 과세 방식입니다. 이는 주택수를 계산할 때 양도소득세와 취득세가 세대를 기준으로 적용하는 것과 차이가 있습니다. 따라서 종합부동산세 계산의 첫 단계는 개인별로 보유한 주택의 공시가격을 합산합니다.

② 6억 원 공제(1세대 1주택자는 11억 원)

합산한 주택공시가격에서 6억 원을 공제해줍니다. 이때 1세대 1주택자인 경우에는 11억 원을 공제해주는데 종합부동산세의 1세대 1주택자는 '1세

대의 세대원 중에 1명만 1주택을 보유한 경우'라 양도소득세 등의 1세대 1주택과는 개념 자체가 다릅니다. 추가적으로 1세대 1주택자에 대해서 현행 11억 원 공제를 2022년만 한시적으로 14억 원 공제로 상향할 것임을 2022년 6월 16일 '새정부 경제정책방향'으로 발표하였으나, 이는 국회 통과가 필요한 사항으로 향후 개정 여부를 살펴보아야 할 것입니다.

공시가격을 시가의 70%로 가정하면, 1세대 1주택자인 경우는 시가로 15억 원 수준의 주택은 종합부동산세를 내지 않고, 본인과 배우자가 각각 시가 8억 원의 주택을 보유해도 세금을 내지 않습니다.

○ 공제액 적용 예시

구분	사례 1		사례 2		사례 3	
	본인	배우자	본인	배우자	본인	배우자
공시가격 합산	12억 원	-	6억 원	6억 원	6억 원 + 6억 원 = 12억 원	-
공제액	(-) 11억 원	-	(-) 6억 원	(-) 6억 원	(-) 6억 원	-
공제액 차감 후	1억 원	-	-	-	6억 원	-

사례 1

본인 단독으로 공시가격 12억 원인 주택을 1채를 보유한 경우에는 1세대 1주택자로 11억 원이 공제되어, 차감 후 1억 원에 대해 과세됩니다.

사례 2

본인과 배우자가 각각 공시가격 6억 원인 주택을 1채씩 보유한 경우에

는 내야 할 종합부동산세가 없습니다.

<u>사례 3</u>

본인이 공시가격 6억 원인 주택 2채를 모두 보유한 경우에는 합산액 12억 원이 되나, 1세대 2주택자로 인당 6억 원 공제이므로 차감 후에도 6억 원에 대해 과세됩니다.

③ 공정시장가액비율

6억 원 또는 11억 원을 공제한 금액에 공정시장가액비율이라는 것을 곱하게 되는데, 비율이 높아질수록 세금 부담은 올라가게 됩니다.

문재인 정부는 당초 80% 수준이던 해당 비율을 매년 5%씩 올려 2022년부터는 100%를 적용하도록 하였습니다. 그러나 윤석열 정부는 2022년의 종합부동산세의 부담을 2020년 수준으로 돌린다는 것을 국정과제로 발표하였으며, 대통령 시행령 개정을 통해 공정시장가액비율도 60%로 하향할 것을 2022년 6월 16일 '새정부 경제정책방향'을 통해 발표하였습니다.

● **공정시장가액비율 변경 추이**

연도	2018년	2019년	2020년	2021년	2022년
비율	80%	85%	90%	95%	60% 예정

④ 종합부동산 세율

공정시장가액비율을 곱하여 산출된 금액에 세율을 곱하여 산출세액을 계산하게 됩니다. 세율 구조는 6단계 초과누진세율 구조입니다.

종합부동산세 세율

과세표준	2주택 이하 (조정대상지역 2주택 제외)	3주택 이상 또는 조정대상지역 2주택	비고
3억 이하	0.6%	1.2%	
3억~6억	0.8%	1.6%	
6억~12억	1.2%	2.2%	법인은 일반세율은 3% 중과세율은 6% 단일세율 적용
12억~50억	1.6%	3.6%	
50억~94억	2.2%	5.0%	
94억 초과	3.0%	6.0%	

당초 종합부동산세는 보유 주택의 합산 가액만 고려할 뿐, 주택수와 무관하였습니다. 그러나 문재인 정부의 18.9.13 대책으로 다주택자에 대한 세율을 별도로 신설하였으며 이후 세율을 한 번 더 올려 최대 6%의 세율을 적용하는 현재의 구조가 되었습니다.

중과세율 적용 대상은 3주택 이상 보유자인데, 조정대상지역에 2주택을 보유한 경우도 포함됩니다.

연령, 보유기간 세액공제율

연령 공제			보유기간 공제			비고
60세 이상	65세 이상	70세 이상	5년 이상	10년 이상	15년 이상	연령+보유기간 공제 합산 한도 80%
20%	30%	40%	20%	40%	50%	

⑤ 세액공제

세액공제는 1세대 1주택자에게만 적용됩니다. 보유자의 연령이 60세 이상이거나 보유기간이 5년 이상인 경우에 산출세액의 일정 비율을 공제해줍니다.

연령 공제 40%와 보유기간 공제 50%까지 적용되나, 세액공제 모두 적용되는 경우에는 합산한 세액공제율을 최대 80%를 한도로 적용하게 됩니다.

⑥ 세부담 상한 초과액

주택에 부과된 재산세와 종합부동산세의 합계액(총보유세액)이 전년 대비 일정 비율 이상은 부과하지 못하도록 상한을 두고 있으며, 그 상한을 초과하는 금액만큼을 차감하는 방식입니다.

◦ 세부담 상한비율 적용

구분	3주택 또는 조정대상지역 2주택 이상	그 외
세부담 상한비율	300%	150%

일반적인 경우 150%를 적용하고, 중과세율 적용 대상인 3주택 이상 또는 조정대상지역 2주택 이상인 경우에는 300%를 적용하게 됩니다.

⑦ 농어촌특별세

산출된 종합부동산세의 납부세액의 20%에 해당하는 농어촌특별세가 추가로 부가됩니다.

재산세와 종합부동산세의
신고와 납부

　　재산세는 지방세이고 종합부동산세는 국세입니다. 따라서 재산세의 관할은 해당 주택 소재지의 시·군·구청이지만 종합부동산세의 관할은 납세자 주소지의 관할 세무서입니다.

구분	재산세	종합부동산세
관할	물건 소재지 시·군·구청	납세자 주소지 관할 세무서
과세	물건별로 과세	인별 합산과세
납부기간	주택분 50%: 7.16~7.30 주택분 50%: 9.16~9.30	12.1~12.15
분납기간	2개월	6개월
물납	가능	불가능

주택분 재산세는 2번에 걸쳐 나누어 부과되는데, 해당 연도에 납부할 세액의 절반은 '7월 16일~7월 31일'이며 나머지 절반은 '9월 16일~9월 30일' 입니다. 종합부동산세의 납부기간은 '12월 1일~12월 15일'입니다.

만약 납부세액이 250만 원을 초과하는 경우에는 신청에 따라 분납도 가능한데, 재산세는 분납기간이 2개월이나 종합부동산세는 상대적으로 긴 6개월입니다. 분납은 별도로 이자가 붙지 않는 것이니, 분납 대상이면 활용하면 좋습니다. 참고로 종합부동산세는 고지납부 방식 외에 직접 신고하는 방식을 선택할 수도 있습니다.

● 분납세액 계산

납부세액	분납할 세액
250만 원 초과 ~ 500만 원 이하	250만 원 초과액
500만 원 초과	납부세액 50%

종합부동산세의
1세대 1주택자

종합부동산세는 인별 과세 원칙입니다. 그러나 주택 실수요자인 1세대 1주택자에 한정하여 공제금액을 11억 원 적용하고, 보유기간과 연령에 따른 세액공제도 적용을 해주고 있습니다. 단, 2022년 6월 16일 '새정부 경제정책 방향'에서 11억 원을 14억 원으로 상향할 것을 발표하였으나, 이는 국회 통과가 필요한 사항으로 향후 개정 여부를 살펴보아야 할 것입니다.

● **1세대 1주택자의 종합부동산세 적용**

구분	1세대 1주택자	일반적인 경우
공제금액	11억 원(1세대)	6억 원(인별)
보유기간 세액공제	적용	미적용
연령 세액공제	적용	미적용

세대의 개념

종합부동산세의 1세대는 '주택 또는 토지의 소유자 및 그 배우자가 그들과 동일한 주소 또는 거소에서 생계를 같이하는 가족'으로 정의하고 있으며, 양도소득세의 세대 개념과 유사합니다.

다만, 다음의 경우는 일정 기간 동안 별도세대로 보는데 양도소득세의 혼인합가와 동거봉양합가 비과세와 동일한 취지입니다.

ㄱ 혼인: 혼인한 날로부터 5년간 각자 1세대로 인정

ㄴ 동거봉양: 60세 이상의 직계존속과 합가한 경우에, 동거봉양합가일로부터 10년간 각자 1세대로 인정(직계존속 중에 1명만 60세 이상인 경우 포함)

합가일에 60세 미만이나 과세기준일(6월 1일)에 60세가 된 경우, 합가일로부터 10년의 기간 중 60세 이상의 기간만 별도세대로 봅니다.

1세대 1주택자

세대의 개념은 양도소득세와 비슷하나, 1세대 1주택자는 전혀 다른 개념입니다. 종합부동산세의 1세대 1주택자는 '세대원 중 1인'이 해당 주택을 단독으로 소유한 경우에만 해당합니다. 즉 1주택을 동일세대원이 공동명의로 보유한 경우 양도소득세는 1세대 1주택이지만 종부세의 1세대 1주택자는 아닙니다. 따라서 1세대 1주택자에게 주는 혜택인 공제금액 11억 원 상향 및 세액공제를 적용해주지 않습니다.

다음의 사례로 살펴보겠습니다.

구분	보유 현황	판단
사례 1	본인 1주택, 배우자 무주택	1세대 1주택자
사례 2	본인과 동일세대 자녀가 1주택을 공동명의 보유	1세대 1주택자 아님 (본인과 자녀 각각 6억 공제)
사례 3	본인과 배우자가 1주택을 공동명의 보유	1세대 1주택자 아님 (본인과 배우자가 각각 6억 공제 또는 1세대 1주택자 신청 가능)

사례 3과 같이 본인과 배우자가 1주택을 공동명의로 보유한 경우에도 원칙적으로 각자 1주택씩을 보유한 것으로 보기 때문에 1세대 1주택자 적용이 안 됩니다. 따라서 각자 공동명의 지분에 해당하는 공시가격에 6억 원을 공제받습니다.

그러나 1주택을 부부공동명의로 보유한 것에 대한 역차별 논란이 일어나 2021년부터 1주택이 부부공동명의인 경우에는 1세대 1주택자의 적용을 신청하면 적용이 가능하도록 개정하였습니다. 단, 부부공동명의라도 1세대 1주택자 적용이 언제나 유리한 것이 아니므로 유의해야 합니다.

사례 1 공시가격 12억 원인 1주택을 부부공동명의 보유 시 [50:50 지분]
(보유기간 및 연령 세액공제 적용 대상이 아닌 경우)

구분	1세대 1주택자 신청 시	1세대 1주택자 미신청 시	
		본인(50%)	배우자(50%)
공시가격 합	12억 원	6억 원	6억 원
(-) 공제액	(-) 11억 원	(-) 6억 원	(-) 6억 원
차감 후	1억 원	-	-

사례 1과 같은 경우와 같이 적용받을 세액공제 등이 없다면, 각자 6억 원을 공제받기로 하고 1세대 1주택자 적용을 신청하지 않는 것이 유리합니다.

사례 2 공시가격 12억 원인 1주택을 부부공동명의 보유 시 [75:25 지분]

(보유기간 및 연령 세액공제 적용 대상이 아닌 경우)

구분	1세대 1주택자 신청 시	1세대 1주택자 미신청 시	
		본인(75%)	배우자(25%)
공시가격 합	12억 원	9억 원	3억 원
(-) 공제액	(-) 11억 원	(-) 6억 원	(-) 6억 원
차감 후	1억 원	3억 원	-

사례 2와 같이 한쪽의 지분이 더 많은 경우에는 신청하는 것이 유리할 수 있습니다.

만약 1세대 1주택자를 신청하여 공제금액 차감 후의 금액이 더 커지더라도 세액공제를 받으면 더 유리해질 수 있으니 실제로 유리한지는 시뮬레이션을 해본 후에 신청을 해야 합니다.

종합부동산세의
주택수 계산

종합부동산세의 과세 대상인 주택은 재산세 중에 주택분으로 과세되는 항목입니다. 재산세에서 주택은 '세대의 구성원이 장기간 독립된 주거생활을 할 수 있는 구조로 된 건축물의 전부 또는 일부 및 그 부속토지'로 정의되어 있습니다.

만약 건축물대장 등 공부상에 등재된 현황과 사실상의 현황이 다른 경우에는 사실상의 사용 현황에 따라 재산세를 부과하고 종부세도 이와 동일합니다.

종합부동산세의 주택수 계산과 관련 주의해야 할 부분을 살펴보겠습니다.

① 공동명의

공동으로 소유한 주택은 각 지분의 소유권자 각자가 1주택씩을 보유한 것으로 봅니다. 따라서 본인과 형제가 1주택을 공동으로 보유하면 각자 1주

택을 보유한 것으로 봅니다.

부부가 1주택을 공동으로 보유한 경우에도 각자 1주택을 보유한 것으로 보지만, 1세대 1주택자로 신청을 하면 1주택으로 보는 특례가 있음은 앞서 살펴보았습니다.

② 주거용 오피스텔

오피스텔은 재산세에서 주택이 아닌 업무시설로 부과되지만, 실제 사용 현황이 주택이라면 '재산세 과세대상 변동신고서'를 통해 주택분 재산세를 부과받을 수도 있습니다.

종합부동산세는 주택분 재산세가 부과되면 주택으로 보기 때문에 주거용 오피스텔은 종합부동산세 과세 대상이고 주택수에도 포함이 됩니다. 다만, 오피스텔을 주거용으로 사용하고 있지만 업무용으로 재산세를 납부하고 있고 현지조사를 통해 사용 현황이 주택임이 적발되지 않으면, 종합부동산세는 재산세 과세 현황을 따르기 때문에 주택으로 보지 않습니다.

③ 주택 부속토지

일반적으로 가장 헷갈리는 부분입니다. 주택 부속토지는 재산세에서 주택분으로 부과되고 주택에 포함이 됩니다. 본인 소유 주택의 부속토지는 어차피 1주택이니 관계없으나, 문제는 다른 주택의 건물은 보유하지 않고 부속토지만을 보유한 경우입니다.

결론적으로 다른 주택의 건물은 다른 사람이 보유하고 그 부속토지만 본인이 보유해도 1주택을 보유한 것으로 봅니다.

예외적으로 본인이 1주택을 보유하고 다른 주택의 부속토지만 보유한 경우는 1주택으로 보아 1세대 1주택자를 적용해줍니다(사례 1).

구분	보유 현황		주택수 판단
	본인	배우자	
사례 1	1주택 + 1부속토지	-	1세대 1주택자
사례 2	1주택	1부속토지	1세대 1주택자 아님 (각자 6억 원 공제)
사례 3	2부속토지	-	2주택자

여기서 만약 배우자가 다른 주택의 부속토지를 보유한 경우에는 배우자가 1주택을 보유한 것으로 보기 때문에 1세대 1주택자 적용을 해주지 않기 때문에 주의해야 합니다(사례 2).

부속토지만을 매매하는 경우는 재개발 투자 외에는 드물지만, 증여나 상속을 받을 때 자녀 2명 가운데 1명에게 건물을, 1명에게 토지를 주는 경우가 종종 있는데, 이런 경우에 부속토지만 소유하게 되어도 1주택자가 되니 유의해야 합니다.

④ 상속주택

상속주택은 2022년 2월 15일자로 개정된 내용입니다. 상속개시일로부터 다음의 기간 동안은 세율 적용 시 주택수에서 제외합니다.

ㄱ 수도권·세종시(읍·면 제외), 광역시(군 제외): 2년

ㄴ 그 외 지역: 3년

상속주택에 대해 주의할 것은, 중과세율 적용 시에 주택수 계산에는 제외한다는 것이지 종합부동산세 과세를 하지 않는다는 것이 아닙니다.

◦ **세율 적용 시 상속주택 주택수 포함 여부**

종전 규정	개정(2022년 2월 15일 이후)
공동상속주택으로, ① 소유지분이 20% 이하 ② 해당 지분의 공시가격이 3억 원 이하를 모두 충족하는 경우에 주택수에서 제외	상속지분과 가액을 고려하지 않고, 상속개시일로부터 3년(수도권, 세종시, 광역시는 2년)간 주택수에서 제외 * 상속받은 분양권, 입주권에 의해 취득한 주택도 포함

또한 1세대 1주택자의 판단 시에도 상속주택을 제외하지 않습니다.

위 개정된 내용의 시행 전에 상속이 개시되고, 6월 1일 현재 종전 규정에 따라 요건을 충족하는 경우에는 종전 규정을 적용합니다. 따라서 종전에 제외되었으나 포함되는 불이익은 없으나 2022년 2월 15일 이후 상속 개시되는 경우에는 개정된 2년 또는 3년간 주택수 제외 규정만 적용됩니다.

⑤ 다가주주택

건축법상의 다가구주택에 해당하면 1주택으로 봅니다. 다만, 합산배제 임대주택으로 신고한 경우에는 독립된 구획을 1주택으로 봅니다.

⑥ 일시적 2주택, 상속주택 등 불가피한 사유 (새정부 경제정책방향 발표)

2022년 11월의 종합부동산세 고지시에 일시적 2주택, 상속주택, 지방 저가주택은 종합부동산세 중과세율 판정시 주택수 산정에서 제외할 것을 2022년 6월 16일 '새정부 경제정책방향'을 통해 밝힌 바 있으니 향후 구체적인 조건 등 개정 추이를 살펴보아야 할 것 입니다.

단, 이러한 주택은 중과세율을 판단할 때 주택수에만 제외할 뿐 종합부동산세의 과세대상에는 포함되는 것임은 유의해야 합니다.

종합부동산세 합산배제

    종합부동산세 합산배제란 과세 대상에서 제외한다는 의미입니다. 일정한 임대주택과 사원용 주택 등이 이에 해당합니다.

    이러한 합산배제 대상인 임대주택과 사원용 주택 등은 1세대 1주택자 판단 시와 세율 적용 시에도 주택수에서 제외합니다. 단, 1세대 1주택자의 적용 시에는 합산배제 임대주택 외의 보유한 1주택에 6월 1일 현재 거주하고 있는 경우에만 주택수 제외를 적용합니다.

합산배제 임대주택

No.	유형	전용면적	주택가격(공시가격)	주택수	임대 기간
1	매입임대주택	제한 없음	6억 원 이하 (비수도권 3억 원 이하)	전국 1호 이상	10년 이상 (5년 이상[1])
2	건설임대주택	149㎡ 이하	6억 원 이하	전국 2호 이상	10년 이상 (5년 이상[1])
3	기존임대주택	국민주택 규모 이하	3억 원 이하	전국 2호 이상	5년 이상
4	미임대 민간건설임대주택	149㎡ 이하	9억 원 이하	-	-
5	리츠·펀드 매입임대주택	149㎡ 이하	6억 원 이하	비수도권 5호 이상	10년 이상
6	미분양 매입임대주택	149㎡ 이하	3억 원 이하	비수도권 5호 이상	5년 이상

1) 2018년 3월 31일 이전에 임대사업자등록과 사업자등록을 한 주택

합산배제 사원용주택 등

No.	유형	No.	유형
1	사원용주택	8	부동산투자회사 미분양주택
2	기숙사	9	신탁업자 미분양주택
3	주택건설업자의 미분양주택	10	노인복지주택
4	어린이집용 주택	11	향교소유 주택 부속토지
5	시공사가 대물변제받은 미분양주택	12	세일즈앤드리스백 리츠 등이 매입하는 주택
6	연구기관의 연구원용주택	13	토지임대부 분양주택 부속토지
7	등록문화재주택	14	주택건설사업자 등의 멸실예정 주택

이렇게 쉬운데 왜 부동산 절세를 하지 않았을까

종합부동산세의 다주택자 중과

종합부동산세의 중과세율 적용 대상은 과세기준일(6월 1일)에 3주택 이상 또는 조정대상지역 내 2주택 이상 보유한 경우에 해당합니다. 중과세율은 일반세율 대비 대략 2배 수준입니다.

일반 2주택자와 조정지역 내 2주택자를 비교해보겠습니다(과세표준은 6억 원인 경우로 가정).

구분	일반 2주택자	조정지역내 2주택자
과세표준	6억 원	6억 원
× 세율	일반세율 0.8%	중과세율 1.6%
종합부동산 세액	420만 원[1]	840만 원[2]

1) 3억 원 × 0.6% + (6억 원 – 3억 원) × 0.8%
2) 3억 원 × 1.2% + (6억 원 – 3억 원) × 1.6%

동일한 2주택 보유자라도 6월 1일 기준으로 2주택 모두 조정대상지역에 있는지 여부에 따라서 중요한 차이가 발생함을 알 수 있습니다.

사례를 통해 중과세율 적용 여부를 판단해보겠습니다.

사례	본인		주택수	세율 적용
	조정지역	비조정지역		
사례 1	2 주택	-	조정 2주택	중과세율
사례 2	1주택	1주택	일반 2주택	일반세율
사례 3	1 주택 + 1 상속주택[1]	-	일반 1주택	일반세율
사례 4	-	2 주택 + 1 임대주택[2]	일반 2주택	일반세율
사례 5	2 부속토지		조정 2주택	중과세율
사례 6	1 주택	1주택 + 1/2 지분 주택	일반 3주택	중과세율
사례 7	1 주거용 오피스텔[3]	1 주택 + 1 부속토지	일반 3주택	중과세율

1) 상속개시일로부터 2년 이내인 상속주택
2) 합산배제 요건을 충족하고, 배제 신고를 한 임대주택
3) 주택분 재산세가 부과되는 경우

재산세와 종합부동산세 절세 비법

보유세 절세는 재산세보다는 높은 중과세율이 적용되는 종합부동산세의 절세에 초점이 맞춰져 있습니다. 재산세와 종합부동산세의 계산구조를 활용한 대표적인 절세 방법을 알아보면 다음과 같습니다.

6월 1일 이전에 처분

재산세와 종합부동산세 모두 6월 1일자의 소유권자에게 부과됩니다. 따라서 기본적으로 생각할 수 있는 절세 방안은 6월 1일 이전에 처분을 하는 것입니다. 이때 처분일은 잔금지급일과 소유권이전 등기 접수일 중에 빠른 날이 적용됩니다.

물론 매수자도 매도자의 이러한 상황을 알고 있다면 잔금일자의 조정

을 요구에 합의하는 대신, 매도자의 보유세 절세분의 일부라도 매매 가격을 낮추는데 협상 카드로 사용할 수도 있습니다.

오피스텔 용도변경

오피스텔은 업무용 시설로 분류되나, 사실상 이용 현황이 주거용이라면 주택으로 분류되며 '재산세 과세대상 변동신고서'를 시·군·구청에 제출하여 주택분 재산세를 고지받을 수 있습니다.

① 업무용 → 주거용

주거용으로 임대 또는 본인이 사용하는 경우, 주택분 재산세가 나오도록 신청을 할 수 있으며 주택의 경우 재산세의 세율이 낮아 절세가 가능합니다.

예를 들어 시가표준액 1억 원인 다음의 오피스텔 경우에는 주거용으로 용도변경을 하면 10만 원가량이 절감됩니다.

구분	업무용	주거용
건물분	7,000만 원 × 70% × 0.25% = 122,500원	1억 원 × 60% × 0.1% = 60,000원
토지분	3,000만 원 × 70% × 0.2% = 42,000원	
재산세	164,500원	

② 주거용 → 업무용

위와 같이 주거용으로 용도변경을 하는 경우, 재산세는 절감되지만 취득세, 종합부동산세, 양도소득세에서보다 더 큰 문제가 발생할 수 있으니 유의해야 합니다.

주거용 오피스텔에 대한 각 세목별로 발생 가능한 문제점을 정리해보면 다음과 같습니다.

● **주거용 오피스텔의 고려 사항**

구분	주거용 오피스텔	문제점
취득세	2020년 8월 12일 이후부터 주택수에 포함	다른 주택 취득 시 주택수가 늘어 중과세율 적용 가능
종합 부동산세	주택으로 재산세 부과시 주택수에 포함	주택수가 늘어 종합부동산세 중과세율 적용 가능(3주택 또는 조정지역 2주택)
양도 소득세	주택에 해당	다른 주택이 비과세 안 됨 조정지역 중과세율 적용될 수 있음

즉 재산세를 조금 아끼려 하다가 다른 세금에서 폭탄을 맞을 수 있으니 다주택자의 경우에는 유의해야 합니다.

요즘에는 다주택자에 대한 불이익으로 인해 주거용을 업무용으로 변경하려는 경우가 많습니다.

주택수 줄이기

종합부동산세는 보유 주택이 3주택 이상 또는 조정대상지역에 2주택

이상인 경우 중과세율이 적용되어 2배가량 높은 세율이 적용됩니다. 따라서 종합부동산세 과세 대상이라면 가급적 주택수를 줄이는 것이 최선입니다.

① 저가주택을 정리

시골에 있는 작은 집 때문에 3주택이 되어 중과세율이 적용되는 경우가 종종 있습니다.

종합부동산세의 주택수 계산에는 저가주택이라고 제외하는 예외 규정이 없습니다. 따라서 투자가치가 낮은 저가주택이라면 매각이나 증여를 통해서라도 정리를 하는 것이 좋습니다.

② 부속토지 취득은 신중히

주택의 부속토지만 보유해도 1주택으로 보기 때문에 부속토지를 보유함으로 인해 종합부동산세의 1세대 1주택자를 적용받지 못하거나, 주택수가 늘어나 종합부동산세 중과세율이 적용될 수도 있으니 유의해야 합니다.

주택이 아닌 토지만 보유하고 있으니 주택수에 포함이 안 될 거라고 착각하시는 경우가 있습니다.

부속토지만 매매하는 경우는 재개발 투자용 외에는 드문 편이나 종종 상속이나 증여로 인해 부속토지를 취득하는 경우가 흔합니다. 단, 앞서 살펴보았듯이 1세대 1주택자가 1주택 이외에 다른 주택의 부속토지를 보유한 경우에는 1세대 1주택을 적용해주나, 배우자가 부속토지를 보유한 경우에는 적용이 안 되는 점도 유의해야 합니다.

물론 양도소득세는 주택의 부속토지만 보유한 것은 주택으로 보지 않습니다.

③ 상속주택 기한 내에 정리

상속주택은 종전에는 공동상속주택으로 보유지분이 20% 이하이면서 그 지분의 공시가격이 3억 원 이하인 경우에만 제외되었으나, 2022년 2월 15일 시행령 개정으로 지분이나 가액과 무관하게 2년 또는 3년을 제외하는 것으로 변경되었습니다. 단, 2022년 2월 15일 이전에 상속이 개시된 경우에는 종전 규정에 따라 제외되면 종전 규정을 적용합니다.

따라서 개정 이후에 상속을 받은 경우에는 2년 또는 3년이 지났는지를 확인하고 기한이 지나 상속주택이 주택수에 포함되어 중과세율이 적용되지 않도록 유의해야 합니다.

공동명의는 신중하게

공동명의로 주택을 보유한 경우, 각자 1주택씩을 보유한 것으로 봅니다. 다만, 부부가 1주택만 공동으로 소유한 경우에는 1세대 1주택자의 적용을 신청하는 경우에는 가능하도록 하고 있습니다.

2주택 이상을 보유하게 되는 경우, 공동명의는 신중하게 선택해야 합니다. 종합부동산세 입장에서는 불리하게 적용될 수가 있기 때문입니다.

조정지역 내에 공시가격 8억 원인 주택을 본인과 배우자가 각자 1주택씩 보유한 경우와 모두 공동명의로 보유한 경우의 종합부동산세를 계산해보면(공정시장가액비율 100% 적용 가정) 다음과 같습니다.

구분	각자 1주택 단독보유		2주택 모두 공동명의	
	본인	배우자	본인	배우자
공시가격	8억 원	8억 원	8억 원	8억 원
(-) 차감액	(-) 6억 원	(-) 6억 원	(-) 6억 원	(-) 6억 원
× 공정시장가액비율	100%	100%	100%	100%
= 과세표준	2억 원	2억 원	2억 원	2억 원
× 적용세율	0.6%	0.6%	1.2%	1.2%
산출세액	120만 원	120만 원	240만 원	240만 원

종합부동산세가 각각 공동명의인 경우, 부부가 각자 조정지역 내 2주택자가 되어 중과세율이 적용되고 단독명의 대비 부부 합산 240만 원을 더 내야 합니다.

따라서 종합부동산세 측면에서는 다주택자라면 공동명의를 신중히 선택해야 합니다.

민간임대주택 등록

다주택자에 해당하나 당분간 처분할 계획도 없는 경우, 민간임대주택으로 등록을 하는 것을 고려해볼 수 있습니다.

다음의 요건을 충족하는 경우 종합부동산세 합산배제가 적용됩니다.

㉠ 세무서의 사업자등록과 지자체 민간임대주택으로 등록

㉡ 임대개시일 당시 기준시가가 6억 원(수도권 밖 3억 원) 이하

ⓒ 10년 이상 의무임대와 증액제한 준수

단, 2018년 9월 14일 이후에 조정대상지역에 취득한 주택은 제외되므로 비조정지역의 주택이거나, 조정지역이라면 2018년 9월 13일 이전에 취득한 주택이어야 합니다.

또한 아파트는 이제는 더 이상 등록임대주택을 할 수 없기 때문에 아파트 외의 빌라나 단독주택 등만 가능하다는 점에 유의해야 합니다.

결국 혜택을 받을 수 있는 대상이 제한적이고 민간임대주택의 의무 사항 위반 시 과태료 등이 발생할 수 있어 민간임대주택 등록은 매우 신중해야 합니다(6장의 '지자체 민간임대주택 등록'편 참고).

1. 재산세와 종합부동산세의 계산 방식에 대한 설명 중 옳지 않은 것은?

① 재산세와 종합부동산세의 과세 대상은 동일하다.

② 재산세와 종합부동산세는 6월 1일 기준 소유권자에게 부과된다.

③ 주택분 재산세는 다른 부동산보다 낮은 공정시장가액비율과 세율이 적용된다.

④ 종합부동산세는 세대별이 아닌 인별로 과세된다.

⑤ 종합부동산세의 1세대 1주택자와 양도소득세의 1세대 1주택은 다르다.

2. 종합부동산세의 1세대 1주택자 대한 설명 중 옳지 않은 것은?

① 세대원 중에 1인이 1주택만을 소유한 경우를 의미한다.

② 1주택을 부부공동명의로 보유한 경우, 원칙적으로 1세대 1주택자가 아니다.

③ 1주택을 부부공동명의로 보유한 경우, 예외적으로 1세대 1주택자를 신청할 수 있다.

④ 1세대 1주택자가 다른 주택의 부속토지만 보유한 경우에는 1세대 1주택자이다.

⑤ 1세대 1주택자의 배우자가 다른 주택의 부속토지만 보유한 경우에도 1세대 1주택자이다.

3. 종합부동산세의 주택수 계산에 대한 설명 중 옳지 않은 것은?

① 주택분 재산세가 과세되는 것이 주택으로 본다.

② 공동명의로 소유한 주택은 각자 1주택을 소유한 것으로 본다.

③ 주거용 오피스텔이 주택분 재산세가 과세되면 주택수에 포함된다.

④ 상속주택은 지역 무관하게 3년간 주택수에서 제외한다.

⑤ 주택의 부속토지만 보유한 경우에도 1주택으로 본다.

4. 종합부동산세에 대한 설명 중 옳은 것은?

① 일정한 임대주택과 사원용 주택 등에 대해서는 종합부동산세 합산배제를 한다.

② 합산배제 임대주택은 무조건 1세대 1주택자 주택수에서 제외한다.

③ 조정지역에 1주택, 비조정지역에 1주택을 보유한 경우에 중과세율이 적용된다.

④ 조정지역에 주택 부속토지만 2개을 보유한 경우에는 일반세율이 적용된다.

⑤ 일정한 저가주택은 주택수에서 제외한다.

5. 분납은 납부금액이 일정 수준 이상인 경우 별도의 이자상당액이 가산 없이 분할 납부해주는 것인데, 종합부동산세는 납부세액이 _____ 만 원을 초과하는 경우, 분납을 신청하는 경우에는 최대 _____ 개월까지 분납이 가능하다. 하지만 물납은 불가능하다.

전월세 및 주택임대사업자가 알아야 할 절세법

주택임대소득의 기본구조

　　일반적인 상가, 업무시설, 토지 등을 임대하는 경우에는 종합소득세 신고납부 대상입니다. 주택을 임대하는 경우에도 원칙적으로 소득세 신고납부를 해야 하는데, 2018년까지는 주택임대소득이 2,000만 원 이하인 경우에는 비과세를 적용해서 신고납부 의무가 없었습니다.

　　그래서 아직도 본인이 거주하는 집과 월세 조금 받으려고 산 집만 있는데 왜 사업자인지 의아해하시는 분들도 있습니다.

　　하지만 주택을 임대하는 경우에는 상황에 따라 비과세에 해당하면 신고납부를 하지 않아도 되고, 납부 대상이 되더라도 임대수입금액이 2,000만 원 이하인 경우에는 종합합산신고를 하지 않고 분리과세로 신고할 수도 있습니다.

주택임대소득 과세 대상

주택임대소득 과세 대상인지는 부부의 합산 보유 주택수에 따라 달라집니다. 이때 주택수는 본인 주택수나 세대 주택수가 아닌 본인과 배우자의 주택수를 합산한 것임에 주의해야 합니다.

· 주택수에 따른 과세 여부

보유 주택수	월세	보증금
1주택	비과세[1]	비과세
2주택	과세	
3주택 이상		과세[2]

1) 기준시가 9억 원 초과하는 경우 또는 국외 소재 주택은 1주택도 과세
2) 보증금의 합계액이 3억 원 이상인 경우에만 적용하고, 소형주택
(주거 전용면적 40㎡ 이하 이면서 기준시가 2억이하)은 제외

부부의 보유 주택수가 3주택 이상인 경우, 월세뿐만 아니라 보증금에 대해서도 임대소득이 과세될 수 있습니다.

다만, 보증금에 대한 임대소득은 보증금의 합계액이 3억 원 이상이고 소형주택(전용면적 $40m^2$ + 기준시가 2억 이하)을 제외한 주택수가 3주택 이상인 경우에만 임대소득으로 과세합니다. 이때 보증금에 대한 임대료는 '간주임대료'라고 부르며 구체적인 계산 방식은 추후 살펴보겠습니다.

주택임대소득 과세 여부를 흐름도로 살펴보면 다음과 같습니다.

● **주택임대소득 과세 흐름도**

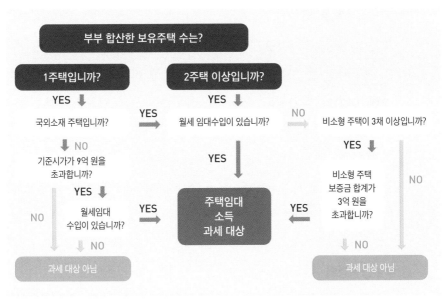

자료: 국세청

주택수 계산

주택임대소득 과세 여부는 부부 합산 주택수에 따라 달라집니다. 그리고 이때 주택은 상시주거용으로 사용하는 건물과 부수토지를 의미합니다.

주택수의 산정 방식은 다음과 같습니다.

① 다가구주택

: 1개의 주택으로 보되, 구분 등기된 경우에는 각각을 1개의 주택으로 계산

② 공동으로 소유한 경우

㉠ 지분이 더 큰 자

㉡ 지분이 가장 큰 자가 2인 이상인 경우에는 각각의 소유로 계산

㉢ 지분이 가장 큰 자가 2인 이상인 경우, 그들이 합의하여 1인을 당해 주택의 임대수입의 귀속자로 정한 경우에는 그의 소유로 계산

다만, 해당 주택에서 발생하는 임대수입금액이 연간 600만 원(지분율 상당액) 이상 또는 기준시가 9억 원 초과 주택의 30% 초과 지분 소유할 경우에는 소수지분자의 주택수에도 가산

③ 부부공동명의

: 본인과 배우자가 각각 주택을 소유하는 경우에는 이를 합산

단, 본인과 배우자가 공동으로 소유하는 1 주택은 다음을 소유자로 봄

㉠ 본인과 배우자 중 지분이 더 큰 사람

㉡ 지분이 동일한 경우, 합의에 따라 소유주택에 가산하기로 한 자

④ 전대하거나 전전세하는 경우

: 임차 또는 전세 받은 주택은 소유자의 주택수에 포함될 뿐만 아니라 임차인 또는 전세 받은 자의 주택으로도 계산

이렇게 쉬운데 왜 부동산 절세를 하지 않았을까

주택임대소득의
신고와 납부

주택임대소득은 다음 해 5월 1~31일의 기간동안 주소지 관할 세무서에 종합소득세 신고 및 납부를 해야 합니다. 이때는 다른 소득과 합산하여 종합과세로 신고하는 것이 원칙입니다.

다만, 주택임대소득의 연간 총수입금액이 2,000만 원 이하인 경우에는 2018년까지는 비과세였으나, 2019년부터 전면 과세를 하게 되었습니다. 이로 인한 세부담을 완화시켜주고자 연간 총수입금액이 2,000만 원 이하인 경우에는 14%의 단일세율이 적용되는 분리과세 방식과 6~45%의 세율이 적용되는 종합과세 방식 중에 선택을 할 수 있도록 하였습니다.

여기서 말하는 주택임대소득 총수입금액은 월세와 간주임대료를 더한 금액입니다.

● 주택임대소득 신고 방식

주택임대소득 총수입금액	신고 방식
2,000만 원 이하	종합과세, 분리과세 중에 선택
2,000만 원 초과	종합과세

● 주택임대소득 과세구조

산식	항목	종합과세	분리과세	
			세무서 등록	세무서+지자체 등록
	주택임대 총수입금액	월세 + 간주임대료		
(-)	주택임대 필요경비	장부작성: 실제경비 추계신고: 기준 or 단순경비율	50%	60%
=	주택임대 소득금액	총수입금액 - 필요경비		
(+)	타 종합소득	다른 종합과세 대상 합산	해당 없음	
=	소득금액			
(-)	소득공제[1]	인적 공제 등	200만 원	400만 원
=	과세표준			
(×)	세율	6~45%	14%	
=	산출세액			
(-)	세액공제감면	세무서+지자체 등록 시 소형주택임대사업자 세액 감면 (1호: 단기 30%, 장기 75% / 2호 이상: 단기 20%, 장기 50%)		
=	결정세액			

1) 분리과세 소득공제는 다른 종합소득금액이 2,000만 원 이하인 경우에 적용

종합과세 방식과 분리과세 방식에 따른 세액 산출은 앞의 도표를 참고하기 바랍니다.

일반적으로는 다른 합산대상 종합소득이 많은 경우 최대 45%의 세율이 적용될 수 있는 종합과세보다는 14%의 낮은 단일세율이 적용되는 분리과세가 유리한 편입니다.

분리과세의 경우, 사업자등록과 지자체에 민간임대주택법에 따른 임대주택으로 등록한 경우에는 필요경비율 60%와 소득공제 400만 원이 적용하게 됩니다. 이 경우 결과적으로, 총임대수입금액이 1,000만 원 이하인 경우에는 세금이 없습니다. 그리고 등록임대주택의 경우, 소형주택임대 세액감면의 적용 대상이면 최대 75%까지의 세액감면의 적용이 가능합니다.

지자체에 등록임대주택이 아닌 경우에는 필요경비율 50%와 소득공제 200만 원이 적용됩니다. 이 경우에는 결과적으로 총임대수입금액이 400만 원 이하면 세금이 없습니다.

그러나 지자체 등록임대주택은 의무 임대기간 동안 매각을 못 하고 미준수하는 경우 각종 과태료와 세액 추징이 되는바, 등록에 신중해야 합니다. 이에 대해서는 6장의 '지차제 민간임대주택 등록' 편을 참고하시기 바랍니다.

주택임대소득 총수입금액이 2,000만 원 이하인 경우, 종합과세와 분리과세 중에 어느 것을 선택하는 것이 나은지는 다음의 사례로 살펴보겠습니다.

사례 1 다른 합산대상 종합소득금액이 있는 경우

종합과세로 신고하는 경우, 한계세율이 15%가 적용되므로 14% 분리과세를 선택하는 것이 더 유리하게 됩니다.

● 주택임대 월세 합계가 연간 1,800만 원

산식	항목	종합과세	분리과세
	주택임대 총수입금액	1,800만 원	
(-)	주택임대 필요경비	767만 원 (단순경비율)	900만 원
(-)	공제금액	-	200만 원
=	주택임대 소득금액	1,033만 원	700만 원
(+)	타 종합소득	2,000만 원(가정)	
=	종합소득금액	3,033만 원	
(-)	소득공제	300만 원(가정)	-
=	과세표준	2,733만 원	700만 원
(×)	세율	15%	14%
=	산출세액	302만 원	98만 원

사례 2 다른 합산대상 종합소득금액이 없는 경우

다른 종합소득이 없는 경우에는 종합과세가 6%의 가장 낮은 구간이 적용되어 분리과세보다 유리할 수도 있습니다.

그러나 주택임대사업자인 본인이 만 60세가 넘은 경우, 자녀가 부모에 대한 150만 원의 소득공제를 받고 있을 수 있는데, 이때 본인의 소득금액이 연간 100만 원이 초과되면 자녀가 150만 원 소득공제를 받지 못하게 됩니다.

따라서 종합과세로 신고 시에 자녀의 세금이 올라갈 수 있으니 주의해야 하나, 분리과세를 신청한 경우에는 여전히 자녀가 부모에 대한 소득공제

● 주택임대 월세 합계가 연간 1,800만 원

산식	항목	종합과세	분리과세
	주택임대 총수입금액	1,800만 원	
(-)	주택임대 필요경비	767만 원 (단순경비율)	900만 원
(-)	공제금액		200만 원
=	주택임대 소득금액	1,033만 원	700만 원
(-)	소득공제	300만 원(가정)	-
=	과세표준	733만 원	700만 원
(×)	세율	6%	14%
=	산출세액	44만 원	98만 원

를 받을 수 있습니다. 그러므로 단순히 종합과세 신고 시에 세액이 적다고
신청할 것이 아니라 종합적으로 판단을 해야 할 것입니다.

주택임대소득의
총수입금액

주택임대소득의 총수입금액은 월세와 간주임대료의 합으로 계산됩니다.

월세

월세의 수입시기는 실제로 받는 날이 아니라, 계약에 의해 정해진 날입니다.

임차인이 사정상 월세를 계속 연체하고 있다면, 그래도 계약에 의해 정해진 날에 임대료를 받을 채권이 생긴 것이므로 총수입금액에 포함이 됩니다. 따라서 월세를 못 받아도 소득세를 신고납부해야 합니다.

반대로 월세를 미리 받는 경우에는 전체 기간 중에 당해 연도에 속한 월세를 월할 계산하여 당해 연도 수입금액으로 신고하면 됩니다.

간주임대료

월세 소득의 계산은 단순하나, 보증금을 월세의 상당액으로 보는 간주임대료는 생소한 분들이 많습니다.

앞서 살펴본 바와 같이 부부의 합산 주택수가 3채 이상이고 보증금의 합계액이 3억 원 이상인 경우에만 간주임대료를 계산합니다. 이때 소형주택(전용면적 40㎡ + 기준시가 2억 이하)은 간주임대료 판단 대상 시 주택에서 제외합니다.

계산식은 다음과 같습니다.

$$\text{(보증금 − 3억 원)의 적수} \times 60\% \times \frac{1}{365} \times \text{정기예금이자율(기재부령 고시)}$$
$$- \text{임대사업 관련 수입이자와 배당금}$$

보증금의 합계에서 3억 원을 차감한 1일의 잔액을 1년간 더하고, 60%를 곱한 후에 1/365(윤년은 366)으로 나눕니다. 여기에 기재부령이 고시한 정기예금이자율을 곱하고 임대사업에서 발생한 이자 등을 차감하게 됩니다.

이때 3억 원 차감은 보증금의 적수가 가장 큰 주택부터 먼저 차감하게 됩니다. 또한 정기예금이자율은 주기적으로 변경되는데 현재는 1.2%입니다.

간주임대료를 포함한 총수입금액의 계산 사례를 살펴보겠습니다.

[사례 1] 3주택 단독명의

구분	보증금	월세	임대기간	소유권
A주택	3억 원	-	1.1~12.31	본인 단독명의
B주택	2억 원	50만 원		
C주택	1억 원	100만 원		

총수입금액을 계산해보면,

구분	월세	간주임대료	합계
A주택	0	0[1]	-
B주택	50만 원 × 12 = 600만 원	144만 원 [2]	744만 원
C주택	100만 원 × 12 = 1,200만 원	72만 원 [3]	1,272만 원
주택임대 총수입금액 합계			2,016만 원

1) A주택: (3억 원-3억 원) × 365 × 60% × 1/365 × 1.2% = 0
2) B주택: (2억 원-0) × 365 × 60% × 1/365 × 1.2% = 144만 원
3) C주택: (1억 원-0) × 365 × 60% × 1/365 × 1.2% = 72만 원

[사례 2] 3주택 공동명의(본인 50%, 배우자 50%)

구분	보증금	월세	임대기간	소유권
A주택	3억 원	-	1.1~12.31	본인 50% 배우자 50%
B주택	2억 원	50만 원		
C주택	1억 원	100만 원		

이렇게 쉬운데 왜 부동산 절세를 하지 않았을까

3채 모두 다 배우자와 공동명의를 한 경우입니다.

총수입금액을 계산해보면,

구분	월세	간주임대료	합계	본인(50%)	배우자(50%)
A주택	0	0	-	-	-
B주택	600만 원	144만 원	744만 원	372만 원	372만 원
C주택	1,200만 원	72만 원	1,272만 원	636만 원	636만 원
주택임대 총수입금액 합계			2,016만 원	1,008만 원	1,008만 원

사례 1의 경우는 본인의 주택임대 총수입금액이 2,016만 원으로 종합과세 신고 대상이나, 사례 2의 경우 본인과 배우자로 각각 수입금액이 나누어져 각자 분리과세로 신고가 가능하다는 것입니다.

[사례 3] 1채만 본인명의, 2채는 배우자 공동명의

구분	보증금	월세	임대기간	소유권
A주택	3억 원	-	1.1~12.31	본인명의
B주택	2억 원	50만 원		본인 50% 배우자 50%
C주택	1억 원	100만 원		

3채 중 A주택만 본인명의로 한 경우입니다.

총수입금액을 계산해보면,

구분	월세	간주임대료	합계	본인(50%)	배우자(50%)
A주택	0	0[1]	-	-	-
B주택	600만 원	0[2]	600만 원	300만 원	300만 원
C주택	1,200만 원	0[3]	1,200만 원	600만 원	600만 원
주택임대 총수입금액 합계			1,800만 원	900만 원	900만 원

1) A주택: (3억 원-3억 원) × 365 × 60% × 1/365 × 1.2% = 0
2) B주택: (2억 원-2억 원) × 365 × 60% × 1/365 × 1.2% = 0
3) C주택: (1억 원-1억 원) × 365 × 60% × 1/365 × 1.2% = 0

A주택은 본인 단독명의로 3억 원을 공제하여 간주임대료는 없습니다. 그리고 공동명의 B주택과 C주택에 대해서는 공동명의를 1거주자로 보기 때문에 2억 원과 1억 원에 순차적으로 3억 원 공제가 적용되므로 마찬가지로 간주임대료는 없습니다.

관리비 등

월세 이외에 별도로 관리비, 청소비 등을 받는 경우가 있습니다. 이러한 경우에는 전기료, 수도료 등 공공요금을 제외한 관리비, 청소비 등은 총수입금액에 포함됩니다. 그리고 전기료, 수도료, 가스비 등의 명목으로 받는 금액이 실제 요금 납부액보다 많은 경우에는 그 초과액도 총수입금액에 가산됩니다.

주택임대소득의
필요경비

　　총수입금액에서 차감될 필요경비는 우선, 분리과세로 신고하는 경우에는 50% 또는 60% 적용됨을 살펴보았습니다. 종합과세 대상인 경우에는 크게 복식부기 장부를 작성한 경우와 작성하지 않은 경우로 나누어집니다.

주택임대소득 필요경비

구분		필요경비
분리과세	등록임대	60%
	미등록	50%
종합과세	복식부기	실제 발생 경비
	추계신고	42.6%(단순경비율)[1] 10.9%(기준경비율)

1) 일반주택임대(기준시가 9억 이하)인 경우의 경비율

장부를 작성했으면, 실제로 발생한 필요경비를 적용하나 작성하지 않은 경우에는 추계과세를 적용하여 수입금액에 따라 단순경비율 또는 기준경비율을 적용하게 됩니다.

임대수입금액에 따라, 복식부기 작성 의무가 나누어지는데 전년도 임대수입금액이 7,500만 원 이상인 경우에는 복식부기 의무자이고, 7,500만 원 미만인 경우에는 간편장부 적용 대상자입니다.

복식부기를 작성한 경우

복식부기 장부를 작성하고, 증빙서류를 갖춘 경우에는 실제 발생한 필요경비를 차감하게 됩니다. 다만, 부동산 임대업은 일반적인 제조업, 도소매업 등 보다 필요경비로 인정될 항목과 금액이 비교적 적습니다.

대표적인 필요경비 항목을 살펴보겠습니다.

① 수선비

임대용 건물의 현상 유지를 위한 수선비로 다음에 해당하면 자본적지출에 포함하지 않고 당년도에 비용화 할 수 있습니다.

　㉠ 개별자산별 600만 원 미만

　㉡ 전년도 말 개별자산 장부가액(취득가액 − 감가상각누계액)의 5% 미만

　㉢ 3년 미만 주기적인 수선

② 인건비

임대 부동산의 관리인, 청소부 등의 종업원 급여와 복리후생비는 포함

되나, 사업주 본인의 급여는 대상이 아닙니다. 가족이라도 실제 그 임대업에 종사하면 인정이 됩니다.

③ 제세공과금

재산세, 종합부동산세, 도로사용료 등이 해당합니다. 벌금이나 과태료 는 대상이 아닙니다.

④ 지급이자

임대용 부동산의 취득과 건설에 직접적으로 소요된 차입금의 이자는 취득일까지는 부동산 취득가액에 더하고, 취득일 이후 발생분은 필요경비에 산입할 수 있습니다.

⑤ 보험료

임대용 건물에 대한 화재보험료 등

⑥ 지급수수료

중개수수료 및 세무사 수수료 등

⑦ 감가상각비

건물과 집기 비품 등에 대한 감가상각비는 필요경비에 산입되나, 건물 의 감가상각비를 필요경비로 처리한 경우에는 해당 건물의 양도소득세 계산 시에 취득가액에서 차감되어 양도차익이 늘어나 양도소득세 부담이 증가될 수 있으니 유의해야 합니다.

추계신고의 경우

장부를 작성하지 않은 경우, 실제 경비가 아닌 추계 경비율을 적용하게 됩니다. 경비율 적용은 단순경비율과 기준경비율이 있는데 수입금액에 따라 달라집니다. 기준경비율은 재료비, 인건비 등 주요 경비는 증빙으로 확인되는 금액은 해당 금액을 적용하고, 나머지 비용은 기준경비율을 적용하는 것이고 단순경비율은 전체 수입금액의 일정 비율을 인정해주는 것입니다.

임대업의 경우, 재료비나 인건비 등 주요 경비가 될 만한 것이 적어 단순경비율이 유리합니다. 단순경비율과 기준경비율 적용 대상의 차이는 다음과 같습니다.

구분	수입금액
단순경비율	신규로 개시 또는 직전연도 2,400만 원 미만인 사업자가 당해 연도 7,500만 원 미만인 경우
기준경비율	단순경비율 적용이 안 되는 경우

즉 신규로 사업을 개시했는데 7,500만 원이 안 되는 경우이거나 계속 사업을 하는데 전년도 2,400만 원 미만이고 올해도 7,500만 원 미만인 경우에 단순경비율 적용 대상입니다.

장부 작성이 아닌 추계로 필요경비를 산정하는 방식은,

구분		추계방식 소득금액 계산
단순경비율		수입금액 - (수입금액 × 단순경비율)
기준 경비율	간편장부 대상자	수입금액 - (매입 + 임차료 + 인건비) - (수입금액 × 기준경비율)
	복식부기 의무자	수입금액 - (매입 + 임차료 + 인건비) - (수입금액 × 기준경비율 × 50%)

예를 들어 수입금액이 100이라고 가정하면 다음과 같이 계산됩니다(기준시가 9억 이하 일반주택임대, 인건비 등 주요경비 없는 경우).

구분		추계방식 소득금액 계산
단순경비율		100 - (100 × 42.6%) = 57.4
기준 경비율	간편장부 대상자	100 - (100 × 10.9%) = 89.1
	복식부기 의무자	100 - (100 × 10.9 × 50%) = 94.55

그리고 간편장부 대상자인데도 간편장부도 기장을 하지 않은 경우에는 무기장가산세도 납부해야 합니다. 다만, 간편장부 대상자가 신규사업자이거나 직전연도 수입금액이 4,800만 원 이상인 경우에는 가산세 적용을 예외로 합니다.

만약 복식부기 의무자가 복식부기 장부를 작성하지 않고 추계신고를 하면 이를 무신고한 것으로 보아 무신고가산세도 적용되어, 무신고가산세와 무기장가산세 중에 큰 금액이 적용됩니다.

● **기장의무 위반 시 가산세**

구분	가산세
간편장부 대상자	산출세액 × (무기장 소득금액 / 종합소득금액) × 20%
복식부기 의무자	다음 중에 큰 금액을 적용 ㉠ 무신고 납부세액 × 20% ㉡ (수입금액-기납부세액관련 수입금액) ×7/10,000 ㉢ 산출세액 × (무기장 소득금액 / 종합소득금액) × 20%

　　반면 복식부기 의무자가 아닌 간편장부 대상자임에도 복식부기를 작성하여 신고한 경우에는 산출세액의 20%를 기장세액공제를 100만 원 이내로 받을 수 있습니다.

한 꼭지 더!

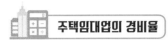주택임대업의 경비율

주택임대업에 해당하는 유형별 단순경비율과 기준경비율은 다음과 같습니다.

코드 번호	분류	적용범위 및 기준	단순 경비율	기준 경비율
701101	주거용건물 임대업 (고가주택임대)	○ 기준시가가 9억 원을 초과하는 주택	37.4	16.9
701102	주거용건물 임대업 (일반주택임대)	○ 기준시가가 9억 원을 초과하지 않는 아파트, 공동주택, 다가구주택, 단독주택 등	42.6	10.9
701103	주거용건물 임대업 (장기임대 공동·단독주택)	○ 장기임대 국민주택(공동주택 및 단독주택) - 국민주택 5호 이상을 5년 이상 임대한 경우	61.6	13.8
701104	주거용건물 임대업 (장기임대 다가구주택)	○장기임대 국민주택(다가구주택) - 국민주택 5호 이상을 5년 이상 임대한 경우	59.2	14.6

사업자등록 및
사업장현황 신고

세무서 사업자등록

주택임대사업자도 사업자에 해당하므로 관할 세무서에 사업자등록을 해야 합니다. 다만, 주택임대사업소득 과세 대상이 아닌 경우에는 등록을 하

● **주택수에 따른 사업자등록 대상**

부부 합산 주택수	세무서 사업자등록 대상
1주택	• 기준시가 9억 원을 초과하는 주택의 월세 • 국외 주택의 월세
2주택	• 월세를 받고 있는 경우(금액과 무관)
3주택 이상	• 월세를 받고 있는 경우(금액과 무관) • 월세를 전혀 받지 않아도, 보증금의 합계가 3억 원 초과하는 경우

이렇게 쉬운데 왜 부동산 절세를 하지 않았을까

지 않아도 됩니다.

1주택인 경우, 본인은 전세를 살거나 자녀집에 거주하면서 보유 주택을 전세나 월세를 주는 경우가 해당합니다. 전세를 주는 경우는 대상이 아니고, 월세의 경우에도 그 주택의 공시가격이 9억 원을 초과하는 경우에만 사업자등록 대상입니다. 1주택자라도 사업자등록을 해야 하는 경우가 있으니 유의해야 합니다.

2주택인 경우, 임대주택을 월세 없이 전세로 주고 있다면 사업자등록 대상이 아닙니다. 하지만 월세를 받고 있다면 월세 금액과 상관없이 세무서에 사업자등록을 해야 합니다.

3주택 이상인 경우, 월세를 받는 경우뿐만 아니라 월세 없는 전세로만 임대를 주어도 그 보증금의 합계액이 3억 원을 초과하면 세무서에 사업자등록을 해야 합니다.

사업자등록은 임대 개시일로부터 20일 이내에 사업장 관할 세무서에 사업자등록 신청을 해야 합니다. 이때 사업장은 본인의 주소지가 아니라 부동산의 등기부상 소재지입니다. 다만, 지자체에 민간임대주택을 등록한 경우에는 임대사업자의 주소지가 사업장이 됩니다.

사업자등록 신청은 인터넷 홈택스를 통해 간편하게 할 수도 있고, 관할 세무서를 방문하여 서면으로 신청할 수도 있습니다.

만약 위의 보유 주택수와 월세나 전세의 임대차 계약에 따라 사업자등록 대상임에도 세무서에 사업자등록을 하지 않은 경우에는 임대개시일부터 신청 직전일까지 수입금액의 0.2% 가산세가 부과되니 주의가 필요합니다.

■ 부가가치세법 시행규칙 [별지 제4호서식] <개정 2015.3.6.>   홈택스(www.hometax.go.kr)에서도 신청할 수 있습니다.

사업자등록 신청서(개인사업자용)
(법인이 아닌 단체의 고유번호 신청서)

※ 사업자등록의 신청 내용은 영구히 관리되며, 납세 성실도를 검증하는 기초자료로 활용됩니다.
  아래 해당 사항을 사실대로 작성하시기 바라며, 신청서에 본인이 자필로 서명해 주시기 바랍니다.
※ [ ]에는 해당되는 곳에 √표를 합니다.   (앞쪽)

접수번호		처리기간	3일(보정기간은 불산입)

1. 인적사항

상호(단체명)		전화번호	(사업장)
성명(대표자)	**김 절 세**		(자택)
			(휴대전화) 010 - 0000 - 0000
주민등록번호	000000 - 0000000	FAX번호	
사업장(단체) 소재지	부산시 해운대구 000 000 000아파트		1층 1호

2. 사업장 현황

업 종	주업태	부동산임대	주종목	주택임대	주생산요소	주업종 코드 701102	개업일	종업원 수
	부업태		부종목		부생산요소	부업종 코드	2022.1.1	

사이버몰 명칭		사이버몰 도메인	

사업장 구분	자가면적	타가면적	사업장을 빌려준 사람 (임 대 인)			임대차 명세		
			성 명 (법인명)	사업자등록번호	주민(법인)등록번호	임대차계약기간	(전세)보증금	월 세
	85㎡	㎡				· · · ~ · · ·	원	원

허가 등 사업 여부	[ ]신고 [ ]등록 [ ]허가 [ ]해당 없음	주류면허	면허번호	면허신청
				[ ]여 [ ]부

개별소비세 해당 여부	[ ]제조 [ ]판매 [ ]입장 [ ]유흥

사업자금 명세 (전세보증금 포함)	자기자금	원	타인자금	원

사업자 단위 과세 적용 신고 여부	[ ]여 [ ]부	간이과세 적용 신고 여부	[ ]여 [ ]부

전자우편주소		국세청이 제공하는 국세정보 수신동의 여부	[ ]동의함 [ ]동의하지 않음

그 밖의 신청사항	확정일자 신청 여부	공동사업자 신청 여부	사업장소 외 송달장소 신청 여부	양도자의 사업자등록번호 (사업양수의 경우에만 해당함)
	[ ]여 [ ]부	[ ]여 [ ]부	[ ]여 [ ]부	

210mm×297mm[백상지 80g/㎡ 또는 중질지 80g/㎡]

※ **첨부서식 - 주택임대 명세서**

■ 소득세법 시행규칙 [별지 제106호서식] <개정 2022. 3. 18.>

임대주택 명세서

신청인	성명 **김 절 세**		주민등록번호 000000 - 0000000
	상호		사업자등록번호
	주소(사업장) 부산시 해운대구 000 000 000아파트 101동 101호 (전화번호: 010 - 0000 - 0000)		

주택임대 명세

①구분	②임대주택 소재지	③주택의 종류	④주택의 유형	⑤전용면적	⑥등록번호
신규	부산시 해운대구 000 000 000아파트 101동 101호		아파트	85㎡	

「소득세법 시행령」 제220조제2항에 따라 위와 같이 임대주택명세를 제출합니다.

2022 년 1월 1일

작성요령 및 유의사항

① 구분란에는 신규, 추가, 삭제 중 하나를 선택하여 적습니다.
② 임대주택 소재지란에는 임대주택의 주소(도로명 주소를 말합니다)를 적고, 각 호·세대·실의 위치를 확인할 수 있는 층과 호수를 적습니다. 이 경우 같은 소재지에 여러 호·세대·실이 있는 경우에는 각 다른 열로 적습니다.
③ 주택의 종류란에는 「민간임대주택에 관한 특별법」 제5조에 따라 등록한 경우 민간임대주택의 종류(공공지원, 장기일반, 단기)중 하나를 선택하여 적습니다.
④ 주택의 유형란에는 건축물대장에서 확인되는 건축물의 용도로서 아파트, 다세대, 연립, 다가구, 단독, 오피스텔, 도시형 생활주택, 기숙사 중 하나를 선택하여 적습니다.
⑤ 전용면적란에는 해당 주택의 전용면적을 기준으로 40제곱미터 이하, 40제곱미터 초과 60제곱미터 이하, 60제곱미터 초과 85제곱미터 이하, 85제곱미터 초과 중 하나를 적습니다.
⑥ 등록번호란에는 「민간임대주택에 관한 특별법」 제5조에 따라 등록한 번호를 적습니다.

210㎜×297㎜(백상지 80g/㎡)

사업장현황 신고

부가가치세 면세 사업자인 경우, 매년 1월 1일부터 2월 10일까지 사업장현황 신고를 하도록 하고 있습니다. 대표적인 면세 사업자로는 병원, 약국 등의 의료업자와 학원사업자 및 농축수산업 도소매업자 등으로 부가가치세 면세 재화나 용역을 제공하는 경우가 그 대상입니다.

주택임대업도 부가가치세 면세 용역의 제공에 해당하므로 사업장현황 신고를 해야 합니다.

사업장현황 신고를 하지 않거나 미달 신고한 경우는 수입금액의 0.5%에 해당하는 가산세를 부과하고 있습니다. 다만, 가산세 부과 대상은 의료업, 수의사업, 약사업을 하는 경우로만 정해져 있어 주택임대사업자는 사업장현황 신고를 하지 않아도 가산세는 발생하지 않습니다.

사업장현황 신고를 놓치고 못했더라도 5월의 종합소득세 신고납부만 제대로 하면 가산세가 발생할 문제는 없습니다.

그럼에도 신고를 하는 이유는 사업장현황 신고를 해야 5월 종합소득세 신고 시 간편신고 서비스를 제공받아 보다 편리하게 신고할 수 있기 때문입니다. 간편신고 서비스의 모두채움신고서는 납세자가 납부할 세금까지 모두 국세청에서 계산해서 신고서에 미리 기입해주는 서비스로 신고를 용이하게 할 수 있습니다.

● **사업장현황신고서(주택임대사업자)**

■ 소득세법 시행규칙 [별지 제19호서식] <개정 2020. 3. 13.> 홈택스(www.hometax.go.kr)에서도 신청할 수 있습니다.

사 업 장 현 황 신 고 서

※ 뒤쪽의 작성방법을 읽고 작성하시기 바라며, [ ]에는 해당되는 곳에 √표를 합니다. (앞쪽)

관리번호							처리기간 즉시	
과세기간	2021년 1월 1일 ~ 2021년 12월 31일							

사업자	상호	○○임대	사업자등록번호 135-90-*****		공동사업 [ ]여 [√]부	
	성명	김 ○ ○	주민등록번호 680101-*******			
	사업장소재지	경기 수원 영통 ****		전화번호	031-750-****	
	전화번호	031-750-****	휴대전화 010-111-****	전자우편주소	aaa@***.net	

① 수입금액(매출액) 내역 (단위:원)

	업 태	종 목	업종코드	합 계	수입금액	수입금액 제외
(1)	부동산임대	주거용건물임대	701102	14,642,955	14,642,955	
(2)						
(3)						
	합 계			14,642,955	14,642,955	

② 수입금액(매출액) 구성명세 (단위:원)

합 계	계산서발행금액	계산서발행금액 이외 매출		
		신용카드 매출	현금영수증 매출	기타 매출
14,642,955				14,642,955

③ 적격증빙(계산서・세금계산서・신용카드) 수취금액 (단위:원)

합 계	매입 계산서		매입 세금계산서		신용카드・현금영수증 매입금액
	전자계산서	전자계산서 외	전자세금계산서	전자세금계산서 외	
0	0	0	0	0	0

④ 폐 업 신 고

폐업연월일	. .	폐업사유	

첨부서류(해당내용 표기)	
매출처별계산서합계표 □ 전자신고 □ 전산매체 □ 서면 ■ 해당없음 매입처별계산서합계표 □ 전자신고 □ 전산매체 □ 서면 ■ 해당없음 매입처별세금계산서합계표 □ 전자신고 □ 전산매체 □ 서면 ■ 해당없음 수입금액검토표 ■	신고인은 「소득세법」 제78조 및 같은 법 시행령 제141조에 따라 신고하며, 위 내용을 충분히 검토하였고 신고인이 알고 있는 사실 그대로를 정확하게 작성하였음을 확인합니다. 2022년 2월 10일 신고인 : 김 ○ ○ (서명 또는 인) 세무대리인은 조세전문자격자로서 위 신고서를 성실하고 공정하게 작성하였음을 확인합니다. 세무대리인: (서명 또는 인) **동수원 세무서장** 귀하

세무대리인	성 명		사업자등록번호		전화번호	

210mm×297mm[백상지 80g/㎡ 또는 중질지 80g/㎡]

■ 소득세법 시행규칙 [별지 제19호의7서식] <개정 2021.3.16.>

주택임대사업자 수입금액 검토표

(앞쪽)

1. 기본사항

① 사업자(주민)등록번호	135-90-*****	② 상 호	○○임대	③ 성 명	김○○
④ 임대업등록번호	123-*****	⑤ 종 목	주거용임대	⑥ 업종코드	701102
⑦ 생 년 월 일	68.1.1	⑧ 전화번호		월세여부	[○] 여 [ ] 부

2. 총수입금액 명세(별지 작성 가능)

(단위: ㎡, 원)

구 분		⑨ 합 계	임대물건(1)	임대물건(2)	임대물건(3)
⑩ 주택소재지			수원 영통 **101호	수원 영통 **102호	수원 영통 **201호
– 주택의 종류			다세대주택	다세대주택	다세대주택
⑪ 취득(신축)일자			2007.1.2	2007.1.2	2007.1.2
⑫ 건물면적			50	50	65
⑬ 등록임대주택 요건 충족기간			2021.1.1~ 2021.12.31	2021.1.1~ 2021.06.30	2021.4.1~ 2021.12.31
임차인	⑭ 성 명		김**	이**	박**
	⑮ 임차인 등록번호		780101-******	680101-******	550101-******
⑯ 임 대 기 간			2020.1.1~ 2022.12.31	2019.7.1~ 2021.6.30	2021.4.1.~ 2023.3.30
임대계약내용	⑰ 보 증 금		100,000,000	400,000,000	600,000,000
	⑱ 월 세		600,000	400,000	200,000
⑲ 월세 수입금액		11,400,000	7,200,000	2,400,000	1,800,000
⑳ 보증금 등의 수입금액 (보증금 3억원 초과분의 60%에 대한 이자상당액)		3,242,955	719,998	895,561	1,627,396
㉑ 임대료 수입금액 =(⑲ + ⑳)		14,642,955			

주택임대사업자에 대한 수입금액 및 기본현황을 위와 같이 신고합니다.

2022년 2월 10일

사 업 자 :　　김 ○ ○　　　(서명 또는 인)
세무대리인 :　　　　　　　　(서명 또는 인)
　　　(관리번호　　　　　　　　　　)

동수원 세무서장 귀하

210㎜×297㎜(백상지 80g/㎡)

지자체 민간임대주택 등록

주택을 임대하고 있는 경우, 앞서 살펴본 세무서 사업자등록 대상인 경우에는 필수적으로 등록을 해야 하는 것입니다. 하지만 이번에 살펴볼 지자체에 '민간임대주택에 관한 특별법'에 따라 주택임대사업자로 등록하는 것은 선택 사항입니다.

지자체 등록임대주택은 의무 사항 등의 준수 시에 각종 세금 혜택을 받을 수 있지만, 의무임대기간을 채우지 못하는 경우 3,000만 원의 과태료가 발생하고 기존에 받은 세금 혜택도 물어내야 합니다. 그 외에 각종 의무이행을 해야 하고 이를 위반하면 과태료가 발생합니다.

2020년 8월 18일 이후 신규로 등록할 경우, 아파트를 제외한 주택만 가능하고 의무임대기간도 10년이 적용됩니다.

따라서 임대주택을 지자체에 등록하게 되면 10년 동안 마음대로 팔지도 못하고, 임대료도 마음대로 못 올리고 그 외 각종 의무 사항을 준수해야

하고 실수로 준수를 못 하더라도 수백에서 수천만 원의 과태료가 발생하니 매우 신중히 검토 후에 결정을 해야 할 것입니다.

등록임대주택에 대한 주요한 세제 혜택은 다음과 같습니다.

세제 혜택은 각 항목별로 적용 대상이 다르고 혜택을 받기 위한 조건이 다르기 때문에 매우 주의해야 합니다.

등록임대주택 주요 혜택

구분	혜택
취득세	• 취득세 감면
재산세	• 재산세 감면
종합부동산세	• 종합부동산세 합산배제(과세제외)
종합소득세	• 주택임대소득 세액감면 • 분리과세 공제율, 공제금액 상향
양도소득세	• 거주주택 비과세 • 임대주택 중과배제

당초 양도소득세 관련 다음의 혜택이 존재하였으나, 현재는 등록해도 적용 대상이 아닙니다.

현재 등록 시 적용 안 되는 혜택

혜택	종료일
장기보유특별공제 추가 적용	2018.3.31 이전 등록
장기보유특별공제 특례(50%,70%)	2020.12.31 이전 등록
양도소득세 100% 감면	2018.12.31 이전 등록

세부 조건 요약

2020년 8월 18일 이후 현재 시점에서 장기임대(10년)로 등록된 경우의

● **등록임대주택 주요 세금 혜택과 조건**

세금 혜택과 조건

[취득세]
▷ 취득세 감면 혜택
  - 전용면적 60㎡ 이하: 전액 면제(세액 200만 원 초과 시 85% 경감)
  - 전용면적 60~85㎡: 50% 면제, 임대주택 20호 이상 등록 시

▷ 취득세 감면 조건
  - 임대 목적의 공동주택(아파트 제외)과 오피스텔
    (단, 최초 분양 취득에만 적용하고 매매, 증여로 취득 시에는 미적용)
  - 취득가액 6억 원(수도권 밖 3억 원) 이하
  - 의무임대기간 + 임대료 증액 제한 등 미준수로 말소 시 추징
  - 부동산 취득일로부터 60일 이내 임대사업자 등록

[재산세]
▷ 재산세 감면 혜택
- 전용면적 40㎡ 이하: 전액 면제(50만 원 초과 시 85% 경감)
- 전용면적 40~60㎡: 75% 면제, 60~85㎡: 50% 면제

▷ 재산세 감면 조건
- 공동주택(아파트 제외) 2세대 이상 또는 오피스텔 2세대 이상 또는 다가구주택(주인 세대 제외한
  모든 호실면적 40m² 이하) 1호 이상
- 공동주택 공시가격 6억 원(수도권 밖 3억 원) 이하
- 오피스텔 시가표준액 4억 원(수도권 밖 2억 원) 이하
- 의무임대기간 + 임대료 증액 제한 등 미준수로 말소 시 추징

[종합부동산세]
▷ 합산배제 (과세 제외) 혜택
  - 종합부동산세 과세 대상에서 제외함
    (다만, 2018년 9월 14일 이후 조정대상지역 내 신규 취득한 주택은 합산과세)

▷ 합산배제 조건
  - 임대개시일 당시 기준시가 6억 원(수도권 밖 3억 원) 이하
  - 의무임대기간 + 임대료 증액 제한 준수

[종합소득세]
① 분리과세 공제율, 공제금액 상향
▷ 혜택
  - 미등록 대비 공제율 상향(50% → 60%), 공제금액 상향(200만 원 → 400만 원)

▷ 조건
  - 의무임대기간 준수

② 산출세액 감면
▷ 세액감면 혜택
  - 1호 임대: 75% 감면, 2호 이상 임대: 50% 감면

▷ 조건
  - 주택(아파트 제외) 전용면적 85㎡ 이하
  - 임대개시일 당시 기준시가 6억 원 이하
  - 의무임대기간 + 임대료 증액 제한 준수

[양도소득세]
① 거주주택 비과세
▷ 혜택
  - 2년 이상 실제 거주한 주택에 대해 임대주택 외 1주택 비과세(평생 1회)
   고가주택(실지 거래가액 12억 원 초과)은 12억 초과분 과세

▷ 조건
  - 임대개시일 당시 기준시가 6억 원(수도권 밖 3억 원) 이하
  - 의무임대기간 + 임대료 증액 제한 준수

② 임대주택 중과배제
▷ 혜택
  - 다주택자 양도소득세 중과세율 적용배제
  (다만, 2018년 9월 14일 이후 조정대상지역 내 신규 취득한 주택은 양도세 중과)

▷ 조건
  - 임대개시일 당시 기준시가 6억 원(수도권 밖 3억 원) 이하
  - 의무임대기간 + 임대료 증액 제한 준수

세금 혜택과 준수 조건을 요약하면 위 내용과 같습니다.

여러 혜택이 있는 것처럼 보이지만, 취득세 감면은 매매 등으로 취득한 경우에는 적용이 안 되고, 최초 분양 취득하는 경우에만 적용되는 것에 주의해야 합니다.

또한 취득세에는 등록임대주택이라고 하여 중과세율을 배제한다거나 주택수에서 제외해주지 않습니다. 따라서 보유 중인 등록임대주택으로 인해 본인의 신규주택을 취득 시 취득세 중과세율이 적용될 수도 있습니다.

종합부동산세의 합산배제(과세제외)와 양도소득세 중과세율 적용배제도 현재는 조정대상지역에 취득한 주택을 등록하는 경우에는 적용을 받지 못하므로 그 적용 대상이 줄었습니다.

의무 위반에 따른 과태료

등록임대주택은 각종 의무를 부과하고 이를 위반할 경우 상당한 금액의 과태료가 부과됩니다.

등록임대주택 의무 위반에 따른 과태료

(단위: 만 원)

위반행위	과태료 금액		
	1차	2차	3차 이상
등록 신청 당시 산정한 임대보증금의 상한 미준수 (기존 임대차계약 없는 경우)	200	400	500
부기등기를 하지 않은 경우	200	400	500
임대의무기간 중 임대하지 않은 경우	임대주택당 3,000		
민간임대주택 양도 신고를 하지 않고 민간임대주택을 양도한 자	임대주택당 100		
양도 허가를 받지 않고 임대의무기간 중에 임대사업자가 아닌 자에게 민간임대주택을 양도한 경우	임대주택당 3,000		

임대료의 증액 미준수 1) 위반건수가 10건 이상인 경우 2) 위반건수가 2건 이상 10건 미만인 경우 3) 위반건수가 1건인 경우	2,000 1,000 500	3,000 2,000 1,000	3,000 3,000 2,000
임대차계약을 해제·해지하거나 재계약을 거절	500	700	1,000
임대차계약 신고를 하지 않거나 거짓으로 신고	500	700	1,000
표준임대차계약서를 사용하지 않은 경우	500	700	1,000
설명 및 확인의무를 위반하거나 정보 제공 의무를 위반한 경우	500	500	500
임대보증금에 대한 보증에 가입하지 않은 경우 1) 가입하지 않은 기간이 3개월 이하 2) 가입하지 않은 기간이 3개월 초과 6개월 이하 3) 가입하지 않은 기간이 6개월을 초과	임대보증금의 5/100 임대보증금의 7/100 임대보증금의 10/100 (과태료 한도 3,000)		
준주택을 주거용이 아닌 용도로 사용한 경우	500	700	1,000
자료의 제출 또는 검사를 거부·방해 또는 기피하거나 거짓으로 보고한 경우	100	200	300

줄어든 세제 혜택뿐만 아니라 각종 의무 불이행이 대한 과태료가 존재하고 그 대상이 확대되고 금액도 올라간 상태이기 때문에 주택임대사업자등록은 신중해야 할 필요가 있습니다.

실제 발생한 사례로, 임대차계약 신고 관련하여 최초 등록 시에는 기존 임대차계약도 신고하도록 2019년 10월 24일에 개정이 되었는데, 이러한 개정 사항을 모르고 갱신 계약부터 하는 것인 줄 알고 최초 계약 신고를 안 했다가 500만 원 과태료를 납부하신 사례도 있습니다.

단순한 실수로 세금 절감액보다 더 큰 과태료가 발생할 수 있으니, 등록에 신중해야 합니다.

주택임대소득과 건강보험료

부동산임대업을 전업으로 하는 경우도 있겠지만, 대부분이 직장을 다니면서 월세를 받을 목적으로 오피스텔이나 주택 또는 상가를 매입하는 경우가 일반적입니다. 이때 주의해야 할 부분이 제2의 세금이라고 할 수 있는 건강보험료입니다.

일반적으로 궁금해하시는 부분이, 본인이 직장을 다니는데 본인과 배우자 중에 누구 명의로 하는 게 좋은지, 배우자가 본인의 피부양자로 등록되어 있는데 월세를 얼마 이상 받으면 탈락되는지 등입니다.

우선, 건강보험은 직장가입자와 지역가입자로 적용 대상을 구분하는데, 직장가입자는 사업장의 근로자 및 사용자 그리고 그 피부양자로 구성되고 지역가입자는 직장가입자를 제외한 자를 대상으로 합니다.

단, 직장가입자는 회사가 50%를 부담하고, 근로자 본인이 50%를 부담하게 됩니다.

구분	산정방식
직장 가입자	① 건강보험료 = 보수월액 × 건강보험료율(6.99%, 2022년) ② 장기요양보험료 = 건강보험료 × 장기요양보험료율(12.27%, 2022년)
지역 가입자	① 건강보험료 = 보험료부과점수 × 점수당 금액(205.3원, 2022년) ② 장기요양보험료 = 건강보험료 × 장기요양보험료율(12.27%, 2022년) ※ 보험료 부과 점수: 소득, 재산, 자동차별로 점수를 계산하여 합산

지역가입자인 경우, 임대소득이 있으면 이를 포함한 소득점수에 반영이 되나 직장가입자이거나 피부양자로 등록된 경우에는 어떻게 되는지 알아보 겠습니다.

직장가입자인 경우

직장가입자가 급여 외에 다른 소득이 있는 경우, 보수월액 보험료 외에 소득월액보험료를 추가로 납부해야 합니다. 단, 급여 외 소득이 연간 3,400만 원(2022년 9월 이후 2,000만 원)을 초과하는 경우에만 추가 납부하게 됩니다.

• 직장가입자의 소득월액 보험료

= (연간 보수외 소득 - 3,400만 원) ÷ 12월 × 소득평가율[1] × 건강보험료율

1) 소득평가율: 사업·이자·배당·기타소득(100%), 연금·근로소득(30%)

당초 3,400만 원을 초과하면 추가 납부하였는데 건강보험료 2단계 개편 에 따라 2022년 9월부터 2,000만 원으로 낮아질 예정입니다. 여기서 주의할

것은 월세인 총수입금액이 아닌 필요경비 등을 차감한 소득금액 기준이라는 것입니다.

직장가입자의 피부양자인 경우

본인이 주부이거나 은퇴자이고 근로자인 배우자나 자녀에게 건강보험 피부양자로 등록된 경우, 월세 조금 받으려다 건강보험료 폭탄을 맞았다는 등의 케이스가 여기에 해당합니다.

피부양자 탈락의 소득 요건을 살펴보면,

① 주택임대소득금액이 있는 경우(사업자등록과 무관)

② 사업자등록이 없는 경우, 사업소득금액이 500만 원을 초과 시

③ 사업자등록이 있는 경우, 사업소득금액이 있는 경우

④ 이자·배당·사업·근로·연금·기타소득의 합계액이 3,400만 원 초과 시(2022년 9월부터 2,000만 원으로 낮아질 예정)입니다.

즉 주택임대소득은 1원이라도 발생하면 피부양자 탈락이라는 것입니다.

물론 주택임대소득 수입금액인 월세가 아닌 소득금액을 기준으로 하기 때문에 월세가 1원도 발생하면 안 된다는 말은 아닙니다.

구분	요건	필요경비	공제액	피부양자 탈락 기준
등록 임대주택	세무서 등록 + 지자체 등록	60%	400만 원	연간 수입금액 1,000만 원 초과
미등록 임대주택	둘 중 하나 등록 또는 미등록	50%	200만 원	연간 수입금액 400만 원 초과

구체적으로 얼마까지 주택임대소득이 발생해도 되는지를 보면, 위의 표와 같습니다.

즉 분리과세 주택임대소득의 구조상 월세와 간주임대료가 세무서와 지자체에 등록한 경우에는 연간 1,000만 원이고 미등록의 경우에는 연간 400만이 넘으면 피부양자가 탈락됩니다.

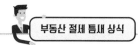

부동산 절세 틈새 상식

피부양자 탈락 재산 요건

위에서 살펴본, 소득 요건을 충족하는 경우라도 재산 요건이 미충족되면 피부양자 탈락이 됩니다.

① 재산세 과세표준이 9억 원을 초과

② 재산세 과세표준이 5.4억 원을 초과하면서 이자·배당·사업·근로·연금·기타소득의 합계액이 1,000만 원을 초과

재산세 과세표준은 주택인 경우, 공시가격의 60%를 적용하고 있으므로 주택만 재산세 대상이라면 공시가격 15억 원을 초과하든지, 연소득이 1,000만 원을 초과하면서 공시가격이 9억 원을 초과하는 경우에는 탈락이 됩니다(2022년 9월 이전에는 공시가격 기준이 9억 원이었으나, 건보료 2단계 개편으로 6억 원으로 하향될 예정).

주택임대소득
절세 비법

　　주택임대사업의 경우, 사전에 계획을 세우고 오피스텔이나 원룸 혹은 빌라를 매입하는 주택임대사업자도 있지만, 대부분이 월급으로는 빠듯하고 월세 조금 받을까 하다가 의도치 않게 주택임대사업자가 된 경우가 많습니다.

　　주택임대소득 절세의 최선은 비과세이며, 과세 대상이 되면 분리과세와 종합과세 등의 유불리 등을 따지고 복식장부 기장을 한다면 필요경비를 최대한 받는 것이 절세 방안입니다.

　　주택임대소득의 계산구조를 활용한 대표적인 절세 방법을 알아보면 다음과 같습니다.

비과세 대상이 되기

① 1주택자인 경우

본인은 전세로 살고 보유 주택을 임대 준 경우인데, 이때는 기준시가 9억 원을 이하라면 비과세입니다. 단, 과세기간 종료일인 12월 31일이나 연도 중에 매각한 경우에는 양도일의 기준시가를 의미합니다. 따라서 기준시가가 올라서 작년에는 대상이 아니었는데 올해는 과세 대상인 경우에는 비과세 기준에 탈락할 수 있으니 유의해야 합니다.

물론 전세를 주는 갭투자라면 간주임대료 계산을 하지 않으니 9억 원을 넘어도 대상이 아닙니다.

② 2주택자인 경우

부부 합산 주택수가 2주택이라면, 월세를 받는 부분은 주택임대소득이 과세되지만 보증금의 간주임대료는 없습니다. 따라서 월세 없이 보증금만 받는 조건으로 한다면 2주택이라도 비과세 대상입니다.

월세와 보증금 조정하기

주택임대소득이 2,000만 원 이하인 경우, 분리과세로 선택을 할 수 있는데 이때 민간임대주택으로 등록한 경우에는 연간 주택임대수입금액이 1,000만 원, 그 외는 400만 원 이하라면 납부할 세금이 없습니다.

따라서 등록임대주택의 경우 주택임대수입금액을 1,000만 원 이하로 유지하고 미등록의 경우에는 400만 원 이하로 유지하면 세금은 없습니다.

- **분리과세 임대소득 계산식**

구분	수입금액	주택 임대소득금액
등록 임대주택[1]	1,000만 원	1,000만 원 - 1000만 원 × 60% - 400만 원 = 0원
미등록 임대주택	400만 원	400만 원 - 400만 원 × 50% - 200만 원 = 0원

1) 지자체와 세무서에 모두 등록

예시로 보면, 본인 거주 주택 1채 보유하고 주거용 오피스텔 1채를 임대 주고 있는 경우, 주택 임대소득을 계산하면(미등록 임대주택 가정),

임대조건	조건 1	조건 2
보증금	500만 원	3,000만 원
월세	50만 원	30만 원

조건 1: 600만 원 - 600만 원 × 50% - 200만 원 = 100만 원

조건 2: 400만 원 이하이므로 없음

따라서 조건 1의 경우는 100만 원에 대한 분리과세 세율 15.4%(지방세 포함)를 적용한 15만 4,000원을 세금으로 내야 하므로 월세와 보증금을 조정하여 세금을 줄일 수 있습니다.

부부공동명의 활용

주택수의 판정은 부부 합산을 기준으로 하지만, 주택임대소득은 인별로 계산됩니다. 따라서 공동명의를 할 경우에는 소득금액을 분산하여 종합소득 합산 시의 높은 누진세율 적용을 피할 수 있고 분리과세를 적용받을 수도 있습니다.

예시로 보면,

[상황] 임대주택이 2채이고 미등록 임대주택인 경우

임대 조건	A주택	B주택
보증금	1억 원	1,000만 원
월세	150만 원	50만 원

• 대안 1: 모두 본인 단독명의(단순경비 적용 대상 가정)

주택임대수입금액 = (150 + 50) × 12개월 = 2,400만 원

→ 분리과세 안 됨

주택임대소득금액 = 2,400 − 2,400 × 42.6% = 1,378만 원

주택임대소득금액 1,378만 원은 다른 소득과 합산하여 종합과세됨

• 대안 2: A주택은 본인 단독, B주택은 배우자 공동명의

[본인]

주택임대수입금액 = (150 + 25) × 12개월 = 2,100만 원

→ 분리과세 안 됨

　이렇게 쉬운데 왜 부동산 절세를 하지 않았을까

A주택: 1,800 - 1,800 × 42.6% = 1,033만 원

B주택: 300 - 300 × 42.6% = 172만 원

주택임대소득금액은 1,205만 원 다른 소득과 합산하여 종합과세됨

[배우자]

주택임대수입금액 300만 원으로 분리과세 선택하여 소득금액은 0원임

B주택: 300 - 300 × 50% - 200 = (-) 50

- 대안 3: 대안 2와 동일하나, B주택의 임대수입 귀속자를 배우자로 정하는 손익분배비율 약정을 하는 경우

[본인]

주택임대수입금액 = 150 × 12개월 = 1,800만 원 → 분리과세 적용가능

주택임대소득금액은 700만 원

A주택: 1,800 - 1,800 × 50% - 200만 원 = 700만 원 → 14%로 분리과세

[배우자]

주택임대수입금액 = 50 × 12개월 = 600만 원 → 분리과세 적용가능

주택임대소득금액은 만 원

B주택: 600 - 600 × 50% - 200만 원 = 100만 원 → 14%로 분리과세

대안별로 정리하면,

구분	대안 1: A, B 본인 단독	대안 2: A 단독, B 공동	대안 3: A 단독, B 공동이나 배우자를 귀속자로 정함
본인	1,378만 원(종합)	1,205만 원(종합)	700만 원(분리)
배우자	-	-	100만 원(분리)

결과적으로 대안 3의 방식이 둘 다 분리과세를 적용하여 절세가 가능하게 되었습니다. 다만, 공동명의 시 주의해야 할 것은 대안 3과 같이 배우자에게 주택임대소득금액이 발생하는 경우 종전 건강보험료 피부양자 대상이었다면 자격이 박탈되므로 건강보험료 영향도 고려해야 합니다.

분리과세 선택 가능 활용

주택임대수입금액이 연간 2,000만 원 이하인 경우, 종합과세와 분리과세 중에 선택이 가능합니다. 그리고 일반적으로 분리과세가 유리하지만 항상 그렇지는 않다는 것입니다(예시는 6장의 '신고납부기한과 방법' 편을 참고).

구체적인 계산 없이 주변의 얘기를 듣고 2,000만 원 이하라고 무조건 분리과세를 신청하지 말고 종합과세 신고 시와 유불리를 필히 따져보아야 합니다.

실제 경비가 많다면, 장부 작성

복식부기 대상자라면 복식부기 장부를 작성해야 하겠으나, 간편장부 대상자라면 복식부기를 하는 경우가 유리할지 비교해보아야 합니다.

복식부기를 하는 경우에는 실제 비용이 인정됩니다. 따라서 추계로 산정하는 경비율보다 실제 비용이 높은 경우에는 장부를 작성함이 유리합니다.

일반주택임대의 단순경비율은 42.6% 기준경비율은 10.9%이므로 일반적으로 본인이 단순경비율 적용 대상이라면 장부 기장 없이 42.6%를 인정받

는 것이 유리한 경우가 대부분입니다.

하지만 기준경비율의 적용 대상이면 실제 비용이 더 많은 경우도 많으니 복식장부 기장을 할 것을 고려해보아야 합니다. 장부 작성 시 일반적으로 인정되는 주택임대사업의 필요경비는 재산세, 이자비용, 감가상각비, 수리비 등입니다.

간혹 실제 근무하지 않는 가족을 직원이나 관리인으로 인건비에 넣거나 업무와 관련 없는 가사비용을 넣는 경우가 있는데 가공 인건비과 업무 무관 비용은 다른 사업소득과 동일하게 필요경비로 인정을 받지 못합니다.

추가적으로 간편장부 대상자인데 복식부기 작성을 하는 경우에 기장세액공제로 세금의 20%(100만 원 한도)로 공제를 해주는 것도 고려해야 합니다.

따라서 간편장부 대상자인데 기준경비율 적용을 받는 경우라면 세무대리인에 의뢰하여 복식부기 기장을 하는 것이 절세의 방안일 수 있습니다.

감가상각비 산입은 신중히

복식장부 기장을 하는 경우, 필요경비 중 비중이 큰 항목이 건물의 감가상각비입니다. 감가상각비는 내용 연수기간(30~50년)으로 나눈 금액을 필요경비로 산입할 수 있습니다. 예를 들어 임대주택의 건물분 취득가액이 4억 원이고 내용연수를 40년으로 선택한 경우에는 매년 1,000만 원의 감가상각비를 필요경비로 반영이 가능합니다.

단, 감가상각비를 반영할지 여부는 강제가 아닌 선택 사항입니다. 감가상각비를 인식하는 경우 당장의 주택임대소득은 줄어들겠지만 향후에 그 주택을 처분할 때 취득가액에서 감가상각비를 인식한 금액만큼은 차감해야 하

게 됩니다.

따라서 감가상각비를 반영하여 종합소득세를 줄일지, 아니면 반영하지 않고 나중에 양도차익이 오르지 않도록 할지 비교해보며 선택을 해야 합니다.

예시로 보면, 월세가 150만 원이라고 가정하고, 주택을 6억 원에 취득했고, 그중에 토지분이 2억 원이고, 건물 취득가액이 4억 원이고 40년 상각 시,

구분	감가상각비 반영	감가상각비 미반영
임대수입	1,800	1,800
(-) 감가상각비	(-) 1,000	-
(-) 수리비 등	(-) 300	(-) 300
임대수입금액	500	1,500

감가상각비를 반영하여 임대수입금액이 1,000만 원 줄었고, 만약 종합소득세율이 20% 적용이라면 200만 원은 절세를 할 수 있습니다.

그러나 5년이 지난 후에 해당 임대주택을 8억 원에 양도하게 되었다면 (기본세율 적용, 장기보유특별공제 등 미고려),

구분	감가상각비 반영	감가상각비 미반영
양도금액	8억 원	8억 원
취득가액	6억 원 - 5,000만 원 = 5억 5,000만 원	6억 원
양도차익	2억 5,000만 원	2억 원

결국 매년 1,000만 원씩 5년간 감가상각으로 필요경비를 인식한 5,000만 원은 양도소득세의 취득가액에서 차감되고 결과적으로 양도차익이 5,000만 원 올라가게 됩니다.

만약 적용 양도소득세율이 35% 수준이라면 감가상각을 하여 양도차익이 5,000만 원 올라가게 되어 양도소득세를 1,750만 원(5,000만 원 × 35%) 더 내게 되는 셈이므로 감가상각을 하여 종합소득세가 절감된 1,000만 원(200만 원 × 5년)은 오히려 불리하게 되었습니다.

따라서 감가상각을 필요경비로 반영할지 여부는,

㉠ 감가상각을 함으로 인해 절감되는 종합소득세

㉡ 감가상각을 함으로 인해 증가되는 양도소득세

를 비교하여 결정해야 합니다.

자자체 민간임대주택으로 등록

세무서와 지자체에 모두 등록한 경우, 분리과세 선택 시 필요경비와 공제액이 상향 적용됩니다.

구분	요건	필요경비	공제액
등록	세무서 등록 + 지자체 등록	60%	400만 원
미등록	둘 중 하나 등록 또는 미등록	50%	200만 원

또한 소형임대주택 세액감면을 적용받을 수 있어 장기의 경우 75%나

50%의 감면 적용을 받을 수 있습니다. 단, 세액감면을 받는 경우 감가상각 의제가 적용되어 향후 매각 시 취득가액에서 감가상각비 의제금액이 차감되어 양도차익이 높아질 수 있으니 유의해야 합니다.

또한 의무임대기간과 임대료 증액제한을 준수해야 하고 그 외의 다양한 의무규정을 위반한 경우에 과태료 처벌이 될 수 있으니, 등록으로 얻게 될 이익과 감수해야 할 불이익을 고려하여 지자체 민간임대주택 등록을 신중히 결정해야 할 것입니다.

6장 정리 문제

1. 주택임대소득의 계산 방식에 대한 설명 중 옳지 않은 것은?

① 주택임대소득의 과세 대상 여부는 부부 합산 주택수를 기준으로 한다.

② 임대수입 총금액이 2,000만 원 이하인 경우, 분리과세를 선택할 수 있다.

③ 공동소유의 경우, 지분이 동일하면 1인을 임대수익 귀속자로 할 수 있다.

④ 3주택 이상인 경우, 임대보증금에 대한 간주임대료도 계산한다.

⑤ 3주택 이상인 경우, 임대보증금 합계가 3억 원 이하인 경우에도 간주임대료 계산 대상이다.

2. 주택임대소득의 신고 방식에 대한 설명 중 옳지 않은 것은?

① 2019년부터 주택임대소득 총수입금액이 2,000만 원 이하라도 과세 대상이다.

② 분리과세를 선택하는 경우, 14%의 단일세율이 적용된다.

③ 세무서와 지자체에 등록한 경우, 필요경비율 60%와 400만 원을 공제한다.

④ 종합과세보다 분리과세를 선택하는 것이 언제나 유리하다.

⑤ 종합과세를 선택하는 경우, 다른 종합과세 대상과 합산하여 6~45%의 세율을 적용한다.

3. 주택임대소득의 총수입금액과 필요경비에 대한 설명 중 옳지 않은 것은?

① 월세가 연체된 경우라도 총수입금액에 포함된다.

② 월세 이외 관리비, 청소비를 받는 것도 총수입금액에 포함된다.

③ 간편장부 대상자인 경우, 복식장부를 작성하여 신고하면 안 된다.

④ 실제 가족이 관리인 등으로 근무하는 경우에는 필요경비 공제를 받을 수 있다.

⑤ 부동산 취득일 이후 발생한 이자비용은 필요경비 공제를 받을 수 있다.

4. 지자체 등록 주택임대사업자에 대한 설명 중 옳은 것은?

① 아파트를 장기임대주택으로 등록하는 것은 가능하다.

② 의무임대기간 중이라도 임의로 처분할 수 있다.

③ 취득세 감면은 매매나 증여로 취득한 경우에도 적용된다.

④ 비조정지역에 신규 취득한 주택을 등록하는 경우, 종합부동산세 합산배제된다.

⑤ 양도소득세 거주주택 비과세는 횟수 제한 없이 가능하다.

5. 부가가치세 면세 사업자인 주택임대사업자는 매년 2월 10일까지 _____ 신고를

　　하도록 하고 있으며, 미신고 시에도 가산세는 발생하지 않으나 5월 종합소득세 신

　　고 시 간편신고 서비스 등을 받을 수 있는 혜택이 있다.

조합원입주권과 분양권 보유 시 세금 아끼는 법

조합원입주권과
분양권의 개념

　　매매로 아파트를 취득하는 방법 외에는 기존의 오래된 주택이나 아파트를 매입하여 재개발·재건축으로 취득(원조합원)하는 방법과 청약통장으로 분양에 당첨되는 방법 또는 원조합원의 조합원입주권을 매매로 취득(승계취득 조합원입주권)하거나 매매로 분양권을 사는 방법이 있습니다.

● **재개발·재건축 과정**

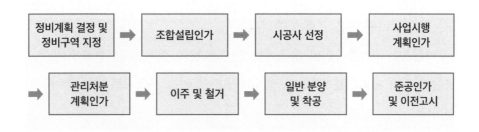

구분		설명
조합원입주권	원조합원	기존 보유하던 주택이 재개발·재건축된 경우
	승계조합원	원조합원의 조합원입주권을 매매로 취득한 경우
분양권	당첨분양권	분양권이 당첨되어 취득한 경우
	매매분양권	분양권을 매입한 경우

새 아파트를 취득하는 것은 모두 동일하나 어떤 유형인지에 따라서 세법상으로는 다르게 취급되는 경우가 있으니 유의해야 합니다.

조합원입주권

조합원입주권은 법에서 정한 특정한 입주권만을 의미합니다. '도시 및 주거환경정비법'에 따른 재건축사업 또는 재개발사업, '빈집 및 소규모주택 정비에 관한 특례법'에 따른 자율주택정비사업, 가로주택정비사업, 소규모 재건축사업 또는 소규모 재개발사업만 해당합니다.

재개발·재건축 주택이 언제를 기준으로 조합원입주권으로 권리가 변환되는지 정리하면 다음 표와 같습니다.

소규모 재건축사업의 경우에는 진행을 빨리 하기 위해 단계의 생략과 통합이 있어 관리처분계획인가 절차가 별도로 없고 사업시행계획 시 이루어집니다.

참고로 지역주택조합의 입주권은 '도시 및 주거환경정비법'에 따른 것이

구분	조합원입주권 권리변환일	대상
재건축·재개발	관리처분계획 인가일	'도시 및 주거환경정비법'에 따른 재건축사업 또는 재개발사업
소규모 재건축사업 등	사업시행계획 인가일	'빈집 및 소규모주택 정비에 관한 특례법'에 따른 자율주택정비사업, 가로주택정비사업, 소규모 재건축사업 또는 소규모 재개발사업

아닌 '주택법'에 따른 주택의 공급이므로 사업계획승인일 이후부터 분양권에 해당합니다.

취득세의 경우, 조합원입주권으로 변환되는 기준이 관리처분계획 인가일이 아니라 주택의 멸실일을 기준으로 합니다. 멸실일이 불명확한 경우에는 등기부등본 등의 공부상 멸실일을 기준으로 합니다.

분양권은 세법상 처리가 비교적 간단하나, 조합원입주권은 원조합원인지, 승계조합원인지에 따라 세법상 차이도 발생하니 구체적인 범위에 대해 잘 알아야 합니다.

주택 분양권

주택 분양권은 청약통장을 통해 당첨이 되는 경우도 있고 당첨된 분양권을 매매로 사는 경우도 있습니다. 분양권은 주택법 등 다음의 법률에 따른 주택의 공급계약을 통해 주택을 공급받는 자로 선정된 지위(매매와 증여 포함)를 의미합니다.

ⓐ '건축물의 분양에 관한 법률'

ⓒ '공공주택 특별법'

ⓒ '도시개발법'

ⓔ '도시 및 주거환경정비법'

ⓜ '빈집 및 소규모주택 정비에 관한 특례법'

ⓗ '산업입지 및 개발에 관한 법률'

ⓢ '주택법'

ⓞ '택지개발촉진법'

참고로 주거용 오피스텔의 분양권은 오피스텔이 주택법상의 주택이 아니며, 주거용일지 업무용일지 분양권 상태에서 불명확하므로 주택 분양권의 범위에 포함되지 않습니다. 따라서 취득세와 양도소득세의 주택수 판단 시 포함되는 분양권 범위에도 들어가지 않습니다.

조합원입주권과 분양권의 기본구조

조합원입주권과 분양권은 그 자체에 대해 세금이 발생하기도 하지만, 다른 주택을 취득하거나 양도할 때 주택수에 포함되어 세금에 영향을 미치기도 합니다.

과세 대상

조합원입주권을 취득하는 경우, 주택의 멸실 이전에 취득한 경우에는 주택 취득으로 보고 주택이 멸실된 이후에는 토지를 취득하는 것으로 봅니다. 따라서 취득 시 취득세와 보유 중의 재산세를 납부해야 합니다.

다만, 재산세의 분리과세 대상 토지로 분류되므로 종합부동산세는 납부 대상이 아닙니다.

구분	조합원입주권	분양권
취득세	과세 ○	과세 ×
재산세	과세 ○	과세 ×
종합부동산세	과세 ×	과세 ×
양도소득세	과세 ○	과세 ○

분양권의 취득이나 보유에는 세금이 발생하지 않습니다. 그리고 조합원입주권이나 분양권을 처분할 때는 양도소득세가 과세 대상입니다.

주택수 포함

조합원입주권과 분양권을 취득한 경우 재산세, 종합부동산세에는 주택수에 포함되지 않으나 취득세 중과세율 주택수 판단 시나 양도소득세의 비과세와 중과세율 판단 시에 주택수에 포함됩니다.

법적으로는 주택을 취득할 권리에 해당하나 부동산 급등기인 노무현

◦ 주택수 포함 여부

구분	조합원입주권	분양권
취득세	2020년 8월 12일 이후 취득	
양도소득세	2006년 이후	2021년 이후

정부 시절에 조합원입주권을 주택수에 포함하였고, 문재인 정부 시절에 취득세 판단 시 조합원입주권과 분양권도 주택수에 포함하고 양도소득세도 분양권을 주택수에 포함하도록 개정하였습니다.

다만, 시기적으로 취득세는 2020년 8월 12일 이후 취득분부터 적용하고, 양도소득세의 분양권은 2021년 이후 취득분부터 적용함에 차이가 있습니다.

취득과 보유 관련
고려 사항

분양권은 취득과 보유에 내야 할 세금이 없으나, 조합원입주권은 취득세와 재산세의 납부 대상입니다.

취득세

취득세의 경우, 관리처분계획 인가일이 아닌 주택의 멸실 여부에 따라 달라집니다. 관리처분계획일 이후 아직 주택이 멸실되지 않은 상태에 취득한 경우에는 주택의 취득으로 보지만 멸실 이후의 조합원입주권 취득은 토지의 취득으로 보기 때문입니다.

주택 멸실 전이라면, 주택의 취득이기 때문에 1~3% 세율 또는 다주택자 중과대상이라면 중과세율을 적용받습니다.

구분	관리처분계획일 ~ 주택 멸실 전	주택 멸실 후
취득세	주택의 취득	토지의 취득
세율	표준세율: 1~3% 중과세율: 8%, 12%	4%

주택이 멸실된 이후라면, 토지의 취득세율인 4%로 지방세를 더하면 4.6%가 적용됩니다. 이때 권리가액에 프리미엄을 포함한 금액에 대해 세율이 적용됩니다.

그리고 완공 이후에는 건물분에 대해 원시취득 취득세율인 2.8%가 적용됩니다. 분양권은 유상 승계취득에 해당하므로 표준세율이나 중과세율이 적용됨에 유의해야 합니다. 이에 대해서는 3장의 취득세 해당 내용을 참고하시기 바랍니다.

보유세

주택이 멸실된 이후의 조합원입주권은 토지를 보유한 것으로 보기 때문에 토지분에 해당하는 재산세가 부과됩니다. 과세기준일인 6월 1일 시점에 멸실 전이라면 주택분 재산세가 부과되고, 멸실된 상태라면 분리과세 토지로 분류되어 0.2% 세율이 부과됩니다.

그리고 종합부동산세는 주택과 토지가 과세 대상이나 분리과세 토지는 제외하고 있으므로 과세 대상이 아닙니다.

● 멸실 후 조합원입주권

구분	재산세	종합부동산세
과세 항목	분리과세 토지	분리과세 토지는 과세대상이 아님
세율	0.2%	

조합원입주권과 분양권의 보유 시 보유세 자체보다는 2020년 8월 12일 이후에 취득한 경우에는 다른 주택의 취득 시에 주택수에 포함되어 다른 주택의 취득세율 중과에 영향을 미친다는 것이 더욱 크다고 볼 수 있습니다.

부동산 절세 틈새 상식

재개발·재건축 주택의 멸실 여부

취득세와 재산세는 주택의 멸실 여부에 따라서 주택 또는 토지에 대한 세율이 적용되는데, 재산세는 차이가 미미하나 취득세는 차이가 큽니다.

주택이 표준세율(1~3%)가 적용되는 경우에는 멸실이 안 된 것으로 보는 게 유리하나, 중과대상(8%, 12%)이라면 토지로 보는 게 유리합니다.

현재 멸실 시점은 주택의 건축물이 사실상 철거·멸실된 날로 하되, 사실상 철거·멸실된 날을 알 수 없는 경우에는 공부상 철거·멸실된 날을 기준으로 하고 있습니다(행정안전부 지방세운영과-1, 2018.1.2.).

2018년 1월 1일 이전에는 단전·단수일자를 기준으로 판단하였으나, 멸실일의 기준이 변경되었음에 유의해야 합니다.

조합원입주권과 분양권의 양도

비과세

분양권은 비과세 대상이 아니나, 조합원입주권은 다음의 특수한 조건을 충족하는 경우에만 비과세가 가능하게 됩니다.

취지는 조합원입주권으로 전환되기 전인 주택인 상태에서 양도했으면 비과세인데, 조합원입주권이 되었다고 비과세를 적용해주지 않는 불이익을 해소하기 위한 것입니다. 따라서 원조합원만 가능하고 승계조합원은 대상이 아닙니다.

다음의 조건을 충족해야 합니다.

① 거주자의 기존주택이 관리처분인가일 현재 비과세 요건 해당

기존주택이 이미 비과세 요건을 충족한 경우입니다. 이때 보유기간과

거주기간의 산정은 관리처분일 이후에 철거되기 전에 계속 상시주거용으로 사용하였다면 해당 기간도 합산이 가능합니다.

①의 조건을 만족하는 조합원입주권을 다음의 ②나 ③의 조건에 양도해야 합니다.

② 조합원입주권 양도일 현재 다른 주택이 없는 경우

1세대 1주택과 마찬가지로, 양도할 당시에 조합원입주권만 보유한 상태인 경우에 가능합니다.

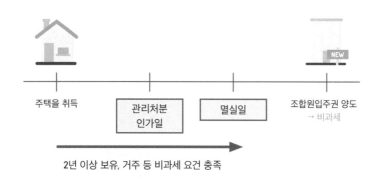

③ 조합원입주권 외에 1주택을 보유한 경우

일시적 2주택의 규정과 유사하게 신규주택의 취득일로부터 3년 이내에 조합원입주권을 양도하는 경우에는 조합원입주권의 비과세 적용이 가능합니다.

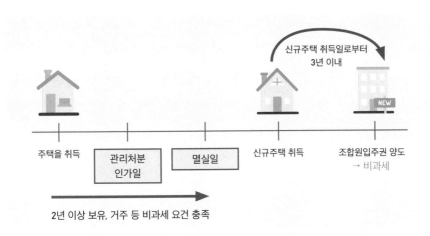

신규주택 취득일로부터
3년 이내

주택을 취득   관리처분   멸실일   신규주택 취득   조합원입주권 양도
              인가일   → 비과세

2년 이상 보유, 거주 등 비과세 요건 충족

일반과세

　조합원입주권의 비과세에 해당하지 않는 경우, 조합원입주권과 분양권
의 양도소득세율은 보유기간이 1년 미만이면 70%, 1년 이상에서 2년 미만
이면 60%로 동일합니다. 단, 2년 이상 보유한 경우 조합원입주권은 기본세율
이 적용되나 분양권은 여전히 60%의 세율이 적용됩니다.

● 조합원입주권과 분양권의 양도세율

보유기간	주택, 조합원입주권	분양권
1년 미만	70%	70%
1~2년	60%	60%
2년 이상	기본세율	60%

양도소득세의 10%인 지방소득세를 가산해야 하므로 실질적인 세율은 66%, 77%가 되는 것입니다. 다만, 조합원입주권은 주택이 아니므로 다주택자의 조정대상지역의 조합원입주권이라도 중과세율이 적용되지는 않습니다.

이때 보유기간은 어떻게 계산하는지가 중요합니다. 양도일은 조합원입주권이나 분양권의 매매 잔금청산일로 보면 되는데, 취득일자가 유형에 따라 다르니 주의해야 합니다.

◦ 조합원입주권과 분양권의 취득일자

구분		취득일자
조합원입주권	원조합원	기존주택 취득일
	승계조합원	매매 잔금지급일
분양권	당첨분양권	분양권 당첨일
	매매분양권	매매 잔금지급일

원조합원입주권의 경우, 기존주택의 취득일자로부터 보유기간을 계산하며, 청약 당첨으로 취득한 분양권은 분양권 당첨일이 취득일자가 됩니다.

완공 이후
신축주택 양도

조합원입주권과 분양권으로 완공된 주택을 취득한 시점부터는 주택에 대한 양도세율이 적용됩니다. 따라서 조건을 충족하면 1세대 1주택 비과세를 적용받을 수도 있고 다주택자 중과가 될 수도 있습니다.

비과세를 위해서는 2년 이상 보유를 해야 하는데, 입주권과 분양권의 유형에 따라서 언제 주택을 취득한 시점으로 보는지가 달라지므로 주의해야 합니다.

분양권으로 인한 주택의 취득일은 분양대금 청산일과 소유권 이전등기 접수일 중에 빠른 날입니다. 만약 대금 청산일까지 완공이 되지 않은 경우에는 아파트 완공일인 사용승인서 교부일 등이 됩니다.

반면 조합원입주권으로 인한 주택의 취득일은 원조합원이냐 승계조합원이냐에 따라 달라집니다. 원조합원의 경우, 기존주택의 취득일이 적용되나 승계조합원의 경우에는 사용승인서 교부일이 됩니다.

● 조합원입주권과 분양권으로 인한 주택 취득일자

구분	주택의 취득일자
분양권	㉠ 잔금청산일 ㉡ 소유권 이전등기 접수일 중에 빠른 날 (단, 잔금일까지 완공되지 않은 경우 사용승인서 교부일 등)
원조합원	기존주택의 취득일
승계조합원	㉠ 사용승인서 교부일 ㉡ 사용승인서 교부 전에 사실상 사용, 임시사용승인을 받은 경우에는 사실상 　사용일과 임시사용승인일 중 빠른 날

동일한 신축 아파트라도 어떻게 취득했는지에 따라서 보유기간 계산이 달라지니 주의해야 합니다.

이때 원조합원의 경우 보유기간과 거주기간은 다음과 같습니다.

● 보유·거주기간 계산 - 원조합원입주권

구분	비고
보유기간	기존주택 보유기간 + 재개발·재건축 기간 + 신축주택 보유기간
거주기간	기존주택 거주기간 + 신축주택 거주기간

예를 들어 재개발 조합원입주권을 승계 취득하고 이후 멸실과 공사 등으로 3년이 소요된 이후 아파트를 취득한 경우, 해당 주택의 취득일이 조합원입주권 취득일이 아닌 사용승인서 교부일이라는 것입니다.

따라서 해당 아파트는 조합원입주권으로 3년이나 보유했지만 아파트의 사용승인일로부터 2년 이내에 처분하면 주택의 단기매매에 해당하여 60%, 70%의 세율이 적용된다는 것입니다.

만약 해당 주택을 관리처분일 이전에 매입을 하였다면 원조합원이므로 보유기간 2년 요건은 충족하게 됩니다.

주택과 조합원입주권 또는
분양권을 보유한 경우

주택을 보유한 상태에서 조합원입주권이나 분양권을 취득하게 되는 경우, 조합원입주권이나 분양권을 먼저 처분하는 경우에는 비과세가 적용되지 않습니다. 하지만 주택을 먼저 처분하는 경우에는 비과세가 적용되는 경우가 있는데 크게 다음과 같이 나누어볼 수 있습니다.

① 일시적 1주택 + 1조합원입주권 또는 분양권

② 실거주 목적의 조합원입주권 또는 분양권

③ 사업시행기간 중 거주 목적의 대체주택

여기서 주의할 것은, 분양권은 2021년 이후에 취득한 분양권만 그 대상이라는 것입니다. 2021년 이전에 취득한 분양권은 개정 전과 동일하게 1세대 1주택 판단 시 주택수에 포함되지 않으므로, 분양권으로 인한 주택이 완공된 이후 일시적 2주택 여부 등을 따지면 됩니다.

일시적 1주택+1조합원입주권 또는 분양권

주택의 일시적 2주택 비과세 규정과 동일한 취지로 조건도 유사합니다. 구체적인 적용 요건을 살펴보면,

① 종전주택 취득일로부터 1년 후에 조합원입주권이나 분양권을 취득

② 조합원입주권이나 분양권 취득일로부터 3년 이내에 종전주택 양도

③ 종전주택은 보유기간 등 비과세 요건을 충족할 것

취득 시점의 제한을 1년 이후로 둔 것은 일시적 2주택과 유사하나, 처분기한은 3년이 적용됩니다. 일시적 2주택 비과세 규정과 달리 조정지역인지 비조정지역인지에 따른 차이는 없고 동일하게 3년이 적용됩니다.

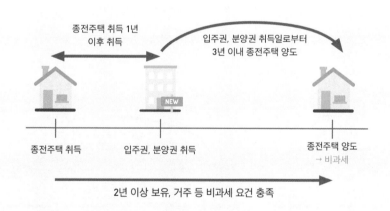

실거주 목적의 조합원입주권 또는 분양권

일시적 1주택+1조합원입주권 또는 분양권이 적용되려면, 3년 이내에 주택을 처분해야 하는데, 공사나 입주 지연 등으로 3년 이내에 처분하지 못할 수도 있습니다.

다행히도 이렇게 처분기한 3년이 지나버린 경우에는 실거주 등의 요건을 충족하면 종전주택을 비과세해주는 조항이 있습니다.

구체적인 적용 요건을 살펴보면,

① 종전주택 취득일로부터 1년 후에 조합원입주권이나 분양권을 취득
   (2022년 2월 15일 이후 취득분부터 적용)

② 신규주택 완성 후 2년 이내에 세대 전원이 이사하고, 1년 이상 계속 거주

③ 신규주택 완공 전 또는 완공 후 2년 이내에 종전주택을 양도

④ 종전주택은 보유기간 등 비과세 요건을 충족할 것

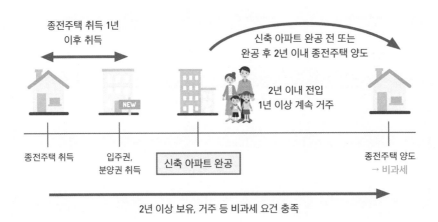

요건 ①인 취득 시점에 제한을 둔 것은 2022년 2월 15일 시행령이 개정되어 추가된 조건으로, 시행령 개정 전에 취득한 조합원입주권과 분양권은 적용되지 않고 2022년 2월 15일 이후에 취득한 것부터 적용이 됩니다.

세대 전원이 완공 후 2년 이내 이사해야 하는데 취학, 질병의 요양, 근무상 형편 등 부득이한 사유가 있는 경우에는 이사한 것으로 인정됩니다.

중요한 것은 1년 이상 계속 거주를 해야 한다는 것입니다. 단순히 거주기간 1년이 아닌 '계속 거주'이기 때문에 6개월 거주하고 다시 전출했다가 이후 6개월을 채우는 방식은 안 되고 계속 1년간 살아야 합니다.

사업 시행기간 중 거주 목적의 대체주택

앞서 살펴본 두 가지 경우는 주택을 보유한 상태에서 조합원입주권이나 분양권을 취득한 경우에 적용이 되나, 이번에 알아볼 사업 시행기간 중 거주 목적의 대체주택 비과세는 조합원입주권 중에서도 원조합원만 적용이 가능합니다.

취지가 본인이 보유한 주택이 재개발·재건축된 경우, 공사기간 중에 거주하기 위해 취득한 대체주택은 비과세를 해주겠다는 것입니다.

구체적인 적용 요건을 살펴보면,

① 보유 중인 1주택이 재개발·재건축된 경우

② 사업시행 인가일 이후 대체주택을 취득하여 1년 이상 거주

③ 신규주택 완성 후 2년 이내에 세대 전원이 이사하고, 1년 이상 계속 거주

④ 신규주택 완공 전 또는 완공 후 2년 이내에 대체주택을 양도

관리처분인가를 받기 전에 보유한 주택이면 됩니다. 그 주택에 실제로 거주한 적이 없어도 적용이 가능합니다.

대체주택의 취득은 사업시행인가일(관리처분인가일 아님) 이후에만 취득을 하면 되나 사업시행인가일 이전에 취득한 경우에는 적용이 안 됩니다.

그리고 대체주택은 주택을 매입한 경우뿐만 아니라, 분양권이나 입주권을 매입하여 완공된 주택도 인정이 됩니다. 해당 대체주택 취득 후 1년을 거주해야 하는데 계속 거주가 아니므로 이때는 통합해서 1년만 거주하면 됩니다.

신규주택 완성 후 이사와 계속 거주 및 대체주택의 양도기한은 앞서 살펴본 실거주 목적 취득과 동일하게 적용됩니다.

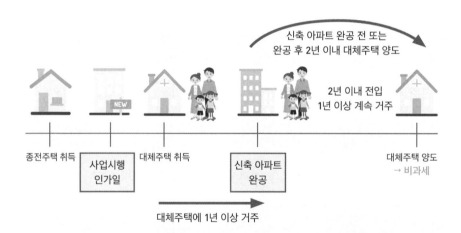

조합원입주권과
분양권 절세 비법

조합원입주권은 예외적으로 비과세가 되는 경우가 있고, 2년 이상 보유한 경우에는 기본세율 적용도 가능하나 보유기간이 2년 이내이거나 분양권인 경우에는 고율의 60%, 70% 세율 적용으로 사실상 조합원입주권, 분양권 상태에서 매매는 어려운 상황입니다.

조합원입주권과 분양권 관련하여 종종 혼동하시 것을 위주로 절세 방안을 살펴보겠습니다.

주택의 멸실 전후에 따른 취득세 고려

주택이 멸실되기 전에 취득한 조합원입주권은 취득세는 주택의 취득으로 보아 1~3%의 세율이 적용됩니다. 단, 중과대상인 경우에는 8%, 12%가

적용됩니다.

그리고 멸실 후에 취득하면, 토지분 + 프리미엄에 4%의 세율과 완공 후 건물분에 대해 원시취득 2.8%의 세율이 적용됩니다.

따라서 다주택자로 취득세 중과대상이 아니라면 멸실 전에 주택으로 취득하는 것이 유리하고, 취득세율 중과대상이라면 멸실 후에 취득하는 것이 유리합니다.

조합원입주권 비과세 요건 주의

• 보유·거주기간

조합원입주권의 비과세 여부 판단 시 관리처분일 이후에 멸실된 경우, 보유·거주기간은 멸실 전의 보유·거주기간도 포함됩니다. 따라서 관리처분일 현재 거주기간이 몇 개월 모자란다면 더 거주하여 2년을 채울 수 있습니다.

• 양도일 현재 다른 주택이 없는 경우

조합원입주권 양도일 현재 다른 주택이 없는 경우에만 적용되는데, 이 때 비과세 특례에 해당하는 상속주택, 동거봉양주택, 혼인합가 등의 주택을 보유한 경우도 조건이 충족되지 않으므로 주의해야 합니다. 단, 다른 주택 취득일 후 3년 이내 양도하는 경우에 인정되는 규정은 적용받을 수 있습니다. 예를 들어 비과세 요건을 충족하는 조합원입주권 보유 상태에서 상속주택을 취득한 경우에는 3년 이내 조합원입주권을 양도하면 비과세를 받을 수 있습니다.

장기보유특별공제 적용 주의

① 아파트 완공 후에 양도

조합원입주권과 분양권으로 완공된 아파트의 장기보유특별공제 보유기간 적용에 차이가 있는 점에 주의해야 합니다.

◦ 장기보유특별공제 보유기간 계산

구분		장기보유특별공제 보유기간
원조합원	종전주택분 양도차익	기존주택 취득일 ~ 양도일
	청산금 납부분 양도차익	관리처분계획 인가일 ~ 양도일
승계조합원		신축주택의 사용승인일 ~ 양도일
분양권		분양대금 청산일 ~ 양도일

원조합원인지, 승계조합원인지 청산금 납부 여부에 따라 달라지게 되는데 승계조합원의 경우에는 조합원입주권으로 보유한 기간은 인정을 받지 못하는 점에 유의해야 합니다. 따라서 원조합원이 전체 기간을 인정받을 수 있어 유리합니다.

그리고 분양권은 분양대금 청산일과 소유권 이전등기 접수일 중에 빠른 날로 하되, 대금 청산일까지 완공이 안 된 경우에는 아파트의 완성일(사용승인일 등)이 됩니다.

② 조합원입주권 상태에서 양도

아파트가 완공되기 전에 조합원입주권 상태에서 양도하는 경우, 관리

처분계획 인가일 이전의 양도차익에 대해서만 장기보유특별공제가 적용되고 인가일 이후의 양도차익에 대해서는 장기보유특별공제가 적용되지 않습니다.

따라서 장기보유특별공제를 많이 받기 위해서는 원조합원이 아파트의 완공 이후에 양도하는 경우가 가장 유리합니다.

처분기한은 1주택 + 1조합원입주권(분양권)이 유리

일시적 2주택 비과세 특례의 경우, 종전주택 처분기한이 다음과 같이 3년 또는 2년이 적용됩니다.

○ 일시적 2주택 비과세 처분기한

종전주택	신규주택	처분기한	전입요건
비조정지역	비조정지역		
비조정지역	조정지역	3년	없음
조정지역	비조정지역		
조정지역	조정지역	2년	없음

하지만 1주택+1조합원입주권 또는 1주택+1분양권(2021년 이후 취득)의 경우에는 조정지역 여부와 무관하게 조합원입주권이나 분양권의 취득일로부터 3년 이내에 종전주택을 양도하면 되므로 종전주택의 처분기한이 더 늘어나게 됩니다.

만약 3년 이내 처분을 하지 못하고 실거주 목적의 취득 규정이 적용되

는 경우에는 신규주택 완공 후 2년 이내로 보다 종전주택 처분기한이 좀 더 늘어나게 됩니다. 따라서 부동산 가격 상승기에 가급적 비과세가 적용되는 중복 보유기간을 늘리고자 한다면 신규주택을 취득하는 것보다, 조합원입주권이나 분양권을 취득함이 종전주택의 비과세 처분기한을 대폭 늘릴 수 있는 방법입니다.

1주택+1조합원입주권(분양권) 규정에 있어 주의할 것은, 주택을 보유한 상태에서 조합원입주권이나 분양권을 취득해야 한다는 것입니다.

만약 조합원입주권이나 분양권(21년 이후취득)을 먼저 보유한 상태에서 주택을 취득한 경우에는 해당 특례 규정도 적용이 안 되고 일시적 2주택 특례 규정도 적용이 안 되는 점에 유의해야 합니다.

2021년 이전 취득 분양권

2021년 이후 취득한 분양권부터 양도소득세의 주택수에 포함하고 있고, 2021년 1월 1일 이전에 취득한 분양권은 여전히 주택에 해당하지 않습니

● **분양권 취득 시점별 비과세 적용**

종전 보유	신규 취득	양도소득세 비과세
주택	2021년 이후 취득 분양권	1주택+1분양권 규정 : 종전주택 처분 시
주택	2021년 이전 취득 분양권	일시적 2주택 특례 (분양권 주택 취득일 기준)
2021년 이전 취득 분양권	주택	
2021년 이후 취득 분양권	주택	비과세 특례 불가

다. 그래서 일시적 2주택 비과세 적용 시에 언제 취득한 분양권인지에 따라서 적용 규정이 달라지게 됩니다.

2021년 이후 취득 분양권은 종전주택을 보유한 상태에서만 1주택 + 1분양권 비과세 특례가 적용되지만, 2021년 이후 취득 분양권을 먼저 보유한 상태에서 주택 취득 시에는 비과세가 적용되자 않고 1개는 과세 처분해야 합니다.

2021년 이전 취득 분양권은 주택이 아니기 때문에 분양권 취득 시점과는 관계없이 완공되어 신규주택이 된 시점을 기준으로 일시적 2주택 비과세 특례 규정을 충족하는지 확인해야 합니다. 예를 들어 2021년 이전 취득 분양권을 보유한 상태에서 주택을 취득한 경우, 분양권으로 완공된 아파트가 신규주택이 되는 것입니다.

따라서

㉠ 주택 취득일로부터 1년 후에 신규 완공주택의 취득일(분양대금 잔금일)

㉡ 처분기한 내에 종전주택 처분 (전입 조건 추가시 만족)

㉢ 종전주택의 비과세 요건 충족

한다면 비과세가 됩니다.

7장 정리 문제

1. **조합원입주권과 분양권의 주택수 포함에 대한 설명 중 옳지 않은 것은?**

① 양도소득세에서 조합원입주권은 2006년 이후부터 주택수에 포함되었다.

② 취득세에서 조합원입주권은 2020년 8월 12일 이후 취득분부터 주택수에 포함된다.

③ 취득세에서 분양권은 2020년 8월 12일 이후 취득분부터 주택수에 포함된다.

④ 양도소득세에서 분양권은 2020년 8월 12일 이후 취득분부터 주택수에 포함된다.

⑤ 1주택자가 조합원입주권이나 분양권을 취득한 경우, 원칙적으로 2주택자로 1세대 1주택 비과세가 적용되지 않으나 특례 조항 충족 시 비과세가 가능하다.

2. **조합원입주권과 분양권의 취득세에 대한 설명 중 옳지 않은 것은?**

① 조합원입주권을 취득하면 취득세가 발생한다.

② 분양권을 취득하면 취득세가 발생하지 않는다.

③ 조합원입주권을 주택의 멸실 전에 취득하면 주택의 취득으로 본다.

④ 조합원입주권을 관리처분인가일 이후에 취득하면 토지의 취득으로 본다.

⑤ 취득한 분양권이 아파트로 완공된 경우, 취득세 중과세율이 적용될 수 있다.

3. 조합원입주권과 분양권의 세금에 대한 설명 중 옳지 않은 것은?

① 분양권은 재산세나 종합부동산세가 발생하지 않는다.

② 조합원입주권은 재산세나 종합부동산세가 발생하지 않는다.

③ 조합원입주권은 일정 조건을 충족하면 비과세가 가능하다.

④ 분양권은 보유기간이 2년이 경과되어도 기본세율이 적용되지 않는다.

⑤ 조합원입주권은 보유기간이 2년이 경과되면 기본세율이 적용된다.

4. 조합원입주권과 분양권 관련 양도소득세에 대한 설명 중 옳지 않은 것은?

① 원조합원입주권으로 완공된 아파트의 보유기간은 공사기간을 포함한다.

② 승계조합원입주권으로 완공된 아파트의 보유기간은 공사기간을 포함한다.

③ 주택을 보유한 상태에서 조합원입주권이나 분양권을 취득해야 비과세 특례가 가능하다.

④ 조합원입주권을 보유한 상태에서 주택을 취득하면 비과세 특례가 적용되지 않는다.

⑤ 대체주택 취득의 비과세는 분양권은 해당하지 않는다.

5. 보유 중인 1주택이 재개발·재건축된 경우, 사업시행인가일 이후 대체주택을 취득하여 _____ 년 이상 거주하고 신규주택 완성 후 _____ 년 이내에 세대 전원이 이사하고, _____ 년 이상 계속 거주하고, 신규주택 완공 전 또는 완공 후 _____ 년 이내에 대체주택을 양도하면 대체주택의 양도소득세 비과세가 가능하다.

8장

증여와 상속할 때 세금 아끼는 법

증여세의 기본구조

증여세 과세 대상

증여와 상속은 무상 이전임은 동일하나, 증여는 생전에 재산을 무상 이전하는 경우에 적용되는 것이 차이점입니다.

증여세 과세 대상은 무상으로 이전된 재산 또는 이익이면 모두 대상이고, 이는 증여 계약을 했는지 여부와는 무관하게 적용됩니다. 또한 무상 이전은 아니지만 부동산을 저가양수나 고가양도의 경우와 부동산의 무상사용 등도 조건에 충족되면 증여에 해당합니다.

그리고 증여추정이라고 하여 명백한 반증이 없으면 증여한 것으로 보는 규정이 있는데, 대표적으로

㉠ 배우자 등에 양도한 재산

㉡ 특수관계자를 통한 우회양도

ⓒ 재산취득자금 또는 채무상환이 있는데,

증여추정은 증여가 아니라는 명백한 반증이 있다면 증여로 보지 않습니다.

증여세 계산구조

산식	항목	비고
	증여재산가액	증여일 현재 시가
(+)	증여재산가산액	동일인으로부터 10년 이내 증여
(-)	비과세, 과세가액 불산입	
(-)	채무인수액	부담부증여 시 승계한 채무
(-)	증여재산공제	배우자, 직계존비속, 기타친족 공제
=	과세표준	
×	세율(5단계 초과누진세율)	10~50%
=	산출세액	
(+)	세대생략할증세액	세대 생략시 30%, 40% 할증
(-)	세액공제	신고세액공제, 외국납부세액공제 등
=	납부세액	

증여세 계산의 주요 항목을 살펴보겠습니다.

① 증여재산가액

증여일 현재의 시가를 증여재산가액으로 하는데, 이에 대해서는 '증여 및 상속재산의 평가' 부분을 참고하시길 바랍니다.

② 증여재산가산액

증여일로부터 직전 10년간 동일인에게서 증여 받은 금액은 합산을 하도록 되어 있습니다. 이에 대해서는 '증여재산 가산액' 부분을 참고하시길 바랍니다.

③ 비과세, 과세가액불산입

증여세도 비과세가 있습니다. 국가나 지방자치단체로부터 받은 증여, 우리사주조합원이 조합을 통해 취득한 주식의 시가와 취득가액 차액 등이 있습니다. 그리고, 공익법인 재산출연 등은 과세가액불산입으로 과세를 하지 않습니다. 비과세 항목은 특수한 경우가 많고, 일반적인 항목은 '사회통념상 인정되는 이재구호금품, 치료비, 피부양자의 생활비, 교육비, 그 밖에 이와 유사한 것'을 비과세로 정하고 있는데, 이에 대해 자세히 살펴보겠습니다.

ㄱ 피부양자의 생활비, 교육비

피부양자에게 주는 생활비, 교육비는 증여세를 과세하지 않습니다. 부모가 소득이 없는 자녀에게 생활비를 주거나, 교육비를 주는 것은 비과세 대상입니다. 예를 들어 소득 없는 자녀에게 교육비를 주는 것은 증여가 아닙니다. 고액의 해외유학비라도 교육비에 사용되었다면 증여가 아닙니다. 하지만 자녀에게 준 돈이 예금이나 주택 매입 등 재산취득에 사용되었다면 증여입니다.

ⓒ 축의금, 부의금

사회통념상 인정되는 축의금, 부의금은 비과세 대상입니다. 따라서 사회통념상을 넘어가는 수준이면 과세 대상입니다.

결혼식 축의금으로 받은 금액은 합계액이 수천만 원에서 수억 원에 이를 정도로 금액이 클 수 있지만, 증여세는 증여자(결혼식 하객)와 수증자(본인이나 부모님) 인별로 판단하게 되므로 특정 하객이 거액을 주지 않는 이상 증여세 대상이 아닙니다. 구체적으로 증여세 면제금액인 50만 원 이하인데 그 금액 이하의 축의금, 부의금이라면 증여세 과세 대상이 아닙니다.

다만, 부모가 고위층이고 부모의 하객으로 인해 축의금으로 거액이 모인 경우, 이를 결혼하는 자녀에게 준다면 이 경우는 부모가 자녀에게 증여한 것으로 보아 증여세가 과세될 수 있습니다.

④ 채무인수액

증여를 받는 동시에 일정한 채무를 인수하는 것을 부담부증여라고 하는데, 일반적으로 부동산에 대한 금융기관 담보대출이나 임대보증금이 이에 해당합니다. 이때 인수하는 채무는 증여를 받은 사람이 갚아야 할 것이니 증여가 아니고 증여재산가액에서 차감하게 됩니다. 그리고 인수하는 채무는 대물변제의 성격으로 보아 양도소득세를 과세하게 되는데, 이와 관련하여 '채무인수 부담부증여' 부분을 참고하시길 바랍니다.

⑤ 증여재산공제

배우자나 직계존비속 또는 기타친족으로부터 증여를 받는 경우, 각각 6억 원, 5,000만 원(미성년자는 2,000만 원), 1,000만 원을 공제하게 됩니다. '증여재산 공제액' 부분에서 자세히 다루니 참고하시길 바랍니다.

⑥ 세율

증여세율은 10~50%의 5단계 누진세율 구조입니다.

• **증여세 누진공제표**

과세표준	기본세율	누진공제액
1억 원 이하	10%	-
1억~5억 원	20%	1,000만 원
5억~10억 원	30%	6,000만 원
10억~30억 원	40%	1억 6,000만 원
30억 원 초과	50%	4억 6,000만 원

예를 들어 증여재산공제 등을 차감 후의 과세표준이 7억 원이라면 산출세액은 1억 5,000만 원이 됩니다(7억 원 × 30% – 6,000만 원).

⑦ 세대생략할증세액

조부모가 자녀에게 증여한 후, 자녀가 다시 손자에게 증여하지 않고 조부모가 직접 손자에게 증여함으로써 자녀가 부담해야 할 증여세를 회피하는 것을 방지하고자 산출세액의 30%를 가산하게 됩니다.

만약 수증자가 미성년자이고 증여재산가액이 20억 원을 초과하는 경우에는 40%를 가산합니다. 다만, 아버지가 먼저 사망한 상태에서 할아버지가 손자에게 증여하는 경우와 같이 증여자의 최근친 직계비속이 먼저 사망한 경우에는 할증 과세를 하지 않습니다.

⑧ 세액공제

㉠ 납부세액공제

앞서 살펴본, 10년 이내 동일인에게 증여 받아 합산된 경우 종전에 납부한 증여세는 세액공제로 차감합니다.

㉡ 신고세액공제

증여세 신고는 증여를 받은 날이 속하는 달의 말일로부터 3개월 이내에 해야 하는데, 이를 준수한 경우 3%를 세액공제해줍니다. 증여세의 성실한 신고를 유도하는 측면에서 만들어진 제도입니다.

㉢ 외국납부세액공제

외국에 있는 부동산 등을 증여 받는 경우, 해당 국가에서 그 나라의 법에 따라 세금을 부과하는 경우가 있습니다. 이러한 세금을 공제하여 줍니다.

증여세의 신고와 납부

　증여를 받은 자는 증여일이 속하는 달의 말일부터 3월 이내에 신고와 납부를 해야 합니다. 관할 세무서는 증여를 받은 자의 주소지를 관할하는 세무서입니다. 예를 들어 증여일이 3월 10일이라면 신고납부 기한은 6월 30일이 됩니다.

　따라서 증여일을 언제로 보느냐가 중요합니다. 취득세의 경우 증여일은

● **유형별 증여일자**

구분	증여일
부동산	등기 접수일
분양권, 입주권	명의 변경일
예적금	입금일

증여계약일로 보지만, 증여세는 증여계약일이 아님에 주의해야 합니다.

만약 납부할 증여세액이 1,000만 원을 초과하는 경우에는 2개월 이내로 다음의 금액을 분납을 할 수 있습니다.

　㉠ 납부세액이 1,000만~2,000만 원: 1,000만 원 초과액

　㉡ 납부세액이 2,000만 원 초과 시: 납부세액의 50%

증여세에는 연부연납이라는 제도가 있는데, 납부세액이 2,000만 원을 초과하는 경우 관할 세무서장에 신청하여 허가를 받으면 최대 5년 이내의 기간 동안 나누어 낼 수 있습니다. 즉 연부연납 기간을 5년으로 한다면 당초 신고기한까지 6분의 1을 납부하고 남은 5년간 매년 6분의 1을 납부하게 되는 방식입니다.

연부연납은 분납과는 차이가 있는데, 분납은 별도로 이자가 없고 허가 절차도 필요 없으나, 연부연납은 별도로 이자가 붙고 납세보증보험증권 등의 납세담보를 제출하고 세무서장의 허가를 득해야 한다는 것이 큰 차이점입니다.

그리고 상속세의 경우에는 현금이 없는 경우, 상속 받은 재산을 납부하는 물납제도가 있으나, 증여세는 물납제도가 없습니다.

증여재산 반환

부동산을 증여하였지만 다른 사정으로 취소하거나 반환하게 되는 경우가 있습니다. 이때 증여세는 납부해야 하는지, 돌려받을 때도 다시 증여로 보는지 여부는 언제 반환을 하였는지에 따라 달라집니다.

㉠ 신고기한 이내에 반환한 경우

당초 증여가 없었던 것으로 봅니다. 따라서 당초 증여나 반환도 모두 증여세는 없습니다. 단, 이미 신고를 하여 증여세 결정 통보를 받은 경우에는 당초와 반환증여 모두 납부해야 합니다.

㉡ 신고기한으로부터 3개월 이내에 반환

당초분은 증여세를 과세하고 반환한 것에 대해서는 증여세를 과세하지 않습니다.

㉢ 신고기한으로부터 3개월 초과된 이후의 반환

당초 증여뿐만 아니라 반환도 증여세를 과세하게 됩니다.

증여 반환 시점에 따른 증여세

구분	당초 증여	반환 증여
신고기한 이내	과세 없음	과세 없음
신고기한 3개월 이내	과세	과세 없음
신고기한 3개월 초과	과세	과세
증여세 결정을 받은 경우	과세	과세

따라서 언제 반환을 하는지에 따라 증여세 납부 여부가 달라지므로 유의하여 반환에 대한 의사결정을 해야 합니다. 참고로 예금과 같은 금전의 경우에는 증여 반환이나 취소가 인정되지 않는 점도 주의해야 합니다.

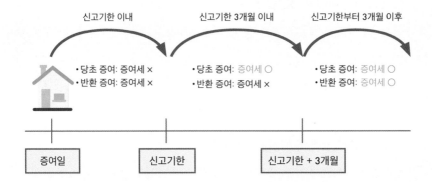

신고기한 이내

신고기한 3개월 이내

신고기한부터 3개월 이후

• 당초 증여: 증여세 ×
• 반환 증여: 증여세 ×

• 당초 증여: 증여세 ○
• 반환 증여: 증여세 ×

• 당초 증여: 증여세 ○
• 반환 증여: 증여세 ○

증여일

신고기한

신고기한 + 3개월

취득세의 증여 취소

취득세의 증여 취소는 증여세와는 다릅니다.
취득세는 증여계약일로부터 60일 이내에 취득세 신고납부를 해야 하는데, 등기를 하였는지 여부에 따라 취득세 증여 취소 가능 여부가 달라집니다.

㉠ 등기를 한 경우
취득세 취소가 되지 않습니다. 기존에 낸 취득세는 돌려받지 못합니다.

㉡ 등기를 하지 않은 경우
다음 중 하나에 해당하고, 서류에 의해 계약이 해제된 사실이 입증되는 경우에는 취소가 가능합니다.
1. 화해조서·인낙조서(취득일부터 60일 이내 계약해제 사실이 입증)
2. 공정증서(취득일부터 60일 이내에 공증, 공증인의 사서증서를 포함)
3. 행정안전부령으로 정하는 계약해제신고서(취득일부터 60일 이내에 제출)

따라서 부동산 증여의 경우 등기접수를 한 경우에도 신고기한 이전에는 증여 취소가 인정되어 증여세가 부과되지 않으나, 취득세는 이미 등기를 하였으므로 돌려받지 못하게 되니 유의해야 합니다.

증여 및 상속재산의 평가

증여세 계산의 출발점은 증여 받은 재산의 가치를 평가하는 것입니다. 이러한 증여재산 가치평가는 평가 대상 기간 등에 차이가 있으나, 상속세도 동일하게 적용되는 평가 방식이기 때문에 상속재산의 평가도 같이 살펴보겠습니다.

재산 평가 방식은 상속개시일(사망일) 또는 증여일 현재의 시가를 적용하는데, 구체적으로 평가기간은 상속과 증여에 따라 차이가 있습니다.

● **상속, 증여세 재산평가 적용기간**

구분	평가기간
상속	상속개시일 전 6개월 ~ 후 6개월
증여	증여일 전 6개월 ~ 후 3개월

부동산의 경우 평가 방식은 다음의 1순위부터 3순위까지 순차적으로 적용을 하게 됩니다. 즉 1순위에 해당하는 것이 없으면 2순위를 적용하고 이도 없으면 3순위인 보충적 평가 방법이 적용됩니다.

구분	평가 방식
1순위	① 해당 재산의 매매가액 ② 해당 재산의 감정가액 ③ 해당 재산의 수용, 공매, 경매가액
2순위	유사매매사례가액
3순위	보충적 평가 방법

[1순위]

① 해당 재산의 매매가액

증여나 상속받은 그 부동산의 매매가 평가기간 중에 있었던 경우에는 이를 적용합니다. 예를 들어 사망일로부터 6개월 이내에 상속주택을 5억 원에 양도한 경우에 상속주택의 상속세 계산 시 평가액은 그 처분한 가액인 5억 원이 됩니다. 참고로 이때 양도차익은 취득가액(상속재산 평가액)과 양도가액이 5억 원으로 동일하여 양도차익이 0원이므로 양도소득세는 없습니다.

② 해당 재산의 감정가액

해당 재산에 대해 2 이상의 공신력 있는 기관의 감정가액이 있는 경우, 그 감정가액의 평균액을 적용합니다. 단, 부동산의 기준시가가 10억 원 이하인 경우에는 1개의 감정가액만 받아도 인정이 됩니다.

③ 해당 재산의 수용, 공매, 경매가액

해당 재산에 대해 수용·경매 또는 공매사실이 있는 경우에는 그 보상가액·경매가액 또는 공매가액을 적용합니다.

이상의 매매, 감정, 공매가격 등을 적용할 때, 평가 기준일 이내에 있는지 여부는 다음의 기준일자로 판단합니다.

● **매매, 감정, 경매 등의 적용 기준일자**

구분	기준일자
매매가액	매매계약일
감정가액	가격산정 기준일과 감정평가서 작성일
수용, 공매, 경매	보상가액, 경매가액 또는 공매가액이 결정된 날

매매의 경우, 잔금일이 아닌 매매계약일 기준임에 주의해야 하고, 감정가액은 감정평가서가 평가기간 내에 작성된 경우에만 적용이 됩니다. 따라서 소급 감정은 인정되지 않습니다.

[2순위]

현실적으로 볼 때, 부동산에 대해 1순위 적용이 가능한 일반적인 경우는 감정평가를 받아 감정가액을 적용하는 것입니다. 이때는 감정평가 비용이 수반되기 때문에 강제할 수는 없는 노릇입니다.

따라서 해당 재산의 시가를 적용할 때 이와 유사한 물건에 대한 시가가 있다면 이를 적용하게 되는데, 이를 유사매매사례가액이라고 합니다. 유사매매사례가액은 해당 재산과 면적·위치·용도·종목 및 기준시가가 동일하거나

유사한 다른 재산의 매매가액, 감정가액, 수용·공매·경매가액입니다.

유사매매사례가액은 1순위 가액이 없을 경우에 적용됩니다. 따라서 부동산에 대한 감정가액이 있다면, 유사매매사례가액은 적용되지 않습니다.

유사매매사례가 적용되려면 다음을 모두 충족해야 합니다.

㉠ 동일한 공동주택 단지

㉡ 평가 대상 주택과 주거전용면적의 차이가 5% 이내

㉢ 평가 대상 주택과 공동주택가격의 차이가 5% 이내

만약 평가 대상 기간 내에 유사매매사례가 둘 이상인 경우에는 공동주택가격의 차이가 가장 작은 주택이 유사매매로 선정됩니다. 그리고 공동주택가격도 동일한 주택이라면, 평가 기준일에서 가까운 거래가액이 적용됩니다.

이러한 유사매매사례는 국토부 실거래가 정보를 활용하여 확인할 수 있습니다. 일반적으로 상담 시 많은 고객분들이 유사매매사례 적용에 대해 제대로 알지 못하시는 경우가 많아 사례를 들어 자세히 살펴보겠습니다.

예를 들어 부친으로부터 아파트(면적 85㎡, 공동주택가격 5억 원)를 증여받기로 증여계약을 하고 등기접수를 2022년 6월 30일에 한 경우에 실거래가 내역이 다음과 같다면,

● 사례 1

매매 계약일	면적	공동주택가격	실거래가
2022.2.15	85㎡	4억 8,000만 원	6억 원
2022.4.20	85㎡	5억 1,000만 원	7억 원
2022.6.10	85㎡	5억 3,000만 원	6억 원

증여일은 6월 30일이 기준이 됩니다. 6월 10일 거래는 최근 것이긴 하나 공동주택가격이 5.3억 원으로 증여 받은 아파트의 공시가격의 5%를 초과하므로 유사매매가 아닙니다. 따라서 남은 2월 15일과 4월 20일은 공시가격 5% 이내이므로 유사매매로 적용이 가능하나 그중에 공동주택가격 차이가 가장 적은 4월 20일의 7억 원이 적용됩니다.

● 사례 2

매매계약일	면적	공동주택가격	실거래가
2022.2.15	85㎡	4억 8,000만 원	6억 원
2022.4.20	85㎡	5억 1,000만 원	7억 원
2022.7.05	85㎡	5억 1,000만 원	8억 원

사례 1과 달리 3건이 모두 유사매매사례 조건은 충족하고, 공동주택가격 차이가 적은 4월 20일과 7월 5일 거래가 적용 가능하나 공동주택가격이 5억 1,000만 원으로 동일하므로 최근의 거래인 7월 5일자 8억 원이 적용됩니다.

사례 2와 같은 경우, 억울할 수가 있습니다. 부친과 증여 얘기가 오가고 증여계약서를 작성하던 때에는 7억 원이 실거래가로 조회가 되므로 증여 평가는 7억 원이겠구나 했는데, 등기접수 후에 8억 원이 거래되어 평가액이 1억 원 올랐습니다.

이러한 억울한 경우를 막기 위해 법에서는 유사매매사례가액을 적용할 때는 평가기간을 증여일 전 6개월부터 후 3개월까지가 아니라 신고일까지로 정하고 있습니다. 위의 사례 2에, 증여신고를 7월 3일에 했다면 8억 원이 아닌 7억 원으로 평가됩니다.

● 유사매매사례 적용 시 평가기간

구분	평가기간
미신고 시	증여일 전 6개월 ~ 후 3개월
신고 시	증여일 전 6개월 ~ 신고일

유사매매사례의 적용 시 주의할 것은 특수관계자 간의 거래로 매매가액이 부당한 경우에는 유사매매사례로 인정이 안 된다는 겁니다. 문제는 국토부 실거래가로는 그것이 특수관계거래인지 알기 어렵다는 점입니다.

즉 일반적인 시가로 인정된 수준을 벗어나는 저가 거래라면 급매라고 볼 수도 있겠지만, 특수관계자 거래로 추정하는 편이 낫습니다. 예를 들어 일반적인 시세가 6억~7억 원 수준인데, 갑자기 3억 원의 실거래가 뜬 경우에 그 거래가 특수관계자 거래라면 시가 적용이 안 된다는 것입니다.

[3순위] 보충적 평가 방법

1순위와 2순위 가액이 없는 경우, 3순위로 적용되는 것은 보충적 평가 방법입니다. 주택의 경우, 공시가격이 적용됩니다.

만약 임대를 주고 있는 경우에는 임대료 등의 환산가액과 공시가격 중에 큰 금액이 적용됩니다.

임대료 등 환산가액 = 임대보증금 + 1년간의 임대료 / 12%

예를 들어 아파트의 공시가격이 4억 원인데 임대를 주고 있고, 보증금 2억 원에 월세 300만 원인 경우에 보충적 평가 방법의 가액은 둘 중에 큰 금

액인 5억 원이 됩니다.

> Max [㉠, ㉡] = 5억 원
> ㉠ 공시가격: 4억 원
> ㉡ 환산가액: 2억 원 + (300만 원 × 12개월)/ 12% = 5억 원

※ 저당권 설정된 경우 특례

만약 부동산에 대한 저당권이 설정되어 있다면 위의 1, 2, 3순위에 따른 평가금액과 해당 부동산에 설정된 담보채권액 중에 큰 금액으로 평가합니다.

> Max [1, 2, 3순위 가액, 담보채권액]

예를 들어 위의 사례의 경우에 금융기관에서 담보채권이 6억 원이 설정되어 있다면 6억 원이 평가금액이 됩니다.

재산평가심의위원회로 평가기간 연장

평가 대상 기간 중에 유사매매사례가 없는 경우에도, 납세자나 과세관청이 신청하여 평가심의위원회를 거쳐 시가로 인정될 수도 있습니다.

이때 평가기간은 대폭 연장됩니다.

㉠ 상속세: 상속개시일 전 2년 ~ 법정신고기한 후 9개월(법정결정기한)

㉡ 증여세: 증여일 전 2년 ~ 법정신고기한 후 6개월(법정결정기한)

[예시]

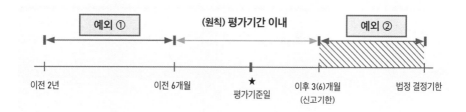

[사례 1] 2년 이내의 가격 적용(예외 ①에 해당)

예를 들어 공동주택가격이 5억 원인 주택을 증여 받았고, 원래의 평가기간 중에는 유사매매사례가 없는 경우라도 증여일로부터 1년 6개월 전에 유사매매사례 10억 원이 있고, 1년 6개월 사이 부동산 시장에 큰 변화가 없다고 판단되면 과세관청이 평가심의위원회를 신청하여 해당 증여의 평가액이 10억 원으로 적용될 수도 있습니다.

2019년 세법 개정으로, 기존 직전 2년 이내만 적용 가능했으나 법정결정기한까지 연장이 되었습니다. 이후 국세청이 자체 예산으로 기준시가와 시가 괴리가 큰 것은 감정평가를 의뢰해서 해당 감정가액을 적용하기 시작했습니다(주로 비거주용 빌딩과 토지 위주이나 주택도 포함 가능).

꼬마빌딩을 기준시가에 따라 50억 원에 평가하여 신고하였더라도, 법정결정기한 내에 국세청이 감정평가를 의뢰해서 100억 원의 감정가액이 나오면 100억 원으로 평가하여 증여세를 내야 합니다.

증여재산 가산액

　　증여세는 누진세율로 증여금액이 커질수록 세율도 점차 높아지게 됩니다. 따라서 증여를 한 번에 주지 않고 기간을 나누어 분산증여하면 증여세를 줄이는 효과가 있습니다.

　　이러한 분산증여 방식으로 세부담을 회피할 우려가 있으므로, 증여세를 계산할 때 동일인부터 직전 10년간 증여 받은 금액을 합산하도록 하고 있습니다.

　　이때 동일인만 합산하는 것이 원칙이나 증여자가 직계존속일 경우에는 직계존속의 배우자도 동일인으로 보고 같이 합산합니다. 즉 부친과 모친을 동일인, 조부와 조모를 동일인으로 보아 합산하는 것입니다. 그에 반해 직계존속이 아닌 숙부와 숙모는 동일인이 아닙니다. 마찬가지로 부친과 조부가 각각 증여한 것도 동일인이 아니므로 합산하지 않습니다.

　　합산 조건은,

㉠ 동일한 수증자가 동일한 증여자에게서 받아야 함

㉡ 증여일로부터 소급하여 10년 이내에 이루어진 경우

㉢ 합산대상 증여재산가액을 합친 금액이 1,000만 원 이상이어야 함

사례 2022년 7월에 아버지로부터 5,000만 원을 증여 받았는데, 직전 10년간 증여 내역이 다음과 같은 경우

증여일	증여자	증여금액	합산대상 여부
2020. 6.	어머니	5,000만 원	○
2017. 5	아버지	3,000만 원	○
2015. 3	할아버지	2,000만 원	×

2017년에 아버지가 증여한 3,000만 원은 동일인이니 합산되고, 2020년에 어머니가 증여한 것도 직계존속의 배우자는 동일인으로 보므로 합산됩니다. 그러나 2015년에 할아버지가 증여한 2,000만 원은 동일인이 아니므로 합산되지 않습니다.

따라서 합산 이후 신고할 증여재산은 1억 3,000만 원입니다(5,000만 원 + 5,000만 원 + 3,000만 원). 이때 과거에 납부한 증여세액은 납부세액공제로 차감하게 됩니다.

증여재산 공제액

배우자나 친족으로부터 증여를 받는 경우에는 수증자와 증여자의 관계에 따라 일정한 금액을 공제해주는데, 이를 증여재산공제라고 합니다. 거주자가 증여를 받는 경우에만 적용되고, 비거주자가 증여를 받을 때는 공제액

● 증여자 수증자별 증여재산 공제액

증여자	수증자		공제액
배우자	배우자		6억 원
직계존속	직계비속	성년	5,000만 원
		미성년	2,000만 원
직계비속	직계존속		5,000만 원
6촌 이내 혈족, 4촌 이내 인척			1,000만 원

이 적용되지 않습니다.

여기서 배우자는 법률혼에 있는 배우자만을 의미하고 사실혼 관계는 인정하지 않습니다. 그리고 본인의 직계존속이 아닌 배우자의 직계존속인 장인, 장모, 시아버지, 시어머니는 기타친족에 해당합니다.

공제액을 적용할 때 주의할 점은 수증자를 기준으로 증여자의 유형별 공제 금액의 한도가 정해집니다. 증여자의 인별로 공제가 되는 것이 아닙니다.

예를 들어 직계존속에 해당하는 아버지와 할아버지가 각각 5,000만 원씩 총 1억 원을 증여하는 경우 아버지에게 받은 5,000만 원과 할아버지에게 받은 5,000만 원에 대해 각각 5,000만 원을 공제하여 총 1억 원을 공제해주는 것이 아니라, 직계존속 그룹의 공제한도는 5,000만 원이 적용됩니다.

그리고 공제한도는 증여를 할 때마다 적용해주는 것이 아니고, 증여 전 10년 이내 증여 받은 재산을 합산한 가액에서 증여재산 공제를 해주는 것이며 증여 시기가 다른 경우에는 순차적으로 공제하게 됩니다.

사례

성년인 A씨가 여러 기간에 걸쳐 부친, 모친, 조부모와 삼촌에게 다음과 같이 증여를 받은 경우

증여일	증여자	증여가액
2021. 2	아버지	1억 원
2022. 5	어머니	1억 원
2022. 7	할아버지	5,000만 원
2022. 8	삼촌	3,000만 원

이에 해당하는 증여재산 공제액을 계산해보면 다음과 같습니다.

관계	증여일	증여자	증여가액	증여재산 공제액
직계존속	2021. 2	아버지	1억 원	5,000만 원
	2022. 5	어머니	1억 원	없음
	2022. 7	할아버지	5,000만 원	없음
기타친족	2022. 8	삼촌	3,000만 원	1,000만 원

총 4명에게 증여를 받았지만, 유형별로 직계존속과 기타친족 2개의 유형만 있고 각각 유형별 공제금액 한도 내에서 적용해줍니다. 유형 내에 증여가 여러 건이면 먼저 증여한 것을 우선 적용합니다.

따라서 직계존속은 아버지, 어머니, 할아버지 3명이 증여하였으나 공제는 아버지 1억 원에 대해서만 5,000만 원이 적용됩니다.

채무인수 부담부증여

부동산에 담보되어 있는 증여자의 채무(대출금, 전세보증금)를 승계하는 조건으로 증여를 받는 것을 부담부증여라고 합니다.

부담부증여 시 승계되는 채무 상당액 부분은 양도한 것으로 보아 증여자에게 양도소득세가 부과되고, 채무를 제외한 부분만 증여자에게 증여세를 과세합니다.

● **부담부증여 증여, 양도 구분**

구분		산식	과세
증여		증여가액 - 채무액	증여분에 대한 증여세
양도	양도가액	채무액	양도차익에 대한 양도소득세
	취득가액	취득가액 × (채무액 / 증여가액)	

이렇게 쉬운데 왜 부동산 절세를 하지 않았을까

예를 들어 부친이 5년 전에 7억 원에 취득한 주택(시가 10억 원, 전세보증금 6억 원)을 부담부증여한 경우

    ㉠ 증여재산은 4억 원(10억 원 – 6억 원)

    ㉡ 부친의 양도차익은 1.8억 원(6억 원 – 4.2억 원)이 됩니다.

        양도가액 = 6억 원

        취득가액 = 7억 원 × (6억 원 / 10억 원) = 4.2억 원

이러한 부담부증여는 일반적으로 절세의 방안으로 소개가 됩니다. 하지만 항상 절세가 되는 것은 아님에 주의해야 합니다. 위의 경우,

- 10억 원을 순수증여로 진행하는 경우: 증여세는 218,250,000원
- 6억 원 부담부증여를 할 경우: 증여세 58,200,000원, 양도세 45,331,000원

부담부증여가 총부담세액이 1억 원 이상 절감되는 효과를 가져오게 됩니다.

[계산 내역]

① 순수증여 시

산식	항목	증여세
	증여재산가액	1,000,000,000
(-)	채무인수액	0
(-)	증여재산공제	50,000000
=	과세표준	950,000000
×	세율	30%

=	산출세액	225,000,000
(-)	신고세액공제	6,750,000
=	납부할 세액	218,250,000

② 6억 원 부담부증여 시

양도소득세는 기본세율 적용 가정(필요경비 등은 무시)

산식	항목	증여세	산식	항목	양도소득세
	증여재산가액	1,000,000,000		양도가액	600,000,000
(-)	채무인수액	600,000,000	(-)	취득가액	420,000,000
(-)	증여재산공제	50,000000	=	양도차익	180,000,000
=	과세표준	350,000000	(-)	장기보유특별공제	18,000,000
×	세율	20%	=	양도소득금액	162,000,000
=	산출세액	60,000,000	(-)	양도소득기본공제	2,500,000
(-)	신고세액공제	1,800,000	=	과세표준	159,500,000
=	납부할 세액	58,200,000	(×)	세율	38%
			=	산출세액	41,210,000
			(+)	지방소득세	4,121,000
			=	총 부담세액	45,331,000

하지만 항상 부담부증여가 유리하지 않습니다. 만약 주택이 조정대상지역 다주택으로 중과세율 적용 대상으로 장기보유특별공제도 미적용되는 경

우이거나, 취득가액이 낮아 양도차익이 매우 큰 경우에는 오히려 부담부증여가 불리할 수도 있습니다.

위의 사례의 경우, 해당 주택의 취득가액이 3억 원이고 조정대상지역 2주택에 해당하여 +20% 세율이 중과되는 경우라면, 양도소득세가 2억 4,761만 원이 되고 증여세를 합한 총세금은 3억 581만 원으로 순수증여가 더 유리합니다.

산식	항목	양도소득세
	양도가액	600,000,000
(-)	취득가액	180,000,000
=	양도차익	420,000,000
(-)	장기보유특별공제	0
=	양도소득금액	420,000,000
(-)	양도소득기본공제	2,500,000
=	과세표준	417,500,000
(×)	세율	60%
=	산출세액	225,100,000
(+)	지방소득세	22,510,000
=	총 부담세액	247,610,000

배우자 등과의 거래 증여추정

직접양도

배우자나 직계존비속 간에는 일반적으로 매매보다는 증여를 하는 경우가 일반적입니다. 그리고 증여세보다 양도세가 적은 경우, 양도로 가장하여 재산을 이전하는 경우도 있을 수 있습니다.

따라서 부동산을 배우자나 직계존비속에게 양도한 경우, 실제 송금 내역 등이 확인되지 않는다면 이를 증여한 것으로 추정하게 되고, 증여세 과세대상이 됩니다.

물론 배우자나 직계존비속의 계좌에서 송금된 내역이 있더라도, 그 송금한 금액의 자금 출처가 소득이나 재산으로 확인되지 않는다면 증여세가 추정됩니다.

우회양도

위의 직접양도를 피하기 위해 특수관계자를 활용하여 우회양도하는 경우에도 증여로 추정합니다. 우회양도의 조건은,

① 특수관계자에게 양도

② 3년 이내 특수관계자가 당초 양도자의 배우자나 직계존비속에게 양도하는 경우로 이는 배우자나 직계존비속에게 증여한 것으로 추정합니다.

단, 다음의 경우에는 적용이 되지 않습니다.

① 배우자나 직계존비속에게 유상양도된 것이 금융자료로 확인

② 당초 양도자와 특수관계자의 양도소득세가 증여로 추정할 경우의 증여세보다 큰 경우

예를 들어 부친이 자녀의 삼촌에게 부동산을 팔고 그 삼촌이 다시 부친의 자녀(조카)에게 3년 이내에 파는 경우에는 부친이 자녀에게 직접 증여

● **특수관계자 우회양도의 증여 추정**

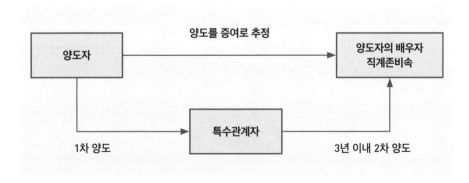

한 것으로 추정한다는 것입니다.

이때 금융거래 내역이 있거나 부친과 삼촌의 양도소득세 합계가 자녀에게 직접 증여한 것보다 큰 경우에는 증여로 보지 않습니다.

저가양수와 고가양도로 인한 증여

단순히 재산을 무상으로 이전하는 경우 이외에도, 재산을 매매할 때 시가보다 싸게 매입하거나 비싸게 판 경우에도 증여를 받은 것이라고 보게 됩니다.

이때는 매수자와 매도자 간에 어떠한 관계가 있는지, 시가보다 얼마 정도 차이가 나는지에 따라 증여인지 여부가 달라집니다.

특수관계자인 경우

저가양수는 시가의 70% 이하로 양수하거나 시가와의 차액이 3억 원 이상인 경우를 의미하며, 고가양도는 시가의 130% 이상으로 양도하거나 시가와의 차액이 3억 원 이상인 경우를 의미합니다.

그리고 증여가액의 계산은 저가양수 또는 고가양도한 금액에서 시가의 30%와 3억 원 중에 적은 금액을 차감하게 됩니다.

● **특수관계자 - 저가양수, 고가양도 증여가액 계산**

구분	증여가액
저가양수	시가 - 양수가액 - Min [시가 × 30%, 3억 원]
고가양도	양도가액 - 시가 - Min [시가 × 30%, 3억 원]

예를 들어 시가 5억 원인 부동산을 자녀에게 저가로 파는 경우

매매가액	증여가액
4억 원	5억 원 - 4억 원 - Min [5억 원 × 30%, 3억 원] = (-)5,000만 원
3.5억 원	5억 원 - 3.5억 원 - Min [5억 원 × 30%, 3억 원] = 0원
3억 원	5억 원 - 3억 원 - Min [5억 원 × 30%, 3억 원] = 5,000만 원

즉 3.5억 원까지는 저가양수로 인해 자녀가 부담해야 할 증여세는 없습니다. 3억 원에 처분해도 증여재산공제 5,000만 원이 사용 가능하다면 증여세는 없습니다.

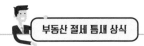
양도소득세 부당행위계산

양도소득세의 부당행위계산부인 규정에 따르면, 저가양도 고가양수하여 조세를 부당히 감소시킨 경우에는 시가를 양도가액으로 보아 양도소득세를 계산합니다.

양도소득세	증여세
시가와 차이가 5% 이상이거나, 3억 원 이상인 경우	시가와 차이가 30% 이상이거나, 3억 원 이상인 경우

이때 저가인지 고가인지 여부는 증여세와 다름에 주의해야 합니다. 따라서 양도소득세 부당행위계산은 5%만 차이 나도 기존 거래금액이 아닌 시가에 따른 양도차익을 계산합니다. 단, 양도소득세 부당행위계산은 특수관계 간의 거래인 경우에만 적용됩니다.

특수관계자가 아닌 경우

매도자와 매수자 간에 특수관계자가 아닌 경우에도 적용이 되나, 특수관계자인 경우보다는 적용 대상이 적다고 보면 됩니다. 저가양수와 고가양도

● 비특수관계자 - 저가양수, 고가양도 증여가액 계산

구분	증여가액
저가양수	시가 - 양수가액 - 3억 원
고가양도	양도가액 - 시가 3억 원

의 조건부터 다른데, 저가양수는 시가의 70% 이하로 양수, 고가양도는 시가의 130% 이상으로 양도하는 경우에만 적용됩니다.

그리고 증여가액의 계산 방식에도 차이가 있습니다.

앞선 사례, 시가 5억 원인 부동산을 자녀가 아닌 친구에게 저가로 파는 경우라면, 차액이 3억 원을 초과해야 저가양도이므로 해당 부동산을 2억 원에 친구에게 양도해도 증여가 아닙니다.

부동산의 무상사용으로 인한 증여

부동산을 임차료 등을 지급하지 않고 무상으로 사용하는 경우에도 증여세가 부과될 수 있습니다. 다만, 주택 소유자와 함께 거주하는 경우는 제외합니다.

금액과 무관하게 모든 부동산 무상사용에 대해 과세하는 것은 아니고, 다음 산식에 따라 환산한 5년간의 무상사용 이익의 합계액이 1억 원 이상인 경우에만 적용합니다.

$$\text{부동산 무상사용 이익 증여액} = \text{부동산 가액} \times 2\% \times 3.79079$$

이 산식에 따르면, 부동산 가액이 13억 1,800만 원이 나옵니다. 따라서 부동산 가액이 13억 원이 안 된다면 증여세 대상 자체가 아닙니다.

증여의 시기는 무상사용을 시작한 날이고, 5년치의 무상사용분에 대해

증여세를 납부하는 방식입니다. 5년 이내에 무상사용을 하지 않게 된 경우에는 경정청구를 하여 환급을 받게 됩니다.

● **부동산 무상사용 증여가액 예시**

부동산 가액	무상사용 증여액
13억 원	13억 원 × 2% × 3.79079 = 98,956,000원 ⇒ 1억 원 미만이므로 증여 아님
15억 원	15억 원 × 2% × 3.79079 = 113,723,000원 ⇒ 1억 원 이상이므로 113,723,000원에 대한 증여세 납부

위의 부동산 가액이 15억 원인 경우, 무상사용 증여액이 1억 원을 초과하는 금액에 대해서만 증여로 보는 것이 아니라 전체를 증여로 보게 됨에 유의해야 합니다.

부동산의 담보제공으로 인한 증여

자녀가 은행에 대출을 받을 때, 부모가 소유한 부동산을 대신 담보로 제공해주는 경우 저리의 이자율이 적용되는데, 이때 발생한 이익에 대해서도 증여로 봅니다.

다만, 다음의 증여이익이 연간 1,000만 원 이상인 경우에만 적용이 됩니다.

$$부동산\ 담보제공\ 증여액 = 차입금 \times 4.6\% - 실제\ 이자$$

예를 들어 자녀가 은행에 돈을 빌리는데 부모가 소유 건물이나 주택을 대신 담보로 제공해 이자율이 2.8%로 책정되었다면,

● **부동산 담보제공 증여가액 예시**

부동산 가액	담보제공 증여액
5억 원	5억 원 × 4.6% - 5억 원 × 2.8% = 900만 원 ⇒ 1,000만 원 미만이므로 증여 아님
6억 원	6억 원 × 4.6% - 6억 원 × 2.8% = 1,080만 원 ⇒ 1,000만 원 이상이므로 증여액 1,080만 원에 대한 증여세 납부

만약 특수관계자가 아닌 경우에는 정당한 거래 관행 등의 사유가 있다면 증여로 보지 않습니다.

재산취득자금 증여추정

　재산을 취득하거나 부채를 상환한 자가 직업, 연령, 소득 및 재산 상태 등으로 볼 때 자력으로 취득이나 상환을 했다고 보기 어려운 경우, 자력 취득이나 상환으로 입증된 금액이 일정 비율이나 금액에 미달하는 경우에는 증여 받은 것으로 추정합니다.

　종종 국세청 보도자료와 신문기사에도 나는 소득이 적은 자녀가 고가의 부동산을 취득하였는데, 실제 자금 출처가 부모인 경우 등이 이에 해당합니다.

　재산을 취득할 때 100% 자금 출처가 소명되어야 하는 것은 아니며 다음의 금액을 입증해야 합니다.

입증 기준금액 = 재산취득금액 - Min [취득가액 × 20%, 2억 원]

예를 들어 8억 원의 아파트를 취득한 경우 8억 원의 20%와 2억 원 중 적은 금액인 1.6억 원을 차감한 6.4억 원에 대해 다음 중에 하나로 출처를 입증을 하면 됩니다.

ㄱ 신고하였거나 과세받은 소득금액

ㄴ 신고하였거나 과세받은 상속 또는 수증재산의 가액

ㄷ 재산을 처분한 대가, 부채를 부담하고 받은 금전

즉 본인이 번 소득이거나 증여나 상속받은 재산을 처분한 것 또는 기존 보유재산을 처분하거나 부동산 취득을 위해 대출을 받은 것 등으로 출처가 확인되어야 한다는 것입니다.

◦ 자금 출처 소명, 증여추정금액 예시

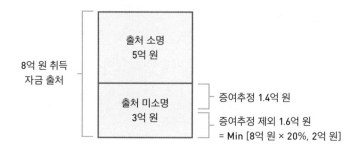

이때 중요한 것이 증여추정에서 제외된 1.6억 원도 실제 증여한 것이 밝혀지면 증여세 대상입니다.

현재 투기과열지구와 조정대상지역은 모든 주택거래, 비규제지역은 6억 원 이상의 주택거래에 대해 자금조달계획서를 제출하도록 되어 있으며, 투기과열지구는 증빙자료까지 제출하도록 하고 있습니다.

투기과열지구	조정대상지역 또는 비규제 6억 원 이상
• 자금조달계획서 • 자금조달에 대한 증빙	• 자금조달계획서

　자금조달계획서는 계약일로부터 30일 이내에 시·군·구청에 제출하도록 되어 있는데, 시·군·구청은 신고 내역이 누락이나 부정확한 경우에는 소명안내문을 통해 보완하거나 자료 제출을 요구할 수 있습니다.

　이때 시·군·구청은 자금 출처가 부족하거나 탈세가 의심되는 경우에는 자료를 국세청에 제출하게 되어 국세청의 세무조사로 이어질 수 있습니다.

　국세청은 기존에도 PCI(소득-지출 분석) 시스템을 통한 자체 검증이나, 금융정보분석원(FIU)에서 고액 거래나 의심 거래를 보고, 지인이나 주변인들의 탈세 제보 등을 활용하였으나, 최근에는 시·군·구청에서 의심 사례를 제출받는 것도 매우 중요한 자료가 되어 기존보다 더 증여세를 피하기 어려워졌습니다.

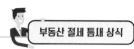

재산취득자금 등의 증여추정 배제

취득가액 및 채무상환금액이 각각 다음 기준에 미달하고, 주택취득자금, 기타재산취득
자금 및 채무상환자금의 합계액이 총액한도 기준에 미달하는 경우에는 증여추정을 적용
하지 않습니다. 단, 증여추정을 배제한다는 것이지, 증여임이 입증된 경우에는 증여세 과
세 대상입니다.

● **증여추정 배제 기준**

구분	취득재산		채무상환	총액한도
	주택	기타재산		
30세 미만	5,000만 원	5,000만 원	5,000만 원	1억 원
30세 이상	1.5억 원	5,000만 원	5,000만 원	2억 원
40세 이상	3억 원	1억 원	5,000만 원	4억 원

과거에는 세대주 여부도 구분 기준 대상이었는데, 2020년 2월 11일 이후로 위와 같이 개
정되었습니다.

■ 부동산 거래신고 등에 관한 법률 시행규칙 [별지 제1호의3서식] <개정 2022. 2. 28.>　부동산거래관리시스템(rtms.molit.go.kr)에
서도 신청할 수 있습니다.

주택취득자금 조달 및 입주계획서

※ 색상이 어두운 난은 신청인이 적지 않으며, [ ]에는 해당되는 곳에 √표시를 합니다.　　　　　　　(앞쪽)

접수번호		접수일시		처리기간	

제출인 (매수인)	성명(법인명) 　　김 0 0			주민등록번호(법인·외국인등록번호) 820000-0000000	
	주소(법인소재지) **부산시 동래구 000 0000**			(휴대)전화번호 **010 - 0000 - 0000**	

① 자금 조달계획	자기 자금	② 금융기관 예금액 　　　　　　200,000,000 원		③ 주식·채권 매각대금 　　　　　　　　　　　　원	
		④ 증여·상속 　　　　　　　　　　　원		⑤ 현금 등 그 밖의 자금 　　　　　　　　　　　원	
		[ ] 부부 [ ] 직계존비속(관계:　　　) [ ] 그 밖의 관계(　　　　　　　)		[ ] 보유 현금 [ ] 그 밖의 자산(종류:　　　)	
		⑥ 부동산 처분대금 등 　　　　　　　　　　원		⑦ 소계 　　　　　　200,000,000 원	
	차입금 등	⑧ 금융기관 대출액 합계	주택담보대출	200,000,000 원	
			신용대출	100,000,000 원	
		원	그 밖의 대출	(대출 종류:　　　　　)　 원	
		기존 주택 보유 여부 (주택담보대출이 있는 경우만 기재) [V] 미보유　 [ ] 보유 (　　건)			
		⑨ 임대보증금 　　　　　　　　　　원		⑩ 회사지원금·사채 　　　　　　　　　　원	
		⑪ 그 밖의 차입금 　　　　　　　　　　원		⑫ 소계	
		[ ] 부부 [ ] 직계존비속(관계:　　　) [ ] 그 밖의 관계(　　　　)		300,000,000 원	
	⑬ 합계			500,000,000 원	

⑭ 조달자금 지급방식	총 거래금액	500,000,000 원
	⑮ 계좌이체 금액	500,000,000 원
	⑯ 보증금·대출 승계 금액	원
	⑰ 현금 및 그 밖의 지급방식 금액	원
	지급 사유 (	)

⑱ 입주 계획	[V] 본인입주 [ ] 본인 외 가족입주 (입주 예정 시기: 2022 년 00 월)	[ ] 임대 (전·월세)	[ ] 그 밖의 경우 (재건축 등)

「부동산 거래신고 등에 관한 법률 시행령」 별표 1 제2호나목, 같은 표 제3호가목 전단, 같은 호 나목
및 같은 법 시행규칙 제2조제6항·제7항·제9항·제10항에 따라 위와 같이 주택취득자금 조달 및 입주계획
서를 제출합니다.

2022 년 00 월 00 일

제출인　　　　　　　　　　　　　　　　　김 0 0 (서명 또는 인)

시장·군수·구청장 귀하

금전대여로 인한 증여

특수관계자 간에 자금을 빌려주는 경우가 종종 있습니다. 주로 재산의 취득이나 부채를 상환하기 위해 부모나 형제들에게 빌리는 경우가 일반적입니다.

이때 차용 자체에 대한 증여 여부 문제와 저리대출에 따른 증여 문제가 발생합니다.

차용인지 증여인지 여부

세법은 배우자나 직계존비속에게 금전대여는 증여로 추정합니다. 다만, 명백한 차용이라는 증거가 있으면 증여로 보지 않습니다.

많이들 물어보시는 부분이, 그렇다면 구체적으로 어떤 경우에는 차용

으로 인정을 해주고 어떤 경우에는 증여로 보느냐는 것입니다. 예를 들어 부모가 자녀에게 1억 원을 송금하였는데 증여가 아니라 차용이라고 주장하기 위해서는 최소한 다음 사항이 준수되어야 합니다.

① 차용증이 존재
② 차용증에 따른, 이자나 원금 상환 내역의 존재
③ 이자, 원금 상환의 자금 출처가 명확

즉 1억 원에 대한 차용증이 작성되어 있고, 원금과 이자 상환 내역이 금융 기록으로 존재하고, 원금과 이자 상환액은 자녀가 벌어들인 소득에서 지급된 것임이 확인된다면 이를 증여로 보지 않는다는 것입니다.

이때 차용증은 세무조사 등이 나온다는 통보를 받고 사후에 작성된 것이 아님을 입증하기 위해 흔히 공증을 받거나 최소 내용증명을 보내는 것이 좋습니다.

하지만 아무리 공증을 받아도 제대로 상환한 기록이 없다면 증여로 봅니다. 마지막으로 그 상환액도 부모나 다른 형제 등에게 빌려서 낸 경우 다시 증여 문제가 발생합니다.

금전무상 또는 저리대여 증여

금전을 차용한 것은 자체는 증여가 아닌 차용 거래로 인정이 된다 하더라도, 금전을 무상 또는 저리로 대출한 경우에는, 이에 대한 이익이 증여로 인정될 수 있습니다.

금전무상 또는 저리대여 증여는 다음의 경우에 적용됩니다.

① 무상 또는 저리대여

② 증여이익이 연간 1,000만 원 이상 발생할 것

즉 저리대여로 인한 이익이 1,000만 원 미만이면 증여로 보지 않습니다.

증여이익 계산 = 대여금액 × 4.6% - 실제 지급한 이자

이자율을 2%로 정한 경우를 가정해보겠습니다.

차용금액	저리대여이익 증여액
3억 원	3억 원 × 4.6% - 3억 원 × 2% = 780만 원 ⇒ 1,000만 원 미만이므로 증여 아님
4억 원	4억 원 × 4.6% - 4억 원 × 2% = 1,040만 원 ⇒ 1,000만 원 이상이므로 1,040만 원 에 대한 증여세 납부

만약 무이자로 한다면,

차용금액	저리대여이익 증여액
2억 원	2억 원 × 4.6% - 0 = 920만 원 ⇒ 1,000만 원 미만이므로 증여 아님
2억 2,000만 원	2.2억 원 × 4.6% - 0 = 1,012만 원 ⇒ 1,000만 원 이상이므로 1,012만 원 에 대한 증여세 납부

저리대여로 인한 이익이 1,000만 원 미만이면 증여로 보지 않지만,

1,000만 원 이상이면 1,000만 원을 넘는 금액을 증여로 보는 것이 아니라 전체를 증여로 보게 됨에 주의해야 합니다.

이때 이자를 받는 경우에는 돈을 빌린 사람은 이자를 지급할 때 이자소득 원천징수 의무가 있고, 돈을 빌려준 사람은 이자소득을 신고해야 합니다.

● **비영업대금 이익의 신고납부**

구분	이자소득 관련 신고 납부
차용인	이자지급액의 27.5%(주민세 포함)을 차감하여 지급하고 원천징수한 27.5%는 다음 달 10일에 신고납부
대여자	여타 금융소득 합계액이 2,000만 원 이 초과되는 경우, 내년 5월에 종합소득 신고

이렇게 유이자 방식으로 하면 귀찮은 점이 많아 무이자로 하는 경우가 있는데, 무이자 조건은 원금 상환 기간과 차용인의 소득, 재산 상태 등에 따라 차용 자체가 의심받을 확률이 높아지게 됩니다.

상속세의 기본구조

상속세 과세 대상

상속세는 피상속인(사망인)의 재산이 무상으로 이전되는 것에 대한 세금입니다. 현재 한국은 각 상속인이 물려받는 금액을 기준으로 세금을 매기는 방식(유산취득세)이 아닌, 피상속인의 모든 재산을 합산하여 상속세를 계산하는 방식(유산세)으로 과세합니다.

피상속인이 거주자인 경우 국내외 모든 재산이 과세 대상이고, 비거주자인 경우에는 국내에 소재한 재산만 과세 대상입니다. 이때 상속인의 거주자, 비거주지인지 여부가 아닌 피상속인이 거주자인지 여부로 판단함에 유의해야 합니다.

최근 상속세 납부 대상이 늘어나긴 했지만, 여전히 전체 사망자의 3~4% 수준만 상속세 납부 대상입니다. 그만큼 사망자의 재산이 상당한 수

준이어야 납부 대상이라는 것입니다.

배우자와 자녀가 있는 경우 최소 10억 원, 배우자가 없어도 5억 원은 공제되기에 과거에는 상속세 대상이면 부자라는 소리를 들었습니다. 하지만 부동산의 가격 급등으로 이제는 서울에 집 한두 채만 가지고 있어도 상속재산이 10억 원은 넘어가니 상속세 납부 대상이 될 수 있습니다.

이제는 상속세를 중산층도 납부해야 하는 시대가 되었으니 남의 얘기라고 생각하지 않고 본인이나 직계존속 사망 시 상속세가 어느 정도 나올지, 어떻게 하면 줄일 수 있을지 철저한 사전 검토가 필요합니다.

상속세 계산구조

산식	항목	비고
	본래의 상속재산	민법상 피상속인 소유 재산
(+)	간주상속재산	보험금, 퇴직금, 신탁재산
(+)	추정상속재산	사망 전 재산처분, 채무부담 중 미소명
=	총상속재산가액	
(-)	비과세, 과세가액 불산입	문화재, 공익법인출연 등
(-)	과세가액공제	채무, 장례비, 공과금
(+)	증여재산가액	10년 이내 상속인, 5년 이내 제3자 증여
=	상속세과세가액	
(-)	상속공제액	일괄공제, 배우자공제, 동거주택상속공제 등
(-)	감정평가수수료	

=	과세표준	
(x)	세율(5단계 초과누진세율)	10~50%
=	산출세액	
(+)	세대생략할증세액	세대 생략 시 30%, 40% 할증
(-)	세액공제	신고세액공제, 단기재상속세액공제 등
=	납부세액	

다음에서 상속세 계산의 주요 항목을 살펴보겠습니다.

① 본래의 상속재산

피상속인이 사망일에 민법상의 소유권을 가진 재산입니다. 부동산, 주식, 예금뿐만 아니라 재산적 가치가 있는 것은 포함됨이 원칙입니다.

상속개시일 현재 사망자의 소유 재산 확인은 주민센터 또는 인터넷 민원 '정부24' 사이트를 통해 '안심상속 원스톱 서비스'를 신청하면 확인이 가능합니다.

부동산 매매 진행 중에 사망하신 경우에는 다음과 같이 처리됩니다.

㉠ 매도계약: 매매대금에서 계약금, 중도금을 제외한 금액이 포함

㉡ 매입계약: 이미 지급한 계약금과 중도금이 상속재산에 포함

② 간주상속재산

사망 당시 민법상 소유권은 없지만, 상속재산으로 보는 것입니다. 사망하면서 직장에서 받은 퇴직금과 기존에 가입한 사망보험금 그리고 신탁재산이 있습니다.

퇴직금에는 국민연금 일시반환금, 일정한 유족보상금과 유족연금 등은 과세 대상에서 제외됩니다. 그리고 사망보험금은 피상속인이 불입한 보험금만 상속재산에 포함되고 상속인이 불입한 보험금은 상속재산이 아닙니다. 예를 들어 부친의 사망보험금을 자녀가 불입한 경우는 상속재산이 아닙니다.

③ 추정상속재산

사망 전에 재산을 처분하거나 대출을 받아 현금 등의 상태로 물려주는 경우, 사망 시점의 재산을 확인하기 어렵게 되고, 상속세 회피가 가능합니다.

이를 막기 위해 사망일 전 일정 기한 내 일정 금액 이상을 재산 처분이나 대출을 받은 경우, 사용처가 미확인되면 상속인들이 상속받은 것으로 추정하는데 이를 추정상속재산이라고 합니다. 이에 대해서는 '추정상속재산 가산' 부분을 참고 바랍니다.

④ 비과세, 과세가액 불산입

전사자, 국가나 지방자치단체에 유증, 문화재보호법 문화재 등은 비과세되고, 공익법인 등에 출연한 경우는 과세가액이 불산입됩니다.

⑤ 과세가액공제

채무와 장례비용 및 공과금은 과세가액 공제로 상속재산에서 차감됩니다.

이에 대해 자세히 살펴보겠습니다.

㉠ 채무

피상속인의 채무는 공제가 되는데, 대표적으로 은행차입금, 부동산의

임대보증금, 개인사업자의 경우 직원의 퇴직금추계액, 개인에 대한 채무(차용증과 원금과 이자지급이 확인되는 경우) 등이 있습니다.

ⓛ 장례비용

장례비용은 다음 ⓐ와 ⓑ의 합계로 계산합니다.

ⓐ 장례비: 사망일로부터 장례일까지 장례에 직접 소요된 비용

- 500만 원 미만인 경우: 500만 원
- 1,000만 원을 초과하는 경우: 1,000만 원

ⓑ 봉안시설: 봉안시설과 자연장지 사용 시 500만 원을 한도로 공제합니다.

유의할 것은, 장례일 이후에 지출되는 49제 비용 등은 장례비용에 해당하지 않는다는 것입니다.

ⓒ 공과금 등

피상속인이 상속개시일 현재 납부할 의무가 있는 부가가치세, 소득세, 재산세, 종합부동산세 등의 공과금 등은 공제가 됩니다.

만약 피상속인이 부동산을 양도하고 잔금을 받았지만 아직 양도소득세 신고납부를 하지 않은 경우, 해당 양도소득세는 상속재산에서 공과금으로 공제됩니다.

⑥ 증여재산가액

상속세를 피하기 위해 사전에 증여를 한 경우 일정 기한 내의 사전증여는 상속재산에 가산을 하여 상속세 과세 대상이 됩니다.

㉠ 10년 이내에 상속인에게 증여
㉡ 5년 이내에 상속인이 아닌 자에게 증여

이때 상속인은 선순위 상속인을 의미합니다. 1순위 상속인인 자녀와 배우자가 있는 경우, 자녀와 배우자는 10년 적용되고 형제나 손자는 5년이 적용되는 것입니다.

⑦ 상속공제액

기초공제, 배우자공제, 기타인적공제 등을 공제하는데 이에 대한 자세한 내용은 '상속공제액 계산'을 참고 바랍니다.

⑧ 세율

상속세율은 증여세율과 동일한 10~50%의 5단계 누진세율 구조입니다.

과세표준	기본세율	누진공제액
1억 원 이하	10%	-
1억~5억 원	20%	1,000만 원
5억~10억 원	30%	6,000만 원
10억~30억 원	40%	1억 6,000만 원
30억 원 초과	50%	4억 6,000만 원

⑨ 세대생략할증세액

증여와 동일하게 상속도 세대를 생략한 상속에 대해서는 할증세액을 가산합니다. 유언이나 선순위 상속인들의 상속 포기로 손자에게 세대를 생략해서 상속을 받는 경우, 산출세액의 30%를 가산합니다.

만약 상속인이 미성년자이고 증여재산가액이 20억 원을 초과하는 경우

에는 40%를 가산합니다. 다만, 아버지가 먼저 사망한 상태에서 할아버지가 손자에게 증여하는 경우(대습상속)와 같이 피상속인의 최근친 직계비속이 사망하는 경우에는 할증과세를 하지 않습니다.

이때 할아버지가 돌아가셨는데 선순위 상속인들이 상속 포기를 하여 차순위로 손자가 상속받는 경우에 할증과세는 적용되나, 상속 포기로 물려받은 재산에 증여세를 과세하지는 않습니다.

⑩ 세액공제

㉠ 증여세액공제

상속개시일 10년 또는 5년 이내 사전증여로 합산된 경우, 그 증여재산에 대한 상속세 산출세액을 공제합니다.

한도 = 상속세 산출세액 × [증여세 과세표준/상속세 과세표준]

㉡ 외국납부세액공제

국외 재산에 대해 외국법에 따라 과세된 경우, 다음을 한도로 공제합니다.

한도 = 상속세 산출세액 × [외국법에 따라 신고한 과세표준/상속세 과세표준]

㉢ 단기재상속세액공제

상속개시 후 10년 이내에 상속인이 사망하여 재상속이 이루어지는 경우 재상속분에 대해 이전의 상속세 상당액을 공제하여 상속개시일로부터 1년

이내는 100% 공제이나, 1년 경과 시마다 10%씩 공제율이 줄어들게 됩니다.

㉣ 신고세액공제

법정신고기한 내에 상속세 신고를 한 경우, 상속세 산출세액에서 세액 공제를 차감한 이후의 금액에 대해 3%를 공제합니다.

예를 들어 상속세 산출세액이 8억 원이고 증여세액공제가 2억 원인 경우 '(8억 원 − 2억 원) × 3% = 1,800만 원'입니다.

안심상속 원스톱 서비스

■ 사망자 등 재산조회 통합처리에 관한 기준 [별지 제1호 서식] <개정 2017.8.4.>　　　　　　　　(앞쪽)

사망자 등 재산조회 통합처리 신청서

신청의 취소·변경은 신청일 다음날부터 5일 이내(토요일·공휴일 제외)에 접수처 업무종료 시까지 가능합니다.
색상이 어두운 난은 신청인이 작성하지 아니하며, [ ]에는 해당되는 곳에 √표를 합니다.

접수번호			접수일		처리기간	7일~20일
신 청 인 (상속인, 성년후견인, 한정후견인)	신 청 구 분	[ ] 상속인 [ ] 성년후견인 [ ] 한정후견인		* 접수처 신청자격 확인란	확 인 자 :	(서명 또는 인)
	성　　명			주민등록번호		
	재 산 조 회 대상자와의 관계	[ ] 배우자　　　[ ] 자녀　　　[ ] 부모　　　[ ] 형제자매 [ ] 손자손녀　　[ ] 조카　　　[ ] 기타 (　　) [ ] 성년·한정 후견인				
	연 락 처	전화번호	휴대전화		전자우편	
	도로명 주소					

※ 사망자 재산조회 신청인은 제1순위 상속인(사망자의 직계비속·배우자), 1순위가 없을 경우 제2순위 상속인(사망자의 직계존속·배우자), 제1순위 및 제2순위가 없을 경우 제3순위 상속인, 실종선고자의 상속인, 이상의 대습상속인이 신청 가능

재산조회 대상자 (사망자, 피후견인)	성　　명			주민등록번호		
	사 망 일	년　　월　　일 * 피후견인의 경우 기재하지 마세요		휴대전화	* 상조회사가입유무 확인을 원하는 경우 작성	
대 리 인 (대리신청 시에만 작성)	성　　명			주민등록번호		
	상속인(후견인) 과의 관계	[ ] 법정대리인 [ ] 임의대리인 * 후견인은 임의대리인만 대리신청 가능		* 접수처 위임장 확인란	확 인 자 :	(서명 또는 인)
	연 락 처	전화번호	휴대전화		전자우편	
	도로명 주소					

사망신고 후속조치 조회 내용		
구분	조회 선택(조회를 원하는 항목 [ ]에 V 표시)	조회결과 확인 방법
금융거래	[ ] 금융기관 전체　*본 항목에 "V" 시에는 아래 항목에 "V" 하지 않음 [ ] 예금보험공사 [ ] 은행 [ ] 우체국 [ ] 생명보험 [ ] 손해보험 [ ] 금융투자회사 [ ] 여신전문금융회사 [ ] 저축은행 [ ] 새마을금고 [ ] 산림조합 [ ] 신용협동조합 [ ] 한국예탁원 [ ] 종합금융회사 [ ] 대부업 CB에 가입한 대부업체 * 전국은행연합회, 신보·기보/기보, 한국주택금융공사, 한국장학재단, 미소금융중앙재단, NICE평가 　정보, KCB, KED, 한국자산관리공사 등 금융감독원의 금융거래조회 대상과 동일	〈금융, 국세, 국민연금〉 휴대폰 문자(SMS) 확인 후 금융감독원 홈페이지, 국세청홈택스, 국민연금공단 홈페이지에서 신청인이 조회결과를 각각 확인 〈공무원·사립학교교직원·군인연금〉 휴대폰 문자(SMS) 확인
국세	[ ] 국세 체납액 및 납부기한이 남아 있는 미납 세금, 환급금	
연금	[ ] 국민연금 가입 및 대여금 채무 유무 [ ] 사립학교교직원연금 가입 및 대여금 채무 유무 [ ] 공무원연금 가입 및 대여금 채무 유무 [ ] 군인연금 가입 유무	*국민·공무원·사립학교 교직원·군인연금의 경우 상속인(후견인) 본인에게만 결과 제공
토지	[ ] 개인별 토지 소유 현황	[ ] 우편 [ ] 문자(SMS) [ ] 지적부서 방문수령
지방세	[ ] 지방세 체납내역 및 납부기한이 남아 있는 미납 세금, 환급금	[ ] 우편 [ ] 문자(SMS) [ ] 세무부서 방문수령
자동차	[ ] 자동차 소유내역	[ ] 문서 [ ] 구술

「사망자 등 재산조회 통합처리에 관한 기준」에 따라 사망자 등 재산조회를 통합신청합니다.

　　　　　　　　　　　　　　　　　　　　　　　　　　년　　　월　　　일

　　　　　　　　　　　　　　신청인(대리인) :　　　　　　(서명 또는 인)

시장·구청장, 읍·면·동장 　귀하

상속세의 신고와 납부

상속세 신고납부기한은 상속개시일이 속하는 달의 말일로부터 6개월 내입니다. 3월 10일이 사망일이면 신고납부기한은 9월 30일이 됩니다. 만약 피상속인의 주소가 해외이거나 상속인들 모두 해외에 주소를 둔 경우에는 9개월로 늘어납니다.

상속세는 각자가 받은 상속재산의 비율에 따라 납부를 하는데, 상속세는 연대납세의무가 있어 특정 상속인이 상속세 납부를 못 하는 경우, 각자 받은 상속재산을 한도로 납부해야 합니다.

따라서 상속세는 다른 상속인의 상속세를 대신 납부하는 것도 가능하고, 본인의 상속재산을 초과하지 않는 범위라면 증여로 보지도 않습니다. 예를 들어 부친이 사망하고 모친이 10억 원 예금, 자녀가 10억 원 아파트를 상속받은 경우에 상속세가 2억 원이라면 나누어 낼 필요 없이 모친이 다 납부해도 되며 모친이 증여를 한 것으로 보지도 않습니다.

상속세의 신고는 피상속인의 주소지를 관할하는 세무서에 합니다. 따라서 이후 상속세 결정이나 세무조사 등도 피상속인의 주소지 관할 세무서에서 하게 됩니다.

분납, 연부연납, 물납

납부할 상속세가 1,000만 원을 초과하는 경우에는 2개월 이내로 다음의 금액을 분납을 할 수 있습니다.
　㉠ 납부세액이 1,000만~2,000만 원: 1,000만 원 초과액
　㉡ 납부세액이 2,000만 원 초과 시: 납부세액의 50%

상속세도 연부연납이라는 제도가 있는데, 납부세액이 2,000만 원을 초과하는 경우에 관할 세무서장에 신청하여 허가를 받으면 최대 10년 이내의 기간 동안 나누어 낼 수 있습니다. 증여세는 최대 5년인 것이 상속세와 차이점입니다.

연부연납 기간을 10년으로 하는 경우, 당초 신고기한까지 1/11을 납부하고 남은 10년간 매년 1/11을 납부하게 되는 방식입니다.

연부연납은 분납과는 차이가 있는데, 분납은 별도로 이자가 없고 허가절차도 필요 없으나, 연부연납은 별도로 이자가 붙고 납세보증보험증권 등의 납세담보를 제출하고 세무서장의 허가를 득해야 한다는 것이 큰 차이점입니다.

물납은 증여세에서는 허용되지 않으나, 상속세의 경우에는 다음의 조건을 충족하면, 상속재산으로 납부하는 물납이 가능합니다.

① 부동산과 유가증권이 상속재산의 1/2을 초과

② 상속세 납부세액이 2,000만 원을 초과

③ 상속세 납부세액이 상속받은 금융재산을 초과

이렇게 쉬운데 왜 부동산 절세를 하지 않았을까

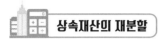
상속재산의 재분할

최초 분할된 상속재산을 상속인들이 전원 합의하여 상속재산을 재분할하는 경우가 있습니다. 이러한 경우 당초 분할 재산보다 더 많이 받는 경우에 증여세를 납부해야 하는가 하는 문제가 발생합니다.

예를 들어 부친이 사망하여 모친과 형, 동생이 상속인인데 당초 모친이 받은 아파트를 등기 후에 형에게 재분할하여 이전하는 경우입니다(동생이 합의하는 경우).

이때 재분할 등기가 언제 이루어지는지에 따라 달라집니다.

㉠ 상속세 신고기한 이내: 증여세를 부과하지 않음

㉡ 상속세 신고기한 이후: 증여세 부과함

● 예시

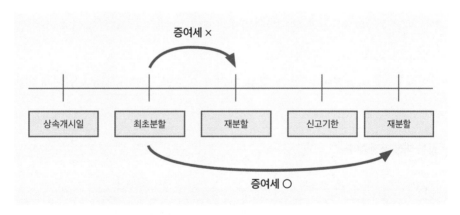

따라서 신고기한 이내인지 이후인지에 따라 증여세 부과 여부가 달라집니다.

사전증여재산 가산

상속개시일 이전 10년 또는 5년 이내에 상속인 또는 상속인이 아닌 자에게 사전증여를 한 경우, 상속세 과세가액에 합산하게 됩니다. 이때 상속인은 선순위 상속인을 의미합니다.

예를 들어 남편이 사망한 경우 자녀가 있으면 남편이 시부모님에게 7년

● 합산 대상 사전증여

피상속인	증여를 받는 자	사전증여재산
거주자	상속인	상속개시일 전 10년 이내 증여한 국내외 재산
	상속인이 아님	상속개시일 전 5년 이내 증여한 국내외 재산
비거주자	상속인	상속개시일 전 10년 이내 증여한 국내 재산
	상속인이 아님	상속개시일 전 5년 이내 증여한 국내 재산

이렇게 쉬운데 왜 부동산 절세를 하지 않았을까

전에 증여한 것은 시부모님이 상속인이 아니라 합산 대상이 아니지만, 자녀가 없어 직계존속인 시부모님도 상속인이 된다면 10년 이내 사전증여로 상속재산에 합산됩니다.

이때 사전증여를 받았던 상속인이 상속을 포기하는 경우에도 상속재산에 포함합니다. 다만, 그 상속인이 먼저 사망한 경우에는 합산하지 않습니다.

예를 들어 사망한 남편이 7년 전에 배우자에게 아파트를 증여한 경우, 그 배우자가 본인은 상속을 포기하고 자녀들만 상속을 받았을지라도, 사전증여를 받은 아파트는 상속재산에 포함되어 자녀들이 상속세를 내야 합니다.

사전증여재산의 평가는 상속개시일에 다시 평가를 하지 않고, 기존의 증여일 기준 평가액이 적용됩니다.

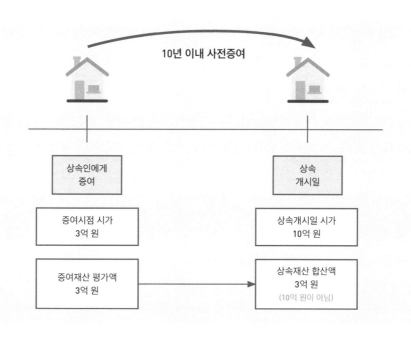

추정상속재산 가산

당초 상속재산에 대한 입증 책임은 과세당국에 있으나, 추정상속재산의 조건에 해당하면 상속에 대한 입증 책임이 과세당국이 아닌 상속인에게 전환됩니다. 즉 상속인들이 해당 재산은 상속을 받지 않았다는 것을 입증을 해야 한다는 것입니다.

이러한 추정상속재산의 취지는 사망 전에 재산을 처분해서 상속세를 회피하는 것에 대응하기 위한 것입니다. 예를 들어 고령이나 질병으로 오래 살지 못할 것으로 예상되면, 사전에 본인이 가진 부동산을 처분하고 예금을 인출해서 등기나 금융 기록이 남지 않는 지폐나 미술품 등으로 자녀들에게 주면 상속세를 피할 수 있습니다. 왜냐하면 상속세 과세 대상은 사망일에 피상속인이 소유한 재산이기 때문입니다.

재산을 처분한 경우

추정상속재산의 구체적인 기준을 알아보겠습니다.

1단계 추정상속재산 대상 여부 확인

다음의 재산 종류별 1년 이내, 2년 이내에 처분한 재산의 금액을 확인합니다. 이때 전체 상속재산을 기준으로 하지 않고, 세 가지 재산 종류별로 판단함에 주의해야 합니다.

① 현금, 예금, 유가증권(상품권 포함)

② 부동산, 부동산에 관한 권리

③ 그 외의 기타재산

2단계 처분재산 등의 사용처 확인

재산 종류별 1년 이내 2억 원 또는 2년 이내 5억 원 이상의 처분이 있었다면, 그 재산을 처분한 돈이 어디로 갔는지를 입증해야 합니다.

3단계 추정상속재산 계산

입증되지 않은 금액이 재산처분액의 20%와 2억 원의 이하라면 상속받은 것으로 추정을 하지 않겠지만, 그 금액을 초과한다면 다음의 금액을 상속받은 것으로 보겠다는 것입니다.

추정상속재산 = 미입증금액 - Min [처분재산가액 × 20%, 2억 원]

· [사례] 부친의 사망일 전의 재산 처분내역이 다음과 같은 경우

구분	1년 이내	1~2년
예금	1억 원	1억 원
주식	2억 원	없음
아파트	없음	5억 원
분양권	1억 원	3억 원

1단계

이를 재산 종류별로 구분하여 상속 추정 대상 여부를 확인합니다.

구분	1년 이내	1 ~ 2년	입증 대상
예금, 주식	3억 원	1억 원	1년 이내 3억 원
아파트, 분양권	1억 원	8억 원	2년 이내 9억 원

예금과 주식은 2년 이내의 금액은 4억 원이므로 1~2년의 1억 원에 대해서는 입증을 하지 않아도 되나, 1년 내 3억 원을 소명해야 합니다.

아파트, 분양권은 2년 내 5억 원 이상이므로 9억 원의 사용처에 대해 소명해야 합니다.

2단계

입증한 결과가 다음과 같을 경우,

구분	사용처 입증	사용처 미입증	합계
예금, 주식	2억 5,000만 원	5,000만 원	3억 원
아파트, 분양권	6억 원	3억 원	9억 원

3단계

최종 추정상속재산은 다음과 같이 계산됩니다.

구분	계산 내역	추정상속재산
예금, 주식	5,000만 원 - Min [3억 원 × 20%, 2억 원] = △1,000만 원	없음
아파트, 분양권	3억 원 - Min [9억 원 × 20%, 2억 원] = 1억 2,000만 원	1억 2,000만 원

결국 예금과 주식은 입증 비율이 높아 추정상속재산에 더해질 것은 없고, 아파트와 분양권 처분에 대해서만 1억 2,000만 원이 추정상속재산으로 인정됩니다.

재산처분액의 20%와 2억 원 중 적은 금액 이하로 미입증된 경우는 추정 상속재산이 되지 않음에 유의해야 합니다. 이는 현실적으로 사망자의 자금 사용을 알기 어려움을 고려한 것입니다.

사실 부모님이 돈을 어디다 쓰는지 자녀들이 알기가 어렵습니다. 의뢰인들 중에도 부친이 사망 1~2년 전에 거액을 인출하였는데, 일부 재산취득, 증여, 생활비, 세금 납부 외에 확인되지 않는 부분이 절반에 달해 실제로 진짜 자녀가 받은 돈이 없음에도 추정상속재산에 해당하여 상속세를 더 내는

경우도 있습니다.

여러 경우가 있지만, 차용증 없이 또는 자녀에게 알려주지 않고 지인에게 빌려주거나 익명으로 복지단체에 기부하는 등의 사례가 해당할 수 있습니다.

채무를 부담한 경우

재산을 처분한 경우뿐만 아니라 은행 등에서 대출을 받아서 지폐 등으로 상속인에게 전달하여 상속세를 회피할 수 있습니다.

재산 처분과 마찬가지로 동일한 방식으로 추정상속재산이 적용되지만, 금융기관이나 국가 등이 아닌 자로부터의 채무는 가공채무 가능성이 높아 미입증액 전액을 추정상속재산으로 봅니다.

구분	추정상속재산
금융기관 등 채무	미입증금액 - Min [처분재산가액 × 20%, 2억 원]
그 외 채무	미입증금액

상속공제액 계산

과거 대부분이 상속세 납부 대상에서 제외된 이유는 바로 상속공제 제도 덕분으로 배우자가 있으면 최소 10억 원, 없으면 5억 원이 공제되기 때문입니다. 하지만 부동산 가격의 상승으로 서울 주택 중위가격이 10억 원을 넘어서고 있으므로 향후 상속세 납부 대상자는 대폭 증가할 것으로 보입니다.

따라서 상속세 절세를 위한 사전 전략이 중요한데, 상속공제 구조를 최대한 활용한다면 가능하기 때문에 상속세 내용 중에서도 핵심적인 부분이라고 할 수 있습니다.

상속공제 항목은 다음과 같은데, 부동산과 관련이 낮은 가업, 영농, 재해손실 상속공제를 제외한 나머지에 대해 살펴보겠습니다.

- 기초공제 및 그 밖의 인적공제
- 배우자 상속공제
- 금융재산 상속공제

- 동거주택 상속공제
- 재해손실 공제
- 가업 상속공제
- 영농 상속공제

기초공제 및 그 밖의 인적공제

구분	공제금액	비고
기초공제	2억 원	비거주자도 적용
자녀공제	자녀 1인당 5,000만 원	인원 제한 없음
미성년자공제	[만19세 – 현재 나이) × 1,000만 원	
연로자공제	만 65세 이상 1인당 5,000만 원	
장애인공제	기대여명 × 1,000만 원	

① 기초공제

2억 원은 조건없이 공제합니다. 이때는 사망자가 비거주자인 경우에도 대상입니다. 다른 상속공제는 비거주자는 제외됩니다.

② 자녀공제

사망자의 자녀가 있는 경우, 1인당 5,000만 원을 공제하며 자녀수에는 제한이 없습니다. 이때 태아는 상속권은 있지만 상속공제 대상은 아닙니다.

양자는 자녀공제 대상이 되나, 재혼녀의 자녀는 공제 대상이 아니며, 계

모의 사망 시 기존 자녀도 공제 대상이 아닙니다.

③ 미성년자공제

상속인과 동거가족 중에 미성년자가 있는 경우, 만 19세가 되기까지 1년당 1,000만 원을 공제합니다. 1년 미만은 1년으로 합니다.

이때 동거가족의 범위는 상속개시일 현재 피상속인이 사실상 부양하고 있는 직계존비속(배우자 직계존속 포함)과 형제자매를 말합니다. 상속인의 미성년자 자녀가 아닙니다. 손자도 적용이 가능한 경우는 그 부모가 부양능력이 없어 조부모가 손자를 부양하는 경우에만 해당합니다.

④ 연로자공제

상속인과 동거가족 중에 만 65세 이상인 사람이 있는 경우, 1인당 5,000만 원을 공제합니다.

⑤ 장애인공제

상속인과 동거가족 중에 장애인이 있는 경우, 통계청에서 고시하는 기대여명의 연수에 대해 1년당 1,000만 원을 공제합니다. 1년 미만은 1년으로 합니다.

장애인은 장애인복지법에 따른 장애인, '국가유공자 등 예우 및 지원에 관한 법률'의 상이자 및 이와 유사한 자로 근로능력이 없는 자, 항시 치료를 요하는 중증환자 등이 포함됩니다.

배우자 상속공제

배우자가 있는 경우, 최대 30억 원을 한도로 공제를 받을 수 있습니다. 배우자 상속공제는 배우자가 상속을 받지 않아도 최소 5억 원을 공제해줍니다. 이때 배우자는 사실혼을 제외한 법률상의 배우자를 의미합니다.

배우자 상속공제액은 실제 배우자가 상속받은 재산에 대해 다음의 한도 이내의 금액만 공제됩니다. 한도는 ㉠과 ㉡ 중에 적은 금액입니다.

㉠ 상속재산가액 × 배우자의 법정상속지분 − 배우자 사전증여 과세표준

㉡ 30억 원

따라서 자녀의 수에 따라 배우자 상속공제 한도가 달라진다는 것입니다 (법정 상속지분은 자녀는 1, 배우자는 1.5).

예를 들어 남편이 사망하고 50억 원의 상속재산을 남긴 경우,

상황	배우자 상속공제 한도
자녀가 1명	Min [50억 원 × 1.5/2.5 = 30억 원, 30억 원] = 30억 원
자녀가 2명	Min [50억 원 × 1.5/3.5 = 21.4억 원, 30억 원] = 21.4억 원
자녀가 3명	Min [50억 원 × 1.5/4.5 = 16.7억 원, 30억 원] = 16.7억 원

즉 자녀가 많을수록 배우자 상속공제의 한도는 줄어들게 되고, 상속세가 늘어나는 구조입니다.

배우자, 자녀, 미성년자, 연로자, 장애자 공제는 중복 적용도 가능한 경우가 있고 안 되는 경우가 있는데 이를 정리하면 다음과 같습니다.

이렇게 쉬운데 왜 부동산 절세를 하지 않았을까

◦ **인적 공제 중복 적용 여부**

구분	배우자	자녀	미성년	연로자	장애자
배우자					○
자녀			○	택 1	○
미성년		○			○
연로자		택 1			○
장애자	○	○	○	○	

배우자가 연로자인 경우, 연로자공제는 적용되지 않습니다. 자녀가 연로자인 경우, 자녀공제와 연로자공제 중에 선택을 해야 합니다. 단, 장애인공제는 모두 중복 적용이 가능합니다.

일괄공제

일괄공제는 기초공제와 그 밖의 인적공제를 일괄해서 5억 원을 공제해주는 것입니다. 즉 기초공제 2억 원과 그 밖의 인적공제(자녀, 미성년, 연로자, 장애인)을 각각 계산한 공제액의 합계가 아니라, 그냥 5억 원을 공제받을 수 있습니다. 이는 배우자공제와는 별도입니다.

예를 들어 상속인이 배우자와 성년인 자녀 2명인 경우(모두 비장애인),

㉠ 기초공제 2억 원 + 자녀공제 1억 원(2명 × 5,000만 원) = 3억 원

㉡ 일괄공제 5억 원

둘 중에 '㉡ 일괄공제 5억 원'을 선택할 수 있습니다.

그리고 배우자공제는 최소 5억 원을 해주니, 배우자와 자녀로 구성된 상속인은 최소 10억 원은 상속재산공제가 적용되는 셈입니다.

금융재산 상속공제

상속개시일 현재 예금, 적금, 보험금, 주식, 채권 등의 금융재산을 보유한 경우에는 금융재산에서 금융채무를 제외한 금액(순금융재산)의 일정액을 공제하도록 하고 있습니다.

금융재산 상속공제 계산식

순금융재산	금융재산 상속공제
2,000만 원 이하	전액
2,000만~1억 원	2,000만 원
1억~10억 원	순금융재산 × 20%
10억 원 초과	2억 원

순금융재산 2,000만 원 이하는 전액을 공제하되, 2,000만 원을 초과하는 경우에는 순금융재산의 20%와 2,000만 원 중에 큰 금액을 적용합니다. 다만, 최대 한도는 2억 원으로 정해져 있습니다.

예를 들어 금융재산 상속이 다음과 같은 경우,

- 예금: 5억 원, 주식: 3억 원, 사망보험금: 3억 원, 은행차입금: 5억 원
- 사망 4년 전에 배우자에게 3억 원 적금 증여

$$\text{순금융재산} = 5억\ 원 + 3억\ 원 + 3억\ 원 - 5억\ 원 = 6억\ 원$$

$$\text{Min}\ [6억\ 원 \times 20\%,\ 2억\ 원] = 1.2억\ 원$$

4년 전에 배우자에게 증여한 적금은 사망일 보유 금융재산이 아니므로 공제 대상이 아닙니다. 따라서 금융재산 상속공제액은 1.2억 원이 됩니다.

동거주택 상속공제

장기간 사망하신 부모님과 동거한 경우, 일정 조건을 충족하면 6억 원 한도 내에 100% 상속공제를 해줍니다. 다만, 조건이 좀 까다롭습니다.
　ㄱ 피상속인과 직계비속인 상속인이 사망일 전 10년 이상 계속 동거
　ㄴ 피상속인과 상속인이 10년 이상 1세대 1주택
　ㄷ 상속개시일 현재 무주택자(피상속인과 공동 1주택 포함)인 직계비속

우선, 10년 이상 계속 동거를 했어야 합니다.
계속 동거를 한 경우에만 적용되기 때문에 7년 전 결혼해서 분가하고 2년 전 다시 합가하는 등의 경우에는 인정이 안 됩니다.
다만, 다음의 경우는 계속 동거한 것으로는 인정을 하나 동거한 기간에는 제외합니다.
　ㄱ 징집
　ㄴ 취학(유치원, 초등학교, 중학교 제외)
　ㄷ 직장의 변경이나 전근

ⓔ 1년 이상 치료나 요양이 필요

예를 들어 자녀가 직전 12년을 동거하였으나 대학교 취학을 위해 4년을 동거하지 않은 경우에는 동거기간은 8년이 되어 조건이 안 됩니다.

동거기간을 충족해도 10년간 1세대 1주택의 요건을 충족해야 합니다. 이때 10년간 동일한 주택에 살아야 한다는 것은 아닙니다.

그리고 다음에 해당하는 일시적 2주택 등에 해당하면 1주택으로 인정을 해주는데, 양도소득세의 일시적 2주택과는 다른 개념입니다.

ⓐ 다른 주택을 취득한 날로부터 2년 이내 종전주택을 양도하고 이사

ⓑ 상속인(또는 피상속인)이 1주택자와 혼인을 한 경우, 혼인한 날로부터 5년 이내 배우자가 소유한 주택을 양도

ⓒ 60세 이상의 직계존속과 동거봉양을 한 경우, 피상속인 이외의 자가 5년 이내 주택을 양도

마지막으로, 상속개시일 현재 상속인이 무주택인 경우에 적용됩니다. 단, 피상속인과 공동으로 1주택을 보유한 경우에도 무주택으로 인정이 됩니다.

이러한 조건을 모두 충족하는 경우, 6억 원을 한도로 해당 상속주택은 상속공제를 적용받을 수 있습니다(2020년 1월 1일 이전에는 주택가격의 80%를 5억 원 한도로 공제하던 것을 개정).

상속공제 한도 산식

산식	한도 산식
	상속세 과세가액
(-)	선순위 상속인이 아닌 자에게 유증한 재산가액
(-)	선순위 상속인의 상속 포기로 차순위가 상속받은 재산가액
(-)	가산대상 사전증여재산의 과세표준

상속공제 한도

전체 상속공제의 합계에도 한도액이 있습니다.

예를 들어 상속세 과세가액이 20억 원인데 유언으로 조카에게 10억 원, 선순위인 자녀의 상속 포기로 손자에게 10억 원이 상속된다면 상속세 공제 가능액은 없습니다.

증여세와 상속세
절세 비법

증여세와 상속세 모두 재산을 배우자나 자녀 등에게 이전을 하는 것이 므로 절세의 초점은 이전하는 과정에서 발생하는 세금 부담을 최소화하는 것이고, 이를 위해서는 다른 세금보다 장기적인 계획을 세워야 합니다.

그리고 재산을 받는 자의 부동산 등 재산, 직업, 나이 등을 고려하여 상속, 증여뿐만 아니라 취득, 보유, 양도의 전반적인 세금 고려가 되어야 하므 로 종합적인 전략이 필요한 부분입니다.

1) 증여세

증여세 계산구조를 활용한 대표적인 절세 방법을 알아보면 다음과 같 습니다.

- 증여재산 평가 방식 활용
- 합산증여를 피하기
- 채무인수 활용
- 증여재산공제 최대한 활용
- 세대생략할증을 고려
- 저가양수, 고가양도 활용
- 부동산 무상사용, 담보제공 활용
- 저리대여의 활용 등

구체적으로 살펴보겠습니다.

보충적 평가 방식이 적용되는 자산 증여

부동산의 경우, 시가적용 방식 중 가장 낮은 금액인 공시가격이나 기준시가의 적용을 받도록 하는 것입니다.

감정평가를 받지 않는 경우, 아파트를 증여하면 동일단지 내 유사매매사례가액이 적용될 가능성이 높습니다. 하지만 토지나 단독주택이나 건물은 유사매매사례의 적용이 어려워 기준시가가 적용될 여지가 높습니다.

예를 들어 시세 5억의 아파트를 자녀에게 주는 경우에 유사매매로 5억 원에 거래된 건이 있다면 증여세는 9,000만 원이나, 시세 5억인 토지는 공시가격이 3억 원이라면 3억 원이 적용되어 증여세는 5,000만 원으로 줄어듭니다.

재산평가심의위원회를 통해 평가기간이 직전 2년까지로 늘어날 수 있으니 매매 후 최소 2년 이후에 증여해야 하겠습니다.

또한 이러한 점을 활용한 꼬마빌딩, 토지 등의 증여에 대응하기 위해 국

세청은 별도의 예산으로 자체 감정평가를 의뢰할 수 있다는 점도 주의해야 합니다.

하지만 이러한 증여재산평가를 낮게 하는 것이 항상 유리하지 않습니다. 증여를 받은 사람의 그 자산 취득가액은 증여 평가액이 되므로, 향후에 그 자산을 처분할 때의 양도차익이 더욱 커지게 됩니다. 따라서 동일한 토지를 증여하더라도 공시지가로 평가하여 증여세를 낮출지 감정가액으로 평가하여 향후 양도소득세를 줄일지는 종합적으로 판단해야 합니다.

유사매매사례가액 적용 시 증여신고는 빨리

아파트의 경우 특정 실거래가액을 확인하고 이를 증여재산가액으로 인정받으려면 가급적 빨리 증여신고를 해야 합니다.

왜냐하면 유사매매사례가액을 시가로 적용하는 경우에는 평가기간이 증여일 후 3개월이 아니라 신고일까지의 유사매매사례만 적용되기 때문입니다.

다만, 매매계약을 하고 실거래가 신고가 늦게 된 경우 가끔 신고 이후에 신고일 이전의 계약체결 실거래가액이 뜨는 경우가 있는데, 이런 경우는 불가피하지만 하루라도 빨리 신고를 함이 리스크를 최소화할 수 있습니다.

주택은 4월 말, 토지는 5월 말 이전에 증여

증여재산 평가로 보충적 평가 방법인 공시가격이 적용되는 경우, 공시가격이 새롭게 고시되기 전에 증여를 하는 것이 유리합니다. 주택은 4월 말에 주택공시가격이 고시되고 토지는 5월 말에 공시지가가 고시되므로 그 이전에 증여를 하는 것이 조금이라도 유리합니다.

그리고 취득세 측면에서도 절감이 됩니다. 증여세 목적의 재산평가는

감정평가 또는 유사매매사례를 적용하더라도 취득세는 이를 적용하지 않고 공시가격을 적용하기 때문에 유리합니다.

참고로 2023년부터는 증여로 인한 취득세에도 시가인정액을 도입하기로 개정되었기 때문에 주의해야 합니다. 물론 이러한 것은 부동산과 공시가격이 계속 상승한다는 가정이고, 만약 부동산이 침체되어 공시가격이 하락할 것으로 예상되면 반대로 4월, 5월 이후에 증여하는 것이 유리합니다.

부담부증여

채무인수를 통한 부담부증여도 대표적인 절세의 방안으로 많이들 소개가 됩니다. 물론 부담 채무액만큼 고율의 세율 적용을 피할 수 있지만, 부담 채무에 대한 양도소득세는 납부해야 하는 만큼 종합적으로 판단해야 할 것입니다.

또한 증여에 대한 취득세도 12%의 세율이 적용되는 경우가 있으므로 같이 고려해야 할 것입니다.

일반적으로 부담부증여가 유리할 수 있으나 증여하는 주택의 양도차익이 매우 큰 경우나 중과세율이 적용되는 경우에는 더 불리할 수 있습니다.

그리고 증여를 받는 입장에서 이미 다주택자인 경우, 주택수 증가로 다른 주택 취득, 보유, 양도에 중과세율이 적용될 수 있는 점도 고려해야 합니다.

분산하여 증여

증여재산 공제는 증여자의 그룹과 수증자 입장에서 한도를 계산합니다. 따라서 증여는 여러 사람에게 나누어 줄수록 전체적인 증여세의 부담을 줄일 수 있습니다. 조부가 아들과 며느리 그리고 손자들에게 증여를 하는 경우 1인에게만 증여하는 것보다 증여세 없이 받을 수 있는 금액은 늘어납니다.

아들	며느리	손자 1	손자 2	합계
5,000만 원	1,000만 원	5,000만 원	5,000만 원	1억 6,000만 원

물론 조부가 1인에게 몰아주고 싶다면 어쩔 수 없습니다.

10년간 증여재산 공제액 최대 활용

증여자 그룹별로 증여재산 공제액이 정해져 있는데, 직전 10년간 적용되는 공제액은 배우자 6억 원, 직계존속 5,000만 원, 직계비속 5,000만 원, 기타친족 1,000만 원으로 이론적으로는 최대 7억 1,000만 원입니다.

하지만 10년이라는 긴 기간 동안에 적용되는 한도이므로 장기적인 계획을 세워 증여공제한도를 활용해야 합니다.

예를 들어 18억 원의 재산을 보유한 경우에 배우자와 자녀 2명이 있다면,

30세에 자녀(미성년) 2명에 2,000만 원씩 증여

40세에 자녀(미성년) 2명에 2,000만 원씩 증여

50세에 자녀에 5,000만 원씩 증여

60세에 자녀에 5,000만 원씩 증여, 배우자에 6억 원 증여 후 75세에 사망

남은 재산은 9억 2,000만 원이고, 자녀와 배우자가 있다면 최소 10억 원이 공제되니 상속세도 없고, 증여세도 없습니다.

하지만 증여를 단 한 푼도 하지 않고 75세에 18억 원을 남기고 사망하면 기초공제 5억 원, 배우자공제 7.7억 원(법정지분 상속가정)만 적용이 된다면 5.3억 원에 대한 상속세 1억 원은 납부해야 합니다.

이렇게 쉬운데 왜 부동산 절세를 하지 않았을까

물론 절세가 되더라도 본인은 죽기 전에 안 물려주겠다면 어쩔 수 없습니다.

저가양수 또는 고가양도, 부동산 무상사용, 부동산 담보제공, 저리대여 이익 등을 활용

앞서 살펴본 것과 같이, 저가양수와 고가양도 등의 증여는 특정한 금액 이내는 증여로 보지 않습니다. 따라서 이를 적극적으로 활용하면 증여세 없이 실질적인 재산 이전이 가능합니다.

특수관계자 간에 저가양수나 고가양도를 하는 경우에는 시가와 30%와 3억 원 중 적은 금액 이내는 증여로 보지 않습니다.

부동산의 무상사용 증여는 5년간의 이익이 1억 원 미만인 경우, 부동산을 담보로 제공한 이익도 연간 1,000만 원 미만은 증여로 보지 않습니다. 또한 금전을 저리에 대여해줌으로 인한 이익도 1년간 1,000만 원 미만이면 증여로 보지 않습니다.

이러한 규정을 잘 활용해도 수억 원의 이익은 증여세 없이 이전이 가능하게 됩니다.

세대생략할증분부터 먼저 증여

세대생략증여 시에는 할증이 적용됩니다. 그리고 증여재산공제는 증여자 그룹 내에 여러 건이 있으면 순차적으로 적용합니다.

따라서 세대생략 시에는 이러한 할증을 고려한 증여 순서를 정해야 합니다.

직전 10년 이내 할아버지와 아버지에게 증여를 받은 경우, 누가 먼저 증여를 하였는지에 따라 증여세가 달라집니다.

할아버지와 아버지가 각각 5,000만 원을 증여 시,

㉠ 아버지가 먼저 하는 경우,

증여자	증여가액	증여재산 공제액
아버지	5,000만 원	5,000만 원
할아버지	5,000만 원	없음

할아버지에 대한 증여세 5,000만 원 × 10% × 1.3(할증) = 650만 원

㉡ 할아버지가 먼저 하는 경우,

증여자	증여가액	증여재산 공제액
할아버지	5,000만 원	5,000만 원
아버지	5,000만 원	없음

아버지에 대한 증여세 5,000만 원 × 10% = 500만 원(할증 없음)

즉 세대생략증여를 먼저 하는 경우 증여세를 줄일 수 있습니다.

2) 상속세

상속세는 증여세와 달리, 본인이나 부모님의 죽음을 가정하고 상속재산의 파악부터 사전증여나 추정상속재산 회피 등의 전략을 세워야 하므로 사망 전에 자녀가 적극적인 절세 방안을 알아보고 사전증여 등을 요구하면 불효자 취급에 형제들 간에 분란까지 일어날 수 있어 피하는 경우가 종종 있습니다.

하지만 상속은 증여보다 더 장기간의 전략이 필요한데, 막상 사망 이후에 할 수 있는 절세 방안은 그리 많지 않다는 점에서 사전의 절세전략 수립이 매우 중요합니다.

상속세 계산구조를 활용한 대표적인 절세 방법을 알아보면 다음과 같습니다.

- 상속재산 평가 방식 활용
- 추정상속재산 최소화
- 사전증여의 활용
- 상속공제는 최대한 활용
- 배우자가 상속세 납부
- 상속 재분할은 신중히

부동산은 상속세가 없어도 신고하는 것이 유리

상속세 대상이 아닌 경우라면 신고하지 않아도 되지만, 증여와 동일하게 상속으로 인해 취득한 자산의 취득가액은 상속재산 평가액을 따릅니다.

따라서 상속세 납부 대상이 아니더라도 상속재산에 공시가격이 적용되어 낮게 평가되면 향후 양도소득세가 증가됩니다. 만약 감정평가를 받아 취

득가액을 올린다면 향후 양도소득세를 절감하게 됩니다.

예를 들어 부친이 돌아가시고 유일한 재산인 단독주택을 배우자와 자녀들에게 물려주신 경우, 공시가격을 보니 5억 원 수준이라 일괄공제와 배우자공제로도 상속세 신고 대상이 아니라 상속세 신고도 하지 않은 경우 추후 그 주택을 10억 원에 처분한다면 양도차익이 무려 5억 원이나 됩니다.

만약 상속 시 감정평가를 받아 10억 원으로 평가를 받았다면, 양도차익이 없으니 양도세는 낼 것도 없습니다. 물론 상속재산이 10억 원이므로 상속세도 없습니다.

나중에서야 이런 것을 알고, 기한이 지난 후에 신고하려고 해도 법에서는 소급 감정은 인정하지 않으므로 어쩔 도리 없이 양도차익 5억 원에 대한 세금을 내야 합니다. 상속재산 평가와 신고는 단순히, 상속세만의 문제가 아님에 주의해야 합니다.

추정상속재산 최소화

자산 유형별 1년 이내 2억 원, 2년 이내 5억 원 이상의 처분에 대해서는 사용처 미확인이 20%와 2억 원 중 적은 금액 이내여야 합니다.

부모님이 돈을 인출하거나 재산을 팔아 어디서 사용하였는지, 사후에 자녀들이 일일이 추적하기란 쉽지 않습니다.

갑작스러운 사망이 아니라면, 부모님과 지속적인 커뮤니케이션을 통해 재산을 처분하거나 인출할 때는 큰 금액이라도 어디에 사용하신 것인지라도 기록을 남겨두시도록 부탁하는 것이 추후 억울하게 상속세를 더 내는 것을 줄일 수 있는 최선의 방법입니다.

사전증여의 활용

사전증여도 중요한 상속세 절세 방안 중의 하나입니다. 물론 상속인은 10년 이내, 그 외는 5년 이내의 사전증여는 상속재산에 합산되어 효과가 줄어들게 됩니다.

10년이나 5년 이내에 돌아가실 것이면 의미가 없는 것 아니냐 생각할 수 있으나, 그렇지 않습니다. 사전증여의 합산 시에 평가액은 사망 시점이 아닌 증여 시점으로 하기 때문입니다. 예를 들어 부친이 사망하기 8년 전에 자녀에게 3억 원의 아파트를 증여하였고 그 아파트 시가가 10억 원인 경우, 상속인에게 10년 이내 사전증여이므로 상속재산에 합산은 되겠지만 가산되는 금액은 10억 원이 아닌 3억 원입니다.

따라서 증여하는 재산의 가치가 상승할 것이라고 판단되면 사전증여는 향후 상속세에 합산되어도 유리합니다.

물론 합산이 안 된다면 가장 좋기 때문에 남은 수명이 몇 년 이내라고 생각되는 경우에는 증여세와 상속세를 비교 검토해봐야 할 것입니다.

그리고 어차피 상속재산이 적어 상속세 납부 대상이 아닐 경우에는 굳이 사전증여를 해서 증여세를 낼 필요는 없을 것입니다.

배우자 상속공제는 최대한 활용하고 세금은 대납

상속공제 중에 배우자 상속공제가 30억 원을 한도로 가장 크지만, 법정 상속지분 이내로만 인정이 됩니다. 따라서 상속세 최소화를 위해 배우자는 법정지분만큼을 상속받음이 유리합니다.

그리고 상속세는 연대납세 의무로 배우자가 전액 상속세를 납부해도 됩니다. 따라서 향후 배우자도 사망 시 자녀에게 상속세가 다시 부과되는 것을 최소화하기 위해 모든 상속세는 배우자가 납부하는 것도 고려 방안입니다.

금융재산 상속공제를 위해 사전 인출은 신중히

금융재산 상속공제는 사망일 현재 시점에 소유한 순금융재산만을 대상으로 합니다. 사전에 인출한 경우 추정상속재산으로 가산이 될 수도 있습니다.

그러나 인출한 예금은 추정상속재산에는 포함이 되는 데 반해 금융재산 상속공제 대상은 아닙니다.

따라서 사망일 전의 예금인출은 금융재산 상속공제를 위해서는 신중할 필요가 있습니다. 물론 상속공제 받지 못함을 감수하고 사전 인출해서 상속재산을 회피하는 위험을 감수하겠다면 별개의 문제입니다.

동거주택 상속공제는 대상자가 상속받아야

동거주택 상속공제는 10년 이상 동거와 1세대 1주택 등의 까다로운 요건이 충족되어 있지만, 중요한 것은 그 동거주택 자격을 충족하는 직계비속 상속인(무주택, 피상속인과 공동소유 포함)이 상속을 받는 경우에만 적용이 됩니다.

예를 들어 10년 이상 피상속인과 배우자와 차남이 동거했고 장남은 5년 전 세대분리를 한 경우, 1세대 1주택 상태가 유지된 상속주택의 평가액이 15억 원인 경우, 배우자나 장남이 그 주택을 상속받으면 동거주택 상속공제를 받지 못하고, 차남이 상속받는 경우에만 6억 원의 상속공제를 받을 수 있으니 상속재산의 배분에도 신경을 써야 합니다.

상속 재분할은 신중히

상속세 신고 시한이 지난 이후에 재분할은 증여로 봅니다.

예를 들어 피상속인이 유언 없이 사망하였고 상속인이 배우자와 형제

2명이고 상속재산이 다음과 같을 때,

아파트	토지	주식
10억 원	7억 원	5억 원

모친은 상속을 받지 않고, 10억인 아파트는 차남이 가져가고 토지와 주식은 장남에게 주고 싶은데, 평소 사이가 안 좋은 차남이 반대하여 결국 법정 지분대로 일단 등기하고 상속세 신고를 한 경우, 신고 이후 모친이 장남에게 더 주고 싶은 당초의 뜻에 따라 본인 지분의 아파트, 토지 1.5/3.5를 장남에게 넘기면 다시 증여세를 내야 하고 추가적으로 취득세도 또 내야 합니다.

1. 증여세에 대한 설명 중 옳지 않은 것은?

① 피부양자에게 주는 생활비, 교육비는 증여세를 과세하지 않는다.

② 사회 통념상 인정되는 축의금, 부의금은 증여세를 과세하지 않는다.

③ 세대를 생략하여 증여하는 경우, 30% 또는 40%가 할증과세된다.

④ 부친이 먼저 사망하고 조부모가 손자에게 증여하는 경우에도 할증과세된다.

⑤ 신고기한 내에 신고를 한 경우, 신고세액공제를 해준다.

2. 증여세와 상속세의 신고납부에 대한 설명 중 옳지 않은 것은?

① 증여일이 속하는 달의 말일부터 3월 이내에 증여세를 신고납부해야 한다.

② 상속개시일이 속하는 달의 말일로부터 6개월 내 상속세를 신고납부해야 한다.

③ 증여세와 상속세 모두 분납이 가능하다.

④ 증여세와 상속세 모두 연부연납이 가능하다.

⑤ 증여세와 상속세 모두 물납이 가능하다.

3. 증여세와 상속세의 재산평가에 대한 설명 중 옳지 않은 것은?

① 부동산의 매매, 감정, 수용, 공매, 경매가액이 있으면 이를 우선 적용한다.

② 유사매매사례가액이 둘 이상인 경우, 공시가격 차이가 적은 것이 우선한다.

③ 유사매매사례의 공시가격도 동일한 경우, 평가기준일에 가까운 것이 우선한다.

④ 부동산의 경우, 유사매매사례가액보다 공시가격을 우선 적용한다.

⑤ 부동산에 저당권이 설정된 담보채권액이 더 큰 경우, 이를 우선 적용한다.

4. 증여재산공제에 대한 설명 중 옳지 않은 것은?

① 직전 10년 이내에 증여 받은 재산에서 공제한다.

② 배우자는 6억 원을 공제한다.

③ 아버지와 할아버지가 각각 5,000만 원을 증여해도 각각 5,000만 원을 공제한다.

④ 장모와 사위는 기타친족으로 1,000만 원만 공제한다.

⑤ 공제액 한도는 배우자, 직계존속, 직계비속, 기타친족의 그룹별로 정한다.

5. 재산취득자금 증여추정에 대한 설명 중 옳은 것은?

① 증여추정은 수증자에게 입증 책임을 전환하는 효과가 있다.

② 재산의 자력 취득이 미입증된 전액을 증여 받은 것으로 추정한다.

③ 미입증액이 취득가액의 20%와 2억 원 중 적으면, 과세당국은 증여를 입증해도 증여세를 추징할 수 없다.

④ 조정대상지역은 자금조달에 대한 증빙은 제출해야 한다.

⑤ 투기과열지구는 자금조달에 대한 증빙을 제출하지 않아도 된다.

6. 상속세에 대한 설명 중 옳은 것은?

① 상속인이 각자 물려받은 재산에 대해 부과하는 세금이다.

② 피상속인이 불입한 사망보험금은 상속세 과세 대상이다.

③ 장례 이후 49제 등에 소요된 비용도 공제 대상이다.

④ 10년 이내 상속인이 아닌 자에게 한 사전증여도 상속세 과세 대상이다.

⑤ 상속세 신고기한 내에 신고를 해도 세액공제는 적용하지 않는다.

이렇게 쉬운데 왜 부동산 절세를 하지 않았을까

7. 상속공제에 대한 설명 중 옳은 것은?

① 기초공제 2억 원은 비거주자에는 적용하지 않는다.

② 배우자 상속공제의 최대한도는 30억 원까지 가능하다.

③ 배우자 상속공제는 배우자가 상속을 받은 경우에만 적용된다.

④ 상속받을 자녀가 늘어날수록 배우자 상속공제 한도도 늘어난다.

⑤ 금융재산 상속공제는 사망 전에 인출한 경우에도 적용된다.

8. 재산 종류별 1년 이내 2억 원 또는 2년 이내 5억 원 이상의 처분이 있는 경우, 그 사용처를 미입증한 금액이 처분가액의 20%와 2억 원보다 많은 경우, 이를 상속재산에 포함하게 되는데, 이를 _____ 이라고 한다.

세금 문제가
생겼을 때
대처법

사고팔기 전에
미리 세금 문제를 확인하자

고객분들과 부동산 상담을 하다 보면, 많은 경우 이미 손을 쓸 수 없는 때가 많습니다. 부동산을 살 때는 누구의 추천이나 투자지역 분석과 현장 답사를 통해 매입할 물건은 꼼꼼히 검토하시면서도 매입 결정은 가격이 상승할 것인지만 고려하시고, 정작 세금 문제는 크게 생각하지 않고 진행하시는 경우가 많은 것 같습니다.

매매 전에 미리 본인의 향후 부동산 보유 계획을 세우고, A주택은 언제 사고팔지, B주택은 계속 보유할지 등에 따른 여러 방안을 검토해봐야 최대한 절세가 가능한데, 이미 엎질러진 물은 담을 수가 없습니다.

단순히 보유·거주기간에 따른 비과세뿐만 아니라 1세대 2주택 비과세 특례나 1주택 1입주권 또는 1분양권 특례 등 다양한 조항들에 취득 시점, 처분 시점에 대한 제한을 두고 있기 때문입니다.

따라서 주택의 취득 시점에 따라 과세가 비과세가 될 수도 있고, 처분

시점에 따라 비과세, 일반과세, 중과세율이 적용될 수도 있는 것입니다.

최근 상담 사례

미리 전문가에게 확인하지 않아 낭패를 본 실제 사례로 살펴보겠습니다.

[상담 고객 현황]

이 고객은 조정대상지역에 1주택과 1분양권을, 비조정대상지역에 1주택을 보유하던 중 인터넷 등 검색을 통해 알아보니 공시가격 1억 원 이하 주택은 양도세 중과가 안 된다는 얘기를 듣고 보유 2주택 중 조정지역의 공시가격 1억 원 이하 1주택을 2022년 3월에 양도차익 1억 원으로 처분했습니다. 이후 양도세 신고와 함께 남은 1주택과 1분양권을 매매할 때 조언을 얻고자 상담을 진행했습니다.

[상담 결과]

확인해본 결과, 해당 주택은 양도 당시에 공시가격 1억 이하이지만 광역시에 소재한 주택이었습니다.

4장에서 살펴본 바와 같이 일반시의 공시가격 3억 이하인 주택은 양도소득세 중과가 배제되지만 광역시는 중과배제 대상이 아닙니다. 따라서 해당 규정은 적용이 안 되는 상태입니다.

남은 것이 중과세율 판정 시 주택수가 2주택이면 공시가격 1억 이하인 주택은 지역 무관하게 중과세율 적용을 배제합니다. 여기서 중요한 것은 중과세율 판정 시 주택수가 3주택이면 1억 이하라고 중과배제를 하는 조항이

없습니다.

최종적으로 중과대상 주택수를 계산해보니, 광역시에 주택과 21년 이후 취득한 분양권이고 일반시의 주택도 공시가격 3억이 넘어 총 3주택으로 확인이 되었습니다. 결국 이도 저도 적용이 안 되고 3주택 중과세율 30% 가산을 적용받게 되는 상태였습니다.

의뢰인은 기본세율 적용을 받을 줄 알았는데, 30% 중과세율이 적용되어 양도차익 1억 원에 대해 3,000만 원의 세금을 더 내게 되어 어떻게 되돌릴 방법이 없는지 물어보셨으나, 이미 엎질러진 물이라 방도가 없습니다.

더군다나 당시 대통령 후보인 윤석열과 이재명 둘 다 취임 후 양도세 중과세율의 한시적 유예를 공약으로 내세운지라 팔기 전에 전문가와의 상담을 하셨다면, 30% 중과가 된다는 것을 아셨다면 안 파셨을 테고 대선 이후 중과세율 한시적 유예가 거의 확실하니 대선 이후 법 개정 상황을 보며 유예 기간에 파셨다면 3,000만 원은 아낄 수가 있었습니다.

세금 문제 상담을 받는 법

요즘은 정보화 시대라 세금과 관련된 정보들이 인터넷상에 넘쳐납니다. 부동산 관련 취득세, 종합부동산세, 양도세, 상속세 및 증여세 등을 검색해도 많은 유튜브, 블로그, 신문기사, 전문가 칼럼, 부동산 카페의 글들이 검색됩니다.

실제로 상담을 해보면, 이미 여기저기서 검색을 하거나 부동산 관련 카페 등에 질문을 해보는 등 나름 답을 구하려고 노력했지만 정보도 다르고 답변도 모두 달라서 결국 상담하기 위해 방문하는 분들이 많습니다. 그러나 이러한 방식은 다음과 같은 이유 때문에 매우 위험합니다.

① 비전문가 블로그, 유튜브

세무 전문가가 아니지만 부동산 투자, 부동산 물건 중개 등 관련 블로그를 운영하면서 때때로 세금 관련 글도 올리는 분들이 있습니다. 이분들 중

이렇게 쉬운데 왜 부동산 절세를 하지 않았을까

에는 성심껏 공부해서 일반 세무사보다 지식이 풍부한 경우도 있습니다.

문제는 본인이 글을 작성하지 않고 다른 곳의 글을 짜깁기하거나, 대행 업체가 관리하거나, 본인이 공부하고 직접 작성을 해도 본업(투자유치, 중개업 등)이 바빠 최신 개정 내용을 미처 파악되지 못해 잘못된 정보를 올리는 경우가 종종 있다는 것입니다.

② 카페 등 비전문가 답변

부동산 관련 카페 등에 회원들이 서로 질문을 하고 답변을 해주는 경우가 있는데, 답변자가 세무 전문가가 아닌 경우에 잘못된 답을 해주는 경우가 생각보다 많습니다. 이러한 답변을 믿고 의사결정을 해도 아무도 책임을 지지 않습니다. 세법은 세무 전문가에게 답변을 받아야 합니다.

③ 지속된 세법 개정 미반영

세무 전문가가 작성한 신문 칼럼이나 운영하는 블로그 등의 글은 정확성은 높을 수 있습니다. 문제는 세법은 매년 그리고 연중에도 수시로 바뀌니 글을 작성하는 시점에는 맞지만 글을 검색해서 읽는 시점에는 이미 개정이 되어 안 맞는 경우가 많습니다.

간혹 신문 칼럼, 유튜브, 블로그 등에 절세의 팁으로 소개된 것이 현재는 법 개정이 되어 이제는 그렇게 하면 탈세가 되는 경우가 있습니다.

결론적으로 인터넷상에 떠도는 정보나 비전문가의 답변으로 판단할 것이 아니라 정식으로 최신 세법에 따른 상담이 필요하다는 것입니다.

국세상담센터 활용

국세청은 국세상담센터를 운영하고 있으며, 전국 공통전화 '126번'과 인터넷 '홈택스'를 통해 전국의 납세자에게 전화와 인터넷으로 국세에 관한 상담 서비스를 제공하고 있습니다.

유선 통화 126번을 이용하는 경우, 대기시간이 길어질 수 있고 장시간에 걸친 깊이 있는 상담은 어려울 수 있다는 단점이 있습니다.

반면 인터넷 상담은 문서로 회신받을 수 있는 장점이 있지만 답변에 며칠은 걸리고 즉각적인 추가 질문 등이 어렵다는 단점도 있습니다. 또한 질문의 글자수도 제한되어 있어 장문의 상담은 어렵습니다.

또한 해당 질문에 대해 답을 해주지만 원론적인 경우가 종종 있고 세금을 줄일 수 있는 다른 방안이나 질문하지 않은 주의할 점 등에 대해서는 알려주지 않습니다.

그럼에도 무료로 이용할 수 있고 국세청의 직원 또는 외부 고용된 세무사가 답변을 하기 때문에 활용해볼 만합니다. 다만, 국세상담센터의 회신 내용은 법적인 효력이 없고 간혹 상담자가 실수로 잘못 답변을 하여 이를 근거로 신고가 잘못되어도 책임을 지지 않습니다.

그리고 국세상담센터는 국세에 대한 것만 질문이 가능하니 지방세와 관련된 부동산의 취득세, 재산세에 대해서는 질문을 할 수 없습니다.

만약 지방세와 관련한 세법 적용 등에 대한 질문을 하고 싶은 경우에는 시·군·구청 등에 전화 또는 국민신문고 등을 통한 민원으로 질문에 대한 답변을 얻을 수 있습니다.

마을세무사 제도

다른 무료상담 방법으로는 행정안전부에서 운영하는 마을세무사라는 제도가 있습니다. 이는 본인이 거주하는 시·군·구청에 등록된 마을세무사를 통해 재능기부 형태로 지방세 및 국세 관련 세금 문제와 지방세 불복청구 관련 사항을 무료로 상담을 해주는 것입니다.

무료라는 것이 장점이기는 하나, 일단 대상이 제한되어 있습니다. 저소득층, 영세사업자 등을 우선 상담하기 위해 일정 금액 이상 재산이나 소득이 있는 경우는 상담이 불가능하다는 단점이 있습니다.

그리고 비교적 간단한 상담 위주로만 가능하고, 예상되는 구체적인 세금에 대한 계산이나, 상담이 아닌 기장업무나 신고대행과 절세 방안 컨설팅 등은 유료로 진행하여 세무사의 마케팅이나 홍보 수단으로 활용되는 경우가 종종 있습니다.

부동산 세무전문가 상담

가장 안전한 방법은 세무 전문가를 통한 정식 상담입니다. 특히 부동산 세법의 경우에는 취득, 보유, 양도, 증여, 상속 등 일명 재산세제와 관련된 전반적인 세법에 대해 알아야 하고 최근에는 지속적인 개정으로 인해 가급적 부동산에 특화된 세무 전문가와 상담을 하는 것이 좋습니다.

일반적인 업종의 장부 기장업무를 위주로 하는 세무사 사무실의 경우, 부동산 관련 상담은 아예 하지 않는 경우도 종종 있습니다.

무엇보다 장점은 국세상담센터나 민원상담 등과 달리 장시간에 걸친 심

도 깊은 상담이 가능하다는 것이고, 단순히 질문 사항에 대한 확인뿐만 아니라 가능한 절세 대안도 확인이 가능하다는 것입니다.

단점은 비용이 든다는 것인데 세무사 개개인의 경력과 직위에 따라 다르지만, 복잡한 케이스가 아닌 일반적인 상담의 경우 30만 원 내외로 해결되는 경우가 많습니다. 본인이 혼자 잘못 판단할 위험과 절세 방안도 확인할 수 있음을 고려하면 그리 부담스럽지 않습니다.

세무사님들과 상담을 할 때는 효율적인 진행을 위해 다음을 지켜주시면 좋습니다.

① 사실관계를 명확히, 사전에 제출

양도소득세를 예로 들면 세대 구성과 구성원의 보유 주택, 분양권, 입주권의 현황 및 향후 매도할 계획, 주택임대사업자의 경우 관련 정보 등에 대한 자세한 정보가 필요합니다.

상담 시에 이러한 정보들은 기본적으로 파악이 되어야 하는데, 이 부분에 대해 구두로 설명을 하다 보면 수십 분이 훌쩍 지나가는 경우가 있습니다. 말로 설명하다 보면, 사실관계를 일부 누락하는 경우도 있고 잘못된 정보도 있습니다.

상호 간에 효율적인 상담 진행을 위해서는 가급적 계약서류 등을 사전에 확인하여 사실관계를 명확히 정리한 다음에 상담 며칠 전에 미리 전달을 해주시는 것이 불필요한 시간을 줄여 상담료도 절약이 되고 좋습니다.

② 정보는 모두 솔직히

간혹 상담을 받으시면서 본인이 불법적인 게 있거나 부끄러운 정보를 숨기는 경우가 있습니다. 예를 들어 집이 2채인 2주택자인데, 일시적 2주택

으로 비과세를 받거나 혹여 과세되어도 절세할 방안에 대해 한참 상담하시다가 "사실은 1주택자인 모친이 집에 수년간 함께 거주 중이지만 주소지는 다른 곳에 위장전입되어 있는데 문제가 없겠죠" 하고 밝히시는 경우가 있습니다. 이러면 처음부터 다시 검토가 필요한 사안이 됩니다.

본인이 밝히기 꺼끄럽거나 숨기고 싶은 정보가 있더라도 사실대로 알려주셔야 정확한 상담이 가능하게 됩니다.

③ 본인 판단은 최소화

어디선가 들어본 정보로 미리 본인이 판단한 다음에, 질문을 주시는 경우가 있습니다. 예를 들어 본인이 2주택자라고 상담을 하셨는데, 알고 보니 "사실은 시골에 상속받은 오래된 저가 단독주택이 하나 더 있는데 너무 낡아 임대 주기도 귀찮고 실제 사는 사람도 없으니 본인은 어디선가 듣기로는 그런 건 주택으로 안 본다고 들었다"며 이를 빼고 설명하시는 경우도 있습니다.

본인이 사전에 판단을 하지 마시고, 있는 그대로의 정보를 주셔야 정확한 상담이 가능합니다.

세금을 안 내거나
잘못 낸 경우

세금을 낼 것이 있는데도 신고납부를 하지 않은 경우나, 당초에 신고납부를 한 것이 잘못되어 추가 납부 또는 환급받아야 할 경우에는 어떻게 해야 하는지 알아보겠습니다.

무신고한 경우

법정신고기한까지 신고를 하지 않은 경우(예정신고 포함)에는 무신고 가산세가 적용됩니다. 일반적인 경우가 양도소득세는 1세대 1주택 비과세 요건이나 2주택 비과세 특례 조건이 충족되는 줄 알고 신고를 하지 않은 경우들입니다. 증여세와 상속세 등은 납부 대상에 해당하는데도 신고를 하지 않은 경우입니다.

이때 적용될 가산세는 일반적인 경우 20%이고, 부정행위로 무신고를 한 경우에는 40%가 적용됩니다.

● 무신고가산세

구분	가산세
무신고	무신고 납부세액 × 20%
부정 무신고	부정 무신고 납부세액 × 40%

다만, 법정신고기한이 지난 후에 자진해서 신고하는 경우를 기한 후 신고라고 하는데, 일정 기간 내에 기한 후 신고를 하면 자진신고를 유도하고자 다음과 같이 가산세를 일정 비율 감면해줍니다.

● 자진신고 감면비율

구분	감면비율
법정신고기한 후 1개월 이내	50%
법정신고기한 후 1~3개월	30%
법정신고기한 후 3~6개월	20%

그리고 양도소득세의 경우에는 예정신고를 해야 하는데, 만약 예정신고를 하지 않고 내년 5월 확정신고기한까지 신고를 하면 50%를 감면해줍니다.

추가적으로 납부를 지연한 것에 대한 가산세도 미납기간에 따라서 납부를 해야 합니다.

● 납부지연가산세

구분	가산세
납부지연가산세	미납부 또는 과소납부세액 × 미납기간 × 2.2 / 10,000

이때 적용되는 이자율은 2022년 2월 15일 이후에는 1일당 2.2/10,000을 적용합니다. 연간 환산하면 8.03%의 이자율입니다.

기간	이자율
2003.1.1~2019.2.11	1일당 3/10,000
2019.2.12~2022.2.14	1일당 2.5/10,000
2022.2.15~현재	1일당 2.2/10,000

세금을 적게 신고한 경우

앞서 살펴본 무신고와는 달리, 법정신고기한까지 신고는 하였는데 납부

● 과소신고가산세

구분	가산세
일반과소신고 (초과환급)	과소(초과)신고 납부(환급)세액 × 10%
부정과소신고 (초과환급)	부정과소(초과)신고 납부(환급)세액 × 40%(역외거래는 60%)

해야 할 세액보다 적게 신고를 한 경우이거나 초과 환급을 받은 경우에는 과소신고가산세가 적용됩니다.

과소신고가산세도 법정신고기한이 지난 후에 자진해서 신고를 하는 경우를 수정신고라고 하는데, 일정 기간 내에 수정신고를 하면 자진신고를 유도하고자 다음과 같이 가산세를 일정 비율 감면해줍니다.

● **자진 수정신고 감면비율**

구분	감면비율
법정신고기한 후 1개월 이내	90%
법정신고기한 후 1~3개월	75%
법정신고기한 후 3~6개월	50%
법정신고기한 후 6개월~1년	30%
법정신고기한 후 1년~1년 6개월	20%
법정신고기한 후 1년 6개월~2년	10%

과소신고가산세도 과소납부한 세액의 미납기간에 대해 납부지연가산세를 추가적으로 납부해야 합니다.

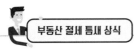

부정한 방법

무신고, 과소신고에 대해 부정한 방법인 경우에는 더 높은 가산세율이 적용되는데, 부정한 방법에 대해 알아보면,

① 이중장부의 작성 등 장부의 거짓 기장

② 거짓증빙 또는 거짓문서의 작성 및 수취

③ 장부와 기록의 파기

④ 재산을 은닉하거나 소득·수익·행위·거래의 조작 또는 은폐

⑤ 그 밖에 국세를 포탈하거나 환급 공제받기 위한 사기나 부정한 행위

구체적인 예시로 보면, 다음과 같습니다.

· 다운/업 계약서

· 필요경비 지출증빙을 허위로 작성

· 가공의 주택수리비를 필요경비로 공제

· 허위로 작성된 농지원부로 감면신청

세금을 많이 신고한 경우

신고를 잘못하여 세금을 많이 납부한 경우, 세무서가 알아서 세금을 돌려주지는 않습니다.

당초에 신고를 하였으나, 신고 내역이 잘못되어 세금을 과다 납부하게 된 경우 환급해줄 것을 청구할 수 있습니다. 이를 경정청구라고 합니다.

경정청구는 법정신고기한이 지난 후 5년 이내에 관할 세무서장에게 해야 합니다. 그리고 세무서장은 그 청구를 받은 날로부터 2개월 이내에 과세

표준이나 세액을 결정이나 경정을 하든지 이유가 없다는 뜻을 통보해야 합니다.

부동산 양도소득세 관련해서는 일반적인 사례로는,

- 당초에 비과세 적용이 가능함에도 일반과세로 납부
- 일반세율 적용 대상인데 중과세율로 납부 등 세율 적용 잘못
- 필요경비나 공사비용을 누락
- 장기보유특별공제 잘못 적용

등 다양한 경우가 있습니다.

경정청구가 받아들여지면 다행이나, 받아들여지지 않는다면 후술하는 조세불복의 절차를 통해 진행해야 합니다.

세무조사를 받는 경우

부동산 세금과 관련하여 많은 분들이 공통적으로 궁금해하는 내용 중 하나가 혹시 세무조사를 당할 가능성이 있는지에 대한 것입니다.

2021년에 발표된 국세 통계자료(2020년 실적)의 세무조사 통계자료를 보면, 부동산의 양도소득세 조사 건수는 3,790건으로 전체 신고한 인원 중에 0.4%에 해당합니다.

그러나 대부분 신고에 문제가 없는 경우가 많고, 일부는 세무조사 전에 세무서의 해명 요청 등으로 자진 수정신고하는 경우도 있음을 고려하면, 탈세를 한 경우에 세무서에서 적발하지 못할 가능성이 높다고 할 수는 없을 것입니다.

특히 양도소득세 세무조사의 경우에는 부동산과 분양권, 입주권 등에 대한 비중이 전체 3,790조사 건 중 96%로 대부분을 차지하고 나머지가 비상장주식 등에 대한 것임을 알 수 있습니다.

● 양도소득세 세무조사 현황

구분	신고인원	조사건수	조사비율	부과세액	건당 부과
양도소득세	909,993	3,790	0.4%	2,246억 원	0.6억 원
부동산		3,643		2,092억 원	0.6억 원
그 외		147		154억 원	1억 원

그렇다면 국세청은 어떻게 정보를 아는지 궁금할 수 있는데 '과세자료의 제출 및 관리에 관한 법률'에 근거하여 법원행정처, 법무부, 외교부, 여신전문금융협회, 국토교통부, 지방자치단체 등 매우 다양한 국가기관, 공공기관 및 각종 협회 등이 정기적으로 국세청에 자료를 제출하도록 되어 있습니다.

여기서 기본적인 가족관계등록부터 출입국 기록, 인별·카드 종류별·카드사별 국내외 연간 신용카드 사용금액, 등기자료, 임대사업자등록과 변경, 임대차계약 등 매우 다양한 정보를 수집하고 있습니다. 그리고 재산, 소비, 소득액을 고려한 PCI 시스템(Property, Consumption and Income Analysis System)을 구축하여 소득 대비 재산과 소비 현황의 분석이 가능합니다.

또한 금융정보분석원(FIU)으로부터 의심 금융거래에 대한 자료를 제공받고, 부동산의 경우 자치단체에서 탈세 등이 의심되는 경우 국세청에 통보하도록 하고 있는 등 상당한 수준의 빅데이터 수집과 분석이 가능한 수준입니다.

해명자료 제출안내

정식 세무조사는 아니지만, 세무서에서 '해명자료 제출안내'가 통보되는 경우가 있습니다. 통보를 당하는 납세자 입장에서는 해명자료 제출안내나 세무조사나 당황하는 것은 별반 차이가 없긴 합니다.

이러한 해명자료 제출안내는 과세당국이 납세자의 자발적 성실신고를 유도하기 위해 신고된 내역의 오류나 누락 등의 여부를 확인하는 절차를 거치는데 이러한 과정을 통해 발견된 사항을 납세자에게 통보를 하는 것입니다.

해명자료 제출 통보를 받으면, 30일 이내에 해명자료를 제출해야 합니다. 만약 신고를 누락하였다면 기한 후 신고를 하고 기존 신고에 오류가 있었다면 수정신고를 하면 됩니다.

이는 정식 세무조사는 아니기 때문에, 해명 요청 사항에 대해서만 해명을 하든지 수정신고 등을 하면 되고, 세무조사와 같이 다른 사안으로 조사 범위가 확대되지는 않습니다.

무엇보다 30일 이내 해명자료를 제출해야 하므로 신속히 세무 전문가와의 상담을 통해 대응을 해야 합니다.

세무조사 통지

세무조사는 조사 개시일 15일 전에 사전에 통보하도록 되어 있으며, 일반적으로 세무사나 회계사에게 위임하여 대응을 하게 됩니다. 천재지변이나 납세자의 질병, 장기출장 등 부득이한 경우는 연기신청도 가능합니다.

일반적으로 법인 세무조사의 경우에는 3개월에서 6개월이 소요되기도

하지만 부동산 양도소득세의 경우에는 2~3주 내외의 간편 조사로 종결되는 편입니다.

조사 과정이 종결되면, 20일 이내에 결과통지서를 받게 됩니다. 이때 조사 결과에 이의가 없는 경우 조기결정신청을 하면 가산세 부담을 줄일 수 있습니다.

세무조사 결과에 이의가 있는 경우 통보일부터 30일 이내에 과세전적부심사를 청구할 수 있습니다. 이는 과세관청이 과세의 적정성 여부를 검증하여 스스로 시정하는 제도로 부실과세를 예방하는 성격인데, 실무적으로는 과세관청이 본인의 실수를 인정해야 하므로 받아들여지기가 쉽지는 않습니다.

만약 세무조사 결과를 수용하지 못하겠으면 조세불복 절차를 통해 다투게 되는데 다음 편에서 살펴보겠습니다.

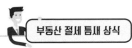

국세 부과제척기간

일정한 기간이 경과해버리면 세금 탈루가 포착되더라도 과세권을 행사할 수 없는데, 이를 부과제척 기간이라고 합니다. 각 세법과 유형별로 일반적인 부과제척 기간은 다음과 같습니다.

국세 부과제척 기간

구분	유형	제척기간
상속세, 증여세 이외의 세목	· 부정한 방법으로 조세를 포탈	10년
	· 기한 내에 신고를 하지 않은 경우	7년
	· 그 외 일반적인 경우	5년
상속세, 증여세	· 기한 내에 신고를 하지 않은 경우 · 부정행위로 환급 또는 공제	15년
	· 신고 내용에 오류나 누락이 있는 경우	10년

🏛 국세청
National Tax Service

00세무서
양도소득세 해명자료 제출 안내

문서번호 : 조사과 - 000

○ 상호(성명): 김 0 0

○ 사업자번호: 820000-0000000
(생년월일)

○ 사업장소재지: (우편번호) 00000 서울특별시 00구 0000 0000
(주소지)

안녕하십니까?

귀하의 양도소득과 관련하여 아래와 같이 과세자료가 발생하였음을 알려드리니 이에 대한 해명자료를 <u>2022. 0. 0.까지</u> 제출하여 주시기 바랍니다.

○ 과세자료 발생 경위(해명할 사항)

하기의 물건지를 양도하고 양도소득세 예정(확정)신고를 누락한 자료

○ 과세자료 내용(양도 물건)

소 재 지	양도일	취득일	비 고
서울특별시 00구 0000 0000	2021. 06. 07	2018. 02. 06	

○ 제출할 해명자료

귀하는 양도 물건은 양도 당시 거주기간의 요건을 미충족하여 비과세 대상에 해당하지 아니합니다. 비과세 요건을 충족하거나 기타 정당한 사유가 있는 경우, 그와 관련된 증빙서류를 제출하여 주시기 바랍니다.

귀하가 착오 등으로 양도소득세를 무신고한 경우에는 2022. 0. 0,까지 기한후 신고납부를 하여 주시기 바랍니다. 아울러 기한후신고를 하지 않거나, 해명기한 내 회신이 없거나 제출한 자료의 내용이 불분명한 경우에는 과세자료 내용대로 세금이 부과될 수 있음을 알려드립니다.

2022년   00월 00일

00세무서장

위 내용에 대해 궁금한 사항은 아래 담당자에게 문의하시고, 해명자료는 우편 또는 fax로 발송하거나, 세무서에(민원봉사실 또는 소관과) 직접 제출하시면 됩니다. 해명자료 제출 시 처리 기한은 접수일로부터 30일이며, 1회에 한해 30일내의 범위 안에서 처리기한이 연장될 수 있으며, 이 경우 연장사실을 통지해 드립니다.
◆담당자 : ○○세무서 ○○○과 ○○○ 조사관(전화 : 000-0000-0000, 전송 : 000-000-0000)

210㎜×297㎜(신문용지 54g/㎡)

● **세무조사 사전 통지 예시**

■ 조사사무처리규정 [별지 제1호 서식](국세기본법 시행규칙 서식)

국세청
National Tax Service

00세무서

수신자　이 0 0
(경유)

제 목　**세무조사 사전 통지**

귀하(귀사)에 대한 세무조사를 실시하기에 앞서 아래와 같이 알려드립니다.
(근거:「국세기본법」 제81조의7제1항 및 같은 법 시행령 제63조의6)

납 세 자	상 호 (성 명)	이 0 0	사업자등록번호 (생 년 월 일)	820000-0000000
	사업장 (주 소)	부산광역시 00구 0000 0000		
조 사 대 상 　세 목		양도소득세		
조사대상 과세기간		2020년 1월 1일 ~ 2020년 12월 31일		
조 사 　기 간		2022년 00월 00일 ~ 2022년 00월 00일		
조 사 　사 유		국세기본법 제81조의6 3항 4호의 규정에 따라 신고 내용에 탈루나 오류의 혐의를 인정할 만한 명백한 자료가 있는 경우에 해당하여 세무조사 실시		
조 사 제 외 대 상		세목:　　　　과세기간:　　　　　　범위:		
부 분 조 사 　범 위				

만약 귀하(귀사)에게 「국세기본법 시행령」 제63조의7제1항에 해당하는 사유가
있으면 세무조사의 연기를 신청할 수 있습니다.
　※「국세기본법 시행령」 제63조의7제1항에 해당하는 사유
　　1. 화재, 그 밖의 재해로 사업상 심각한 어려움이 있을 때
　　2. 납세자 또는 납세관리인의 질병, 장기출장 등으로 세무조사가 곤란하다고 판단될 때
　　3. 권한 있는 기관에 장부, 증거서류가 압수되거나 영치되었을 때
　　4. 제1호부터 제3호까지의 규정에 준하는 사유가 있을 때. 끝.

00세무서장

이 통지에 대한 문의 사항 또는 조사 시작 전 세무조사 연기신청 등에 관한 궁금한 사항은 〇〇〇과 담당자
〇〇〇(전화　　　)에게 연락하시기 바라며 조사 시작 이후 세무조사와 관련하여 불편·애로 사항이 있을
때에는 납세자보호담당관 〇〇〇(전화　　　)에게 연락하시면 친절하게 상담해 드리겠습니다.

기안자 직위(직급) 서명　　검토자 직위(직급)서명　　　　결재권자 직위 (직급)서명
협조자
시행　　　　처리과–일련번호(시행일자)　　접수　　　처리과명–일련번호(접수일자)
우　　　　주소　　　　　　　　　　　　/ 홈페이지 주소
전화( )　　　　전송( )　　　　　　/ 기안자의 공식전자우편주소　　/ 공개구분
　　　　　　　　　　　　　　　　　210㎜×297㎜[일반용지 70g/㎡(재활용품)]

조세불복을 진행하는 경우

　세법에 따른 처분으로서 위법 또는 부당한 처분을 받았거나, 필요한 처분을 받지 못함으로 인해 권리나 이익을 침해당한 경우에는 납세자 본인 또는 대리인이 그 처분의 취소 또는 변경을 청구하거나 필요한 처분을 청구할 수 있습니다.

　이러한 절차를 조세불복 절차라고 합니다. 간단히 단계를 도식화해보면 다음 페이지 그림과 같습니다.

　우선, 국세 조세불복은 행정심판전치주의로 행정소송을 하기 전에 사전 단계를 거쳐야 하는데, 이의신청, 심사청구, 심판청구, 감사원 심사청구가 있습니다. 여기서 이의신청은 임의적인 절차로 진행을 해도 되고 안 해도 됩니다.

● 국세 불복청구 절차

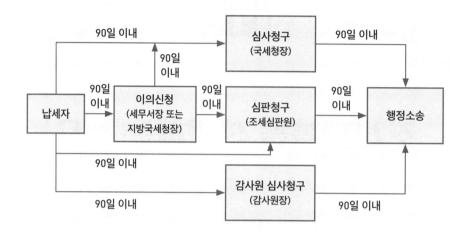

각 단계별로 살펴보겠습니다.

① 이의신청

이의신청 제출기관은 세무서장 또는 지방국세청장으로 해야 하는데, 이의신청은 임의적인 절차로 이의신청을 거친 후에 심사청구나 심판청구를 진행해도 되고 이의신청 절차를 생략해도 됩니다.

② 심사청구

이의신청 결정서를 받은 날로부터 90일 이내 국세청장에게 심사청구를 할 수도 있고, 바로 심사청구를 진행할 수도 있습니다. 심사청구 결정에 불복할 경우에는 행정소송을 제기할 수 있습니다.

③ 심판청구

이의신청 결정서를 받은 날로부터 90일 이내 조세심판원에 심판청구를 할 수도 있고, 바로 심판청구를 진행할 수도 있습니다. 심판청구 결정에 불복할 경우에는 행정소송을 제기할 수 있습니다.

④ 감사원 심사청구

감사원 심사청구는 감사원의 수검대상 기관인 국세청의 국세 부과 징수에 대한 심사를 청구하는 제도입니다. 마찬가지로 감사원 심사청구 결정에 불복할 경우 행정소송을 제기할 수 있습니다.

따라서 최대 3단계(이의신청 → 심사청구 또는 심판청구 → 행정소송)를 거칠 수 있으며, 선택에 따라 이의신청은 생략하고 2단계(심사청구 또는 심판청구 또는 감사원심사청구 → 행정소송)으로 진행할 수도 있습니다.

● 이의신청, 심사청구, 심판청구 비교

구분	이의신청	심사청구	심판청구
절차 성격	임의적 절차	필수 절차	필수 절차
청구기관	세무서장 또는 지방국세청장	국세청장	조세심판원
청구기간	90일 이내	90일 이내	90일 이내
결정기간 (훈시 규정)	30일 이내	90일 이내	90일 이내
결정 방법	국세심사위원회의 심의를 거쳐 세무서장 또는 지방국세청장이 결정	국세심사위원회의 심의를 거쳐 국세청장이 결정	조세심판관회의 또는 조세심판관합동회의 심리를 거쳐 결정

부동산의 경우 종합부동산세, 양도소득세, 상속세와 증여세는 국세에 해당하고 국세기본법에 따라 위의 절차를 취하면 되고 취득세와 재산세는 지방세기본법에 따라 지방세 이의신청, 심사청구, 심판청구를 취하면 되나 해당 절차는 국세기본법을 준용하도록 하고 있습니다.

과거에는 국세와 달리 지방세에는 행정심판전치주의가 적용되지 않아, 바로 행정소송을 진행할 수 있었으나, 2021년부터 개정 시행되어 국세와 동일하게 행정소송 이전에 이의신청, 심사청구 등을 진행해야 가능합니다.

조세불복 절차는 본인이 직접 해도 되나, 대리인을 세무사, 회계사, 변호사로 선정할 수 있습니다. 세법 해석과 유사 심판, 소송사례 등에 대한 지식이 있어야 보다 불복청구서 등의 작성 등이 가능한 관계로 관련 지식이 없이는 본인이 직접 하기는 어려운 편입니다.

9장 정리 문제

1. 세법 상담에 대한 설명 중 옳지 않은 것은?

① 인터넷 검색, 유튜브 등을 통해 얻는 정보는 잘못되거나 개정 전의 내용일 수 있어 믿고 판단하기에는 위험하다.

② 국세청이 운영하는 국세상담센터는 유선전화나 인터넷 질문이 가능하다.

③ 국세상담센터에는 취득세와 재산세에 대한 질문도 가능하다.

④ 마을세무사 제도로 무료상담을 받을 수 있으나, 자격에 제한될 수 있다.

⑤ 부동산 세무 전문가를 통한 상담은 절세 방안까지 얻을 수 있다.

2. 세금 신고와 관련된 설명 중 옳지 않은 것은?

① 무신고의 경우, 납부세액의 20%의 무신고가산세가 적용된다.

② 법정신고기한 일정 기한 이내에 자진신고 시 가산세 감면이 가능하다.

③ 양도소득세를 예정신고하지 않고, 확정신고 시 가산세는 50%가 감면된다.

④ 무신고가산세를 납부하면 납부지연가산세는 납부하지 않아도 된다.

⑤ 가공경비, 다운계약서 등의 부정한 행위는 부정과소신고가산세가 적용된다.

3. 세무조사와 관련된 설명 중 옳은 것은?

① 세무조사는 아니나, 해명자료 제출 안내문을 받은 경우 60일 내 제출해야 한다.

② 세무조사의 연기신청은 불가능하다.

③ 세무조사 결과에 이의가 있으면, 30일 내 과세전적부심사를 청구할 수 있다.

④ 상속세 부과제척기간은 무신고의 경우에도 10년이다.

⑤ 양도소득세 세무조사 중 부동산 관련된 비중은 미미하다.

4. 조세불복 제도와 관련된 설명 중 옳은 것은?

① 조세불복 절차를 거치지 않고, 바로 행정소송을 진행할 수 있다.

② 이의신청 결정서를 받고, 심사청구 또는 심판청구를 할 수 있다.

③ 이의신청은 필수적인 절차이다.

④ 심판청구 결정서를 받고, 감사원 심사청구를 할 수 있다.

⑤ 심판청구는 국세심사위원회의 심의를 거쳐 국세청장이 결정한다.

정답: 1. ③ 2. ④ 3. ③ 4. ②

[부록 - ①] 한눈에 보는 향후 부동산 세법 개정 방향

부록 ①에서는 새 정부 출범에 따라 대통령 공약, 국정과제 발표, 새정부 경제정책방향, 경제부총리 언급과 언론보도 등을 통해 현재까지 부동산 세금과 관련된 개정이 확정되었거나 논의 중인 내용을 도표로 정리하였습니다.

양도소득세의 경우 대통령 시행령으로 취임일인 5월 10일부터 다음 내용은 확정되었습니다.

① 다주택자 중과 1년 유예
② 조정대상지역 내 일시적 2주택 처분기한 연장 및 전입 조건 폐지
③ 1세대 1주택 보유기간 재산정이 폐지

그리고 취득세 역시 조정대상지역 내 일시적 2주택의 처분기한을 2년으로 연장하였는데 2022년 5월 10일 이후 처분하는 경우에도 적용 대상입니다.

더불어 국정과제로 밝힌 다음 내용의 향후 개정 진행도 확인해보아야 할 것입니다.

① 취득세 중과세율 완화와 생애최초취득에 대한 감면 확대
② 종합부동산세의 완화 및 개편
③ 민간임대주택 활성화

추가적으로 증여세와 상속세 부담을 완화하기 위한 공제금액 상향을 추진 중이나 2022년 내에는 시행되기 어려울 것으로 보입니다. 다만 문재인 정부에서도 검토한 상속세를 유산취득세로 개편하는 작업과 대통령 공약인 종합부동산세를 재산세와 통합하는 문제는 중장기적으로 진행될 것으로 보입니다.

한눈에 보는 향후 부동산 세법 개정 방향

구분	현행	개정 내용	시행일	근거
취득세	생애최초 취득주택 50% 또는 100% 감면(소득, 주택가액에 대한 제한)	생애최초 취득주택 감면대상을 확대	미정	110대 국정과제[1]
	다주택자에 대한 8% 또는 12% 중과세율	다주택자 중과세율 완화	미정	110대 국정과제
	조정대상지역 내 일시적 2주택의 처분기한은 1년을 적용	조정대상지역 내 일시적 2주택 처분기한 완화(1년 → 2년)	2022.5.10 이후 처분	지방세법 시행령 개정[2]
재산세	주택은 공정시장가액비율 60% 적용	1세대 1주택 공정시장가액비율 45% 적용		세정부 경제정책방향[2]
	2022년부터 공정시장가액비율 100% 적용	2022년 적용 공정시장가액비율 60% 적용		세정부 경제정책방향
	상속주택 주택수 제외(2년 or 3년)	일시적 2주택, 상속주택, 지방저가주택 등 주택수 제외	2022년 납부분부터 적용	세정부 경제정책방향
	고령자 납부유예 제도 없음	1세대 1주택 고령자 등 납부유예		110대 국정과제
종합부동산세	다주택자는 인당 6억 원 공제받으면 공제금액이 없음	다주택자의 법인 납부대상 기준 상향 (공정시장가액비율은 폐지)		민주당 법안 발의 (2022.5.20)
	주택수를 기준으로 중과세율 적용(3주택 이상, 조정대상지역 2주택)	중과 적용기준을 주택수에서 가액으로 변경	미정	대통령 공약 발표, 경제부총리 인사청문회
	재산세와 별도로 국세로 징수	종합부동산세를 재산세로 통합	중장기	110대 국정과제
주택임대사업	과도한 민간임대주택에 대한 혜택 축소(단기)/아파트 폐지, 2018.9.13 이후 조정지역 취득은 종부세 합산/양도세 중과 등 다수	민간임대주택 제도를 재정비하여 활성화하는 방안을 고려	미정	110대 국정과제, 대통령 공약발표 등
양도소득세	다주택자의 조정지역 주택 양도시 중과세율	다주택자에 중과 1년간 유예		
	1세대 1주택 보유기간 재산정(2021년 이후)	1세대 1주택 보유기간 재산정 폐지	2022.5.10 이후 처분	소득세법 시행령개정
	조정지역내 일시적 2주택 요건 강화 1년 이내 처분 + 세대전원 전입	조정지역내 일시적 2주택 처분 완화(1년 이내 처분 + 전입 → 2년 이내 처분)		
증여세	배우자 6억 원, 직계존비속 5,000만 원, 기타친족 1,000만 원 인적공제 적용	장기간 물가상승을 고려하여 증여재산공제 적용금액을 인상	이르면 2023년부터	소득세법 시행령개정
상속세	일괄공제 5억 원, 배우자공제 최소 5억 원	장기간 물가상승을 고려하여 상속·유산취득세 공제 금액을 인상	중장기	언론보도 및 경제부총리 인사청문회
	유산세 방식 적용(사망한 자의 재산 합계액 기준)	유산세를 유산취득세 방식으로 개편		

1) 110대 국정과제: 2022년 5월 3일 발표
2) 세정부 경제정책방향: 2022년 6월 16일 발표

[부록 - ②] 부동산 세금 관련 연간 주요 일정 & 주요 부동산 세금의 신고납부 기한

부록 ②에서는 부동산 세금과 관련한 연간 주요 일정과 주요 부동산 세금의 신고납부 기한을 보기 쉽게 도표로 정리했습니다. 일정별로 꼼꼼하게 체크해서 세금 때문에 손해보는 일이 없도록 하시기 바랍니다.

● 부동산 세금 관련 연간 주요 일정

구분	주택 세금관련 주요 일정
1월	• 1.1~2.10 주택임대사업자 사업장현황신고
2월	
3월	• 법인사업자 법인세 신고납부
4월	• 4월말 주택공시가격 고시 • 소규모 부동산임대법인 성실신고확인서 제출 및 법인세 신고납부
5월	• 개인사업자 주택임대소득 종합과세, 분리과세 신고 • 양도소득세 확정신고(해당하는 경우) • 5월말 토지공시지가 고시
6월	• 6월 1일 재산세, 종합부동산세 납세의무자 확정 • 성실신고확인대상자 확인서 제출 및 종합소득세 신고납부
7월	• 7.16~7.30 재산세 납부(건물분, 주택분 1차)
9월	• 9.16~9.30 재산세 납부(토지분, 주택분 2차) • 9.16~9.30 종합부동산세 합산배제 및 부부공동명의 과세특례 신청
12월	• 12.1~12.15 종합부동산세 납부(신고납부도 가능, 합산배제 및 과세특례 신청 가능)

● 주요 부동산 세금의 신고납부 기한

구분	신고납부 기한
취득세	취득일로부터 60일 이내(상속은 상속개시일이 속하는 달의 말일로부터 6개월 이내)
양도소득세	양도일이 속하는 달의 말일로부터 2개월 이내(부담부증여는 양도일이 속하는 달의 말일로부터 3개월 이내)
증여세	증여일이 속하는 달의 말일부터 3월 이내
상속세	상속개시일이 속하는 달의 말일로부터 6개월 이내

이렇게
쉬운데
왜 부동산
절세를
하지 않았을까

1판 1쇄 인쇄 | 2022년 6월 25일
1판 1쇄 발행 | 2022년 6월 30일

지은이 오동욱
펴낸이 김기옥

경제경영팀장 모민원
기획 편집 변호이, 박지선
커뮤니케이션 플래너 박진모
경영지원 고광현, 임민진
제작 김형식

표지 디자인 최우영
본문 디자인 푸른나무 디자인(주)
인쇄 · 제본 민언프린텍

펴낸곳 한스미디어(한즈미디어(주))
주소 121-839 서울특별시 마포구 양화로 11길 13(서교동, 강원빌딩 5층)
전화 02-707-0337 | 팩스 02-707-0198 | 홈페이지 www.hansmedia.com
출판신고번호 제 313-2003-227호 | 신고일자 2003년 6월 25일

ISBN 979-11-6007-394-2 (13320)